MÜNSTERISCHE BEITRÄGE ZUR RECHTS- UND STAATSWISSENSCHAFT

HERAUSGEGEBEN VON DER

RECHTS- UND STAATSWISSENSCHAFTLICHEN FAKULTÄT DER WESTFÄLISCHEN WILHELMS-UNIVERSITÄT IN MÜNSTER

10

Berlin 1966

WALTER DE GRUYTER & CO

vorm. G. J. Göschen'sche Verlagshandlung / J. Guttentag, Verlagsbuchhandlung / Georg Reimer / Karl J. Trübner / Veit & Comp.

DIE ENTSTEHUNG DER VORSCHRIFTEN DES BGB ÜBER BESITZ UND EIGENTUMS-ÜBERTRAGUNG

Ein Beitrag zur Entstehungsgeschichte des BGB

von

WERNER SCHUBERT

Büren

Berlin 1966

WALTER DE GRUYTER & CO

vorm. G. J. Göschen'sche Verlagshandlung / J. Guttentag, Verlagsbuchhandlung / Georg Reimer / Karl J. Trübner / Veit & Comp.

D 9

Archiv-Nr. 2 700 661
Satz und Druck: Thormann & Goetsch, Berlin 44

VORWORT

Die vorliegende Abhandlung wurde Anfang 1965 auf Vorschlag der Herren Professoren Dr. Rudolf GMÜR und Dr. Hans KIEFNER von der Rechts- und Staatswissenschaftlichen Fakultät der Westfälischen Wilhelms-Universität in Münster als Dissertation angenommen. — Ich danke besonders meinem verehrten Lehrer, Herrn Professor Dr. Rudolf Gmür, für die vielfältige Förderung, die ich von ihm erhalten habe. Mein Dank gilt sodann den Beamten und Angestellten der Staats- und Universitätsbibliothek Hamburg sowie der Bibliothek des Oberlandesgerichts Celle, die mir das für meine Untersuchungen benötigte Quellenmaterial zur Entstehung des BGB zugänglich gemacht haben. Ferner danke ich der Rechts- und Staatswissenschaftlichen Fakultät der Universität Münster für die Aufnahme der Abhandlung in die „Münsterischen Beiträge zur Rechts- und Staatswissenschaft" und dem Land Nordrhein-Westfalen für einen mir in großzügiger Weise gewährten Druckkostenzuschuß.

Werner Schubert

INHALTSVERZEICHNIS

Zweiter Abschnitt: Übertragung des Eigentums an Grundstücken

Dritter Abschnitt: Übertragung des Eigentums an beweglichen Sachen

Schlußteil

QUELLEN- UND LITERATURVERZEICHNIS

I. Quellen

A. Ungedruckte Quellen

Kommission zur Ausarbeitung des Entwurfs eines bürgerlichen Gesetzbuchs. Protokolle der Sitzungen von 1875—1880 nebst den Vorlagen der Redaktoren von 1875—1879, Berlin 1875—1880 (benutzt wurde das Exemplar der Bibliothek des Oberlandesgerichts Celle, Signatur Eb 58).

Protokolle der 1. Kommission zur Ausarbeitung des Entwurfs eines Bürgerlichen Gesetzbuchs für das Deutsche Reich. Metallographiert, Berlin 1881—1889 (benutzt wurde das Exemplar der Staats- und Universitäts-Bibliothek Hamburg, Signatur B/905).

Protokolle der 2. Kommission zur Ausarbeitung eines Entwurfs eines Bürgerlichen Gesetzbuchs für das Deutsche Reich. Metallographiert, Berlin 1890—1896 (benutzt wurde das Exemplar der Staats- und Universitäts-Bibliothek Hamburg, Signatur B/15).

B. Gedruckte Quellen

1. Gesetze

Baden:

Das Badische Landrecht vom 3. Februar 1809. Mit den Einführungsedicten, Gesetzen, welche das Landrecht abändern und ergänzen, sowie Verweisungen auf Parallelstellen. Nach dem Stand vom 1. Januar 1891, 2. Aufl., Tauberbischofsheim 1891.

Bayern:

Codex Maximilianeus Bavaricus Civilis, München 1756.

Verfassungs-Urkunde des Königreichs Baiern, vom 26. May 1818, in: Gesetzblatt für das Königreich Baiern, München 1818, S. 92—140.

Hypotheken-Gesetz vom 17. Juni 1822, in: Gesetzblatt für das Königreich Baiern, München 1822, S. 18—100.

Gesetz, das Notariat betreffend, vom 10. December 1861, in: Gesetzblatt für das Königreich Bayern 1861 und 1862, München 1861—62, S. 130—206.

Entwurf eines bürgerlichen Gesetzbuches für das Königreich Bayern. Theil I: Hauptstück . . . Von den Rechtsgeschäften. Theil II: Recht der Schuldverhältnisse, München 1861. — Motive zu dem Entwurf eines bürgerlichen Gesetzbuches für das Königreich Bayern, München 1861.

Entwurf eines bürgerlichen Gesetzbuchs für das Königreich Bayern (Fortsetzung), München 1864. — Motive zum Entwurfe eines bürgerlichen Gesetzbuches für das Königreich Bayern (Fortsetzung), München 1864.

Braunschweig:

Gesetz über die Verpfändung beweglicher Sachen, vom 8. 3. 1878, in: Braunschweigische Gesetz- und Verordnungssammlung von 1878, S. 75 ff.

Bremen:

Verordnung in Betreff der Bestellung eines Pfandrechts an beweglichen Sachen, vom 25. August 1848, in: Sammlung der Verordnungen und Proclame des Senats und der freien Hansestadt Bremen im Jahre 1848, Nr. 32, S. 72 ff.

Erbe- und Handfesten-Ordnung der freien Hansestadt Bremen, vom 30. Juli 1860, in: Gesetzblatt der freien Hansestadt Bremen 1860, S. 66 ff.

Deutscher Bund und Deutsches Reich:

Die Verfassung des Deutschen Reiches vom Jahre 1849. Herausgegeben von Ludwig Bergsträsser, Bonn 1913.

Allgemeines Deutsches Handelsgesetzbuch nebst Einführungs- und Ergänzungs-Gesetzen unter Ausschuß des Seerechts, herausgegeben von F. Litthauer, 5. Aufl., Berlin und Leipzig 1883.

Protokolle der Kommission zur Berathung eines allgemeinen deutschen Handelsgesetzbuches. Im Auftrage dieser Kommission herausgegeben von J. Lutz, 9 Bände, Würzburg 1858—1861.

Entwurf eines allgemeinen deutschen Gesetzes über Schuldverhältnisse, bearbeitet von den durch die Regierungen von Oesterreich, Bayern, Sachsen, Hannover, Württemberg, Hessen-Darmstadt, Mecklenburg-Schwerin, Nassau, Meiningen und Frankfurt hierzu abgeordneten Commissaren und im Auftrage der Kommission herausgegeben von Dr. L. Francke, Dresden 1866.

Gesetz, betreffend die Abänderung der Nr. 13 des Art. 4 der Verfassung des deutschen Reiches, vom 20. December 1873, in: Reichs-Gesetzblatt 1873, S. 379.

Gesetz gegen die gemeingefährlichen Bestrebungen der Sozialdemokratie vom 21. Oktober 1878, in: Reichsgesetzblatt 1878, Berlin 1878, S. 351—358.

Bürgerliches Gesetzbuch und Einführungsgesetz zum Bürgerlichen Gesetzbuche, in: Reichsgesetzblatt 1896, Berlin 1896, S. 195—650.

Französisches Recht:

Code Civil, in: Das Rheinische Civilrecht in seiner heutigen Geltung. Dargestellt und erläutert von Dr. Cretschmar, Düsseldorf 1883, S. 5—534.

Hamburg:

Gesetz über Grundeigenthum und Hypotheken für Stadt und Gebiet mit Ausnahme des Amtes Bergedorf, vom 4. December 1868, in: Gesetzessammlung der freien und Hansestadt Hamburg. Amtliche Ausgabe, 3. Band, Jahrgang 1868, S. 88 ff.

Hessen-Darmstadt:

Verfassungsurkunde des Großherzogthums Hessen, vom 17. December 1820, in: Heinrich Albert *Zachariä:* Die deutschen Verfassungsgesetze der Gegenwart, Göttingen 1855, S. 400—416.

Entwurf eines bürgerlichen Gesetzbuchs für das Großherzogthum Hessen, nebst Motiven. Zweite Abtheilung, enthaltend: die Titel von den Vermögensgegenständen und deren Eintheilung, von dem Besitze, von dem Eigenthum, von den Dienstbarkeiten, von der Verjährung und Ersitzung. 1. Theil: Gesetzentwürfe, 2.Theil: Motive, Darmstadt 1845.

Revidierter Entwurf eines Bürgerlichen Gesetzbuchs für das Großherzogthum Hessen. Zweite Abtheilung, Darmstadt 1851.

Mecklenburg-Schwerin:

Revidierte Hypotheken-Ordnung für Landgüter nebst der Taxordnung für das Hypotheken-Departement, vom 18. 10. 1848, in: Großherzoglich Mecklenburg-Schwerinsches offizielles Wochenblatt, Schwerin 1848, S. 335—36 nebst Beilage (31 Seiten).

Revidierte Stadtbuchordnung mit auf sie bezüglichen Nebenverordnungen, vom 21. 12. 1857, in: Regierungsblatt für das Großherzogthum Mecklenburg-Schwerin, Schwerin 1857, Nr. 39 vom 24. 12. 1857, Beilage (56 Seiten).

Österreich:

Das Allgemeine bürgerliche Gesetzbuch samt den einschlägigen Gesetzen und Verordnungen, verweisenden und erläuternden Anmerkungen und einer Übersicht der Rechtsprechung der Gerichte, insbesondere des Obersten Gerichtshofes. Auf der Grundlage der von Dr. Josef Schey eingerichteten Ausgabe herausgegeben von Dr. Hans Kapfer, 25. Aufl., Wien 1955.

Oldenburg:

Gesetz betreffend Verpfändung von Schiffen, anderen beweglichen Sachen und Forderungen, vom 3. April 1876, in: Gesetzbatt für das Herzogthum Oldenburg 1876—78, Oldenburg 1876—78, S. 195 ff.

Preußen:

Allgemeine Hypotheken-Ordnung für die gesammten königlichen Staaten, Berlin 1784.

Allgemeines Landrecht für die Preußischen Staaten nebst den ergänzenden und abändernden Bestimmungen der Reichs- und Landesgesetzgebung. Mit Erläuterungen von H. Rehbein und O. Reincke, 5. verbesserte Aufl., 4 Bände Berlin 1894.

Allgemeine Gerichtsordnung für die Preußischen Staaten vom 6. Juli 1793, Neue Ausgabe, 2 Bände, Berlin 1830.

Allerhöchste Kabinetsorder vom 31sten Oktober 1831 über die Verpflichtung der Eigenthümer zur Berichtigung des Besitztitels ihrer Grundstücke, in: G.S.Pr.St. 1831, S. 251.

Bürgerliches Gesetzbuch für die Preußischen Staaten, 2. Theil, Sachenrecht (Entwurf), Berlin 1840.

Gesetz über den Eigenthumserwerb und die dingliche Belastung der Grundstücke, Bergwerke und selbstständigen Gerechtigkeiten, vom 5. Mai 1872, in: G.S.Pr.St. 1872, S. 433—445.

Grundbuch-Ordnung vom 5. Mai 1872, in: G.S.Pr.St. 1872, S. 446—72.

Gesetz über die Veräußerung und hypothekarische Belastung von Grundstücken im Geltungsbereich des Rheinischen Rechts. Vom 20. Mai 1885, in: G.S.Pr.St. 1885, S. 139—42.

Gesetz über das Grundbuchwesen und die Zwangsvollstreckung in das unbewegliche Vermögen im Geltungsgebiet des Rheinischen Rechts. Vom 12. April 1888, in: G.S.Pr.St. 1888, S. 52—74.

Römisches Recht:

Corpus Iuris Civilis, herausgegeben von P. Krüger, Th. Mommsen, R. Schoell, G. Kroll. Bd. 1: Institutiones, Digesta, 16. Aufl., Berlin 1954.

Sachsen:

Gesetz, die Grund- und Hypothekenbücher und das Hypothekenwesen betreffend; vom 6. November 1843, in: Gesetz- und Verordnungsblatt für das Königreich Sachsen vom Jahre 1843, Dresden 1843, S. 189—234.

Bürgerliches Gesetzbuch vom 2. 1. 1863, in: Gesetz- und Verordnungsblatt für das Königreich Sachsen vom Jahre 1863, Dresden 1863, S. 6—300.

Verordnung, die Ein- und Ausführung des bürgerlichen Gesetzbuchs für das Königreich Sachsen betreffend; vom 9. 1. 1865, in: Gesetz- und Verordnungsblatt für das Königreich Sachsen, Dresden 1865, S. 1—3.

Württemberg:

Pfandgesetz vom 15. April 1825, in: Regierungsblatt für das Königreich Württemberg vom Jahr 1825, Stuttgart 1825, S. 193 ff., S. 755 ff. und 843 ff.

Zürich:

Privatrechtliches Gesetzbuch für den Kanton Zürich von 1853—56, in: Bluntschli, Johann Caspar: Privatrechtliches Gesetzbuch für den Kanton Zürich mit Erläuterungen herausgegeben, 4 Bände, Zürich 1854—1856.

2. Materialien zur Entstehung des BGB

Bundesrat:

Protokolle über die Verhandlungen des Bundesraths des Deutschen Reiches, Sessionen 1872—1874, 1888—1896, Berlin 1872—1896.

Drucksache des Bundesraths Nr. 53 der Session 1874 vom 16. April 1874, abgedruckt bei *Rassow*, Verhandlungen, S. 175—195.

Drucksache des Bundesraths Nr. 74 der Session 1874 vom 9. Juni 1874. Bericht des Ausschusses für Justizwesen betreffend 1.) das Gutachten der zur Ausarbeitung eines Planes und der Methode für die Aufstellung des Entwurfs eines deutschen bürgerlichen Gesetzbuches gewählten Kommission (Nr. 53 der Drucksachen), abgedruckt bei *Rassow*, Verhandlungen, S. 195—214.

Kommissionsarbeiten:

Kommission zur Ausarbeitung des Entwurfs eines bürgerlichen Gesetzbuchs. Entwurf eines bürgerlichen Gesetzbuchs für das Deutsche Reich. ... Buch. Sachenrecht, nebst Begründung. Vorlage des Redaktors R. Johow, Berlin 1880—1882.

Entwurf eines bürgerlichen Gesetzbuches für das Deutsche Reich. Erste Lesung. Ausgearbeitet durch die von dem Bundesrathe berufene Kommission. Amtliche Ausgabe, Berlin und Leipzig 1888.

Motive zu dem Entwurfe eines bürgerlichen Gesetzbuchs für das Deutsche Reich. Amtliche Ausgabe. 5 Bände, Berlin und Leipzig 1888.

Entwurf eines Einführungsgesetzes zum Bürgerlichen Gesetzbuche für das Deutsche Reich. Erste Lesung. Ausgearbeitet durch die von dem Bundesrathe berufene Kommission. Nebst Motiven. Amtliche Ausgabe, Berlin und Leipzig 1888.

Protokolle der Kommission für die zweite Lesung des Entwurfs des Bürgerlichen Gesetzbuchs. Im Auftrage des Reichs-Justizamts bearbeitet von Alexander Achilles, Albert Gebhard, Peter Spahn, 7 Bände, Berlin 1897—1899.

Entwurf eines Bürgerlichen Gesetzbuchs für das Deutsche Reich. Zweite Lesung. Nach den Beschlüssen der Redaktionskommission. Auf amtliche Veranlassung, Berlin 1894—1895.

Entwurf eines Bürgerlichen Gesetzbuchs und eines zugehörigen Einführungsgesetzes sowie eines Gesetzes, betreffend Aenderungen des Gerichtsverfassungsgesetzes, der Civilprozeßordnung, der Konkursordnung und des Einführungsgesetzes zur Civilprozeßordnung und zur Konkursordnung. In der Fassung der Bundesrathsvorlagen. Auf amtliche Veranlassung, Berlin 1898.

Reichstag:

Stenographische Berichte über die Verhandlung des Reichstages des Norddeutschen Bundes. I. Legislaturperiode, Sessionen 1867, 1869, Berlin 1867, 1869.

Stenographische Berichte über die Verhandlungen des Deutschen Reichstages. I. Legislaturperiode, Sessionen 1871—1873, Berlin 1871—1873. IV. Legislaturperiode, Session 1895—1897, Berlin 1895—1897.

Reichstagsdrucksache Nr. 87 der Session 1895—1897: Entwurf eines Bürgerlichen Gesetzbuchs nebst einer dazugehörigen Denkschrift, in: St.B.R.T. 1895—1897, Berlin 1896, 1. Anlagenband, S. 446—790.

Reichstagsdrucksache Nr. 87a der Session 1895—1897: Entwurf eines Einführungsgesetzes zum Bürgerlichen Gesetzbuch, in: St.B.R.T. 1895—1897, Berlin 1896, 1. Anlagenband, S. 791—894.

Reichstagsdrucksachen Nr. 440—440 b: Bericht über den Entwurf eines Bürgerlichen Gesetzbuchs mit dem Entwurfe eines Einführungsgesetzes zum Bürgerlichen Gesetzbuche (Nr. 87 u. 87a der Drucksachen), in: St.B.R.T. 1895—1897, Berlin 1896, 3. Anlagenband, S. 1935—2192.

Zusammenstellung von Kritiken:

Zusammenstellung der gutachtlichen Äußerungen zum Entwurf eines Bürgerlichen Gesetzbuchs, gefertigt im Reichs-Justizamte. Als Manuskript gedruckt. 6 Bände, Berlin 1890—1891.

Zusammenstellung der Äußerungen der Bundesregierungen zu dem Entwurf eines Bürgerlichen Gesetzbuchs, gefertigt im Reichs-Justizamte. Als Manuskript gedruckt. 2 Bände, Berlin 1891.

3. *Kritische Schriften zu den Entwürfen des BGB*

Bachmaier, Josef — *Bericht* an das Generalkomité des landwirthschaftlichen Vereins in Bayern über den Entwurf eines bürgerlichen Gesetzbuchs für das Deutsche Reich vom 29. September 1889, München 1889.

Bähr, Otto — Das bürgerliche Gesetzbuch und die *Zukunft* des deutschen Rechts (Sonderabdruck aus „Die Grenzboten" 47. Jahrgang, Leipzig 1888, S. 391—399, 450—460), Leipzig 1888.
Besprechung des Entwurfs eines bürgerlichen Gesetzbuchs für das Deutsche Reich, in: KVJSch, 30. Bd. (1889), S. 321—414, 481—570, München 1888.
Schriften über den Entwurf eines bürgerlichen Gesetzbuchs für das Deutsche Reich, in: KVJSch, 31. Bd. (1889), S. 351—372, 32. Bd. (1890), S. 188—207.
Ein weiterer *Beitrag zum* bürgerlichen Gesetzbuch, in: ABR, 2. Bd. (1889), S. 97—178.
Zur *Beurtheilung* des Entwurfes eines bürgerlichen Gesetzbuches für das Deutsche Reich, besonderer Abdruck aus KVJSch, 11. Bd. (1888), S. 331—414, 481—570, München 1888.
Zum *Erbrecht* des Bürgerlichen Gesetzbuchs, in: ABR, 3. Bd. (1890), S. 141—227.
Gegenentwurf zu dem Entwurfe eines bürgerlichen Gesetzbuches für das Deutsche Reich, Kassel 1892.

Bar, Ludwig von — Der *Entwurf* eines bürgerlichen Gesetzbuches, besonders in sozialpolitischer Beziehung, in: Die Nation, 7. Jg. (Berlin 1890), S. 399—403.

Baron, Julius — Das römische *Vermögensrecht* und die soziale Aufgabe, in: Jahrbücher für Nationalökonomie und Statistik, 53. Bd. (1889), S. 225—248.
Das *Erbrecht* in dem Entwurf eines bürgerlichen Gesetzbuchs für das Deutsche Reich, in: AcP, 75. Bd. (1889), S. 177—280.
Zur *Lehre* vom Besitzwillen, in: Ih.Jb., 29. Jg. (1890), S. 192—247.
Noch einmal *Besitzwille*, in: Ih.Jb., 30. Jg. (1891), S. 197—225.

Bekker, Ernst Immanuel — System und *Sprache* des Entwurfs eines Bürgerlichen Gesetzbuchs für das Deutsche Reich, Berlin und Leipzig 1888.

Zur *Reform* des Besitzrechts, in: Ih.Jb., 30. Jg. (1891), S. 235—362.
Der *Besitz* beweglicher Sachen. Nach der zweiten Lesung des Entwurfs eines bürgerlichen Gesetzbuches für das Deutsche Reich, in: Ih.Jb., 34. Jg. (1895), S. 1—81.

Bemerkungen der Großherzoglich Mecklenburg-Schwerinschen Regierung zu den Entwürfen eines Bürgerlichen Gesetzbuchs für das Deutsche Reich und eines Einführungsgesetzes zu diesem Gesetzbuch. Als Manuscript gedruckt. 2 Bände, Schwerin 1891—1892 (zit.: *Bem. Meckl. Reg.*).

Bemerkungen zum Entwurf eines Bürgerlichen Gesetzbuchs für das Deutsche Reich. Bemerkungen des Königlich Preußischen Justizministers über die in dem Rundschreiben des Reichskanzlers vom 27. Juni 1889 hervorgehobenen Punkte. Als Manuskript gedruckt, Berlin 1891 (zit.: *Bem. Preuß. Just. Min.*).

Bernhöft, Franz — *Kauf*, Miethe und verwandte Verträge in dem Entwurf eines Bürgerlichen Gesetzbuchs für das Deutsche Reich, Berlin und Leipzig 1889.

Bingner, Adrian — *Bemerkungen* zu dem Entwurf eines Bürgerlichen Gesetzbuchs für das Deutsche Reich, in: Sächs.A. Bd. 1 (1891), S. 81—112, 161—193.
Bemerkungen zu dem zweiten Entwurfe eines bürgerlichen Gesetzbuches für das deutsche Reich, in: Sächs.A. Bd. 3 (1893), S. 270—296; Bd. 4 (1894), S. 385—432.

Bolze, Albert — Die *Bestimmungen* des Entwurfes eines bürgerlichen Gesetzbuchs für das Deutsche Reich über die Steigerung des vindikatorischen Eigenthumsanspruchs, in: AcP 74. Bd. (1889), S. 97—134.

Bosse, Robert — *Rede* Sr. Excellenz des Herrn Staatssecretärs Dr. Bosse über die Arbeiten der Commission für die zweite Lesung des Entwurfs eines Bürgerlichen Gesetzbuches, in: Juristisches Litteraturblatt, 4. Bd. (1892), S. 41—46.

Buchka, Gerhard von — Das *Bürgerliche Gesetzbuch* nach den Beschlüssen des Reichstages, in: DJZ, 1. Jg. (1896), S. 307—310.

Coith, Karl-Otto — *Bemerkungen* zu den Entwürfen eines bürgerlichen Gesetzbuches für das Deutsche Reich und des betreffenden Einführungsgesetzes, in: AcP 76. Bd. (1890), S. 205—232.

Cosack, Conrad — Das *Sachenrecht* mit Ausschluß des besonderen Rechts der unbeweglichen Sachen im Entwurf eines Bürgerlichen Gesetzbuchs für das Deutsche Reich, Berlin und Leipzig 1889.

Davidsohn, Karl	*Buch III,* Abschnitt 3 und 9, Titel I und II des Entwurfs eines bürgerlichen Gesetzbuchs für das Deutsche Reich, in: G.A., Berlin 1890, S. 1063—1088, 1413—1421.
Deybeck	*Grundzüge* des Hypothekenrechts nach dem Entwurf eines bürgerlichen Gesetzbuchs für das Deutsche Reich, in: Gruchot, 34. Jg. (1890), S. 78—102, 370—448.
Endemann, Friedrich	*Rezension: Kindel, Das Rechtsgeschäft,* in: ZfgHR, 41. Bd. (1893), S. 242—246.
	Rezension Kindel, Das Recht an der Sache, in: ZfgHR, 38. Bd. (1891), S. 319—324.
Fischer, Otto	Recht und *Rechtsschutz.* Eine Erörterung der Grenzgebiete zwischen Privatrecht und Civilprozeß in Beziehung auf den Entwurf eines Bürgerlichen Gesetzbuchs für das Deutsche Reich, Berlin und Leipzig 1889.
Fuchs, Eugen	Das Wesen der *Dinglichkeit.* Ein Beitrag zur allgemeinen Rechtslehre und zur Kritik des Entwurfs eines bürgerlichen Gesetzbuchs für das Deutsche Reich, Berlin 1889.
Fuld, Ludwig	Der *Entwurf* eines bürgerlichen Gesetzbuchs, in: Die Gegenwart, 35. Jg. (1889), S. 402—404.
	Das bürgerliche Gesetzbuch und die *Sozialpolitik,* in: Gruchot, 35. Jg. (1891), S. 635—57.
Gerson	Einige *Bemerkungen,* betreffend die Angabe des Rechtsgrunds bei dem Übereignungsvertrage, in: ABR, 2. Bd. (1889), S. 63—72.
Gierke, Otto	Die sociale *Aufgabe* des Privatrechts. Vortrag gehalten am 5. April 1889 in der Juristischen Gesellschaft zu Wien, Berlin 1889.
	Der *Entwurf* eines bürgerlichen Gesetzbuchs und das Deutsche Recht. Veränderte und vermehrte Ausgabe der in Schmollers Jahrbuch für Gesetzgebung, Verwaltung und Volkswirthschaft erschienenen Abhandlungen, Leipzig 1889.
	Personengemeinschaften und Vermögensinbegriffe in dem Entwurf eines Bürgerlichen Gesetzbuchs für das Deutsche Reich, Berlin und Leipzig 1889.
	Das Bürgerliche Gesetzbuch und der Deutsche *Reichstag,* Berlin 1896.
Goldschmidt, Ludwig	Kritische *Erörterungen* zum Entwurf eines Bürgerlichen Gesetzbuchs für das Deutsche Reich. 1. Heft; Die formalen Mängel des Entwurfs, Leipzig 1889.
	Rezension: Kindel, Das Recht an der Sache, in: ABR 4. Bd. (1890), S. 185—202.

Gutachten aus dem Anwaltsstande über die 1. Lesung eines Bürgerlichen Gesetzbuches, herausgegeben im Auftrage des Deutschen Anwaltsvereins von Adams, Wilke, Mecke, Hartmann, Erythropel, Berlin 1890 (zit.: *G.A.*).

Hachenburg, Max — Das Französisch-Badische-*Recht* und der Entwurf des Deutschen Bürgerlichen Gesetzbuches, Mannheim 1889—91.

Hartmann, Bernhard — Der *Entwurf* eines Einführungsgesetzes, in: G.A., Berlin 1890, S. 1227—72.

Hellmann, Friedrich — *Rezension: Kindel, Das Recht an der Sache,* in: KVJSch, 34. Bd. (1892), S. 359—375.

Henle, Wilhelm — Der *Übergang* des Grundeigenthums durch Rechtsgeschäft unter Lebenden nach dem Entwurfe des R.C.G.B. (§§ 351, 828 ff.) mit Berücksichtigung der einschlägigen Literatur hierüber, in: D. Not. Z., 19. Jg., 1890, S. 62—72.

Heusler, Andreas — *Rezension: Gierke, Der Entwurf,* in: KVJSch, 32. Bd., (1890), S. 177—88.

Hinschius, Paul — *Suarez,* der Schöpfer des preußischen Landrechts und der Entwurf eines bürgerlichen Gesetzbuches für das Deutsche Reich. Rede bei der Uebernahme des Rectorats der Königlichen Friedrich-Wilhelms-Universität in Berlin gehalten am 15. Oktober 1889, in: Pr. Jb. 65. Bd. (1890), S. 289—300.

Hölder, Eduard — *Zum allgemeinen Theile* des Entwurfs eines bürgerlichen Gesetzbuchs für das Deutsche Reich, in: AcP, 73. Bd. (1888), S. 1—160.

Ueber den *Entwurf* eines deutschen bürgerlichen Gesetzbuchs, Vortrag, gehalten am 20. März 1889 in der Juristischen Gesellschaft zu Wien, Erlangen und Leipzig 1889.

Rezension, v. Ihering, Der Besitzwille, in: KVJSch, 34. Jg. (1892), S. 218—251.

Jacoby, Samuel — *Rezension, Menger,* Das bürgerliche Recht und die besitzlosen Volksklassen, in: ZfPöR, 18. Bd. (1891), S. 279—286.

Jacubezky, Karl — *Bemerkungen* zu dem Entwurfe eines Bürgerlichen Gesetzbuchs für das Deutsche Reich, München 1892.

Kindel, Wilhelm — *Das Recht an der Sache.* Kritische Bemerkungen zum dritten Buche des Entwurfes eines bürgerlichen Gesetzbuches für das Deutsche Reich, Breslau 1889.

Das *Rechtsgeschäft* und sein Rechtsgrund. Eine Kritik der in dem Entwurf eines Bürgerlichen Gesetzbuches für das Deutsche Reich aufgenommenen Lehre vom abstrakten Vertrage, Berlin 1892.

	Die Natur der Sach- und *Haftklage*, insbesondere der Kondiktion, in: ABR, 7. Bd. (1893), S. 236—333.
Klöppel, Paul	Der *Entwurf* eines bürgerlichen Gesetzbuchs für das Deutsche Reich, in: Gruchot, 32. Jg. (1888), S. 611—656.
Krech, Johannes	Die *Rechte* an Grundstücken nach dem Entwurf eines Bürgerlichen Gesetzbuchs für das Deutsche Reich, Berlin und Leipzig 1889.
Kühnast, Ludwig	Das *Erbrecht* des Entwurfs eines Bürgerlichen Gesetzbuchs für das Deutsche Reich, Berlin 1888.
Kuntze, Johannes Emil	Zur *Besitzlehre*. Für und wider Rudolf von Ihering, Leipzig 1890.
Leonhard, Rudolf	*Gutachten* über die Frage: Empfiehlt sich die Beibehaltung der Vorschriften, welche der Entwurf eines bürgerlichen Gesetzbuchs im Allgemeinen Theil (§§ 98—102) über den Irrtum bei Willenserklärungen aufgestellt? in: Vhdl. 20. DJT (Berlin 1889). 3. Bd., S. 23—121.
Levy, Meyer	*Gutachten* über die Frage: Sind die im Entwurf eines bürgerlichen Gesetzbuchs vorgeschlagenen Arten des Pfandrechts an Grundstücken einschließlich an der Grundschuld beizuhalten? in: Vhdl. 20. DJT (Berlin 1889), 3. Bd., S. 261—286.
	Das Bürgerliche Gesetzbuch im *Bundesrath*, in: DJZ, 1. Jg. (1896), S. 81—85.
Liebe, Victor Friedrich von	Sachenrechtliche *Erörterungen* zu dem Entwurfe eines bürgerlichen Gesetzbuches für das Deutsche Reich, Leipzig 1891.
Liszt, Franz von	Die *Grenzgebiete* zwischen Privatrecht und Strafrecht. Kriminalistische Bedenken gegen den Entwurf eines Bürgerlichen Gesetzbuches für das Deutsche Reich, Berlin und Leipzig 1889.
Loening, E.	*Rezension: Menger*, Das bürgerliche Recht und die besitzlosen Volksklassen, in: Jahrbücher für Nationalökonomie und Statistik, 55. Bd. (1890), S. 392—401.
Meibom, Victor von	Zum Hypotheken- und *Grundschuldrecht* des Entwurfs eines bürgerlichen Gesetzbuchs für das Deutsche Reich. Buch III, Abschnitt 9, Titel 1 und 2, in: AcP 74. Bd., (1889), S. 337—386.
	Die *Grundzüge* des Grundbuchrechts des Entwurfs eines bürgerlichen Gesetzbuchs für das Deutsche Reich (Buch III, Abschnitt 3), in: AcP 75. Bd., (1889), S. 430—489.
Meischeider, Emil	Die alten *Streitfragen* gegenüber dem Entwurfe eines Bürgerlichen Gesetzbuchs für das Deutsche Reich, Berlin und Leipzig 1889.

Menger, Anton — Das bürgerliche *Recht* und die besitzlosen Volksklassen, 5. Auflage, Tübingen 1927 (zuerst erschienen im „Archiv für soziale Gesetzgebung", 2. Bd. (Tübingen 1889), S. 1—73, 418—482, 3. Bd. (1890), S. 57—74).

Metz, Theodor — Allgemeine *Vorschriften* über Rechte an Grundstücken, in: Vhdl. LOK, Berlin 1890, S. 39—53.

Mügel, Oskar — *Bemerkungen* zum Sachenrecht des Entwurfs eines bürgerlichen Gesetzbuchs, in: Gruchot, 37 Jg. (1893), S. 334—358.

M., L. — Standpunkt der Kritik zu den §§ 828, 829, 868 des Entwurfes eines bürgerlichen Gesetzbuches für das Deutsche Reich, in: DNotZ, 20. Jg. (1891), S. 82—118; 121—146, 158—199.

Neumann, Carl — Literatur zum Entwurfe eines bürgerlichen Gesetzbuchs für das Deutsche Reich (Fortsetzg.), in: Gruchot, 33. Jg. (1889), S. 686—713.

Opitz, Hugo Friedrich — *Gutachten* über den Entwurf eines bürgerlichen Gesetzbuchs für das Deutsche Reich. Erstattet für den Landeskulturrath des Königreichs Sachsen, Leipzig 1889.

Pappenheim, Max — Die Veröffentlichung der *Vorarbeiten* zum Entwurf eines bürgerlichen Gesetzbuchs für das Deutsche Reich, in: Ih. Jb., 27. Bd. (1889), S. 293—303.

Pfizer, Gustav — *Wort* und That. Ein Nothruf für deutsches Recht, Leipzig 1892.

Planck, Gottlieb — Zur *Kritik* des Entwurfs eines bürgerlichen Gesetzbuchs für das Deutsche Reich, in: AcP, 75. Bd. (1889), S. 327—429.

Raetz, Carl Ferdinand — Der *Besitz*, in: G. A., Berlin 1890, S. 747—864, 1330—1332.

Rassow, Henning — Die *Verhandlungen* der Kommission zur Ausarbeitung eines bürgerlichen Gesetzbuchs für Deutschland, in: Gruchot, 21. Jg. (1877), S. 167 bis 235.

Ein *Reichsgesetzbuch* über das Privatrecht. In sieben Büchern entworfen von ***, Berlin 1896.

Reinhold, Karl — Zu dem *Entwurf* eines deutschen bürgerlichen Gesetzbuchs, in: Gruchot, 34. Jg. (1890), S. 513 bis 558.

Riess, J. R. — Zum *Sachenrecht* des Entwurfs. 3. Buch. Vierter Abschnitt, Titel III und IV, in: G. A., Berlin 1890, S. 631—692, 1333—1335.

Ring, Victor — Der *Entwurf* eines bürgerlichen Gesetzbuchs und seine Beurtheiler, in: ABR, 1. Bd. (1889), S. 190—232.

Rocholl, Carl — Der dingliche *Vertrag*. Erste Abhandlung, in: Rechtsfälle aus der Praxis des Reichsgerichts, Berlin 1890, S. 441—536.

Rümelin, Gustav — Zur Lehre von der *Theilung* der Rechte. Bedeutung der Begriffsbildung und legislatorischen Behandlung, in: Ih.Jb., Bd. 28 (1889), S. 386 bis 484.

Scherer, Martin — *Besprechung* des Entwurfs eines bürgerlichen Gesetzbuchs mit Gegenvorschlägen, Mannheim 1891.

Schröder, Richard — Das *Familiengüterrecht* in dem Entwurfe eines bürgerlichen Gesetzbuchs für das Deutsche Reich. Berlin und Leipzig 1889.

Sohm, Rudolph — Ueber den *Entwurf* eines bürgerlichen Gesetzbuches für das Deutsche Reich in zweiter Lesung. Ein Vortrag gehalten in der Juristischen Gesellschaft zu Berlin am 15. 6. 1895, in: Gruchot, 39. Jg. (1895), S. 737—766.

Staub, Hermann — Die juristische *Konstruktion* der dinglichen Rechte. Nach dem geltenden Recht und dem Entwurf eines bürgerlichen Gesetzbuchs, in: ABR, 5. Bd. (1891), S. 12—57.

Stolterfoth, Paul — *Beiträge* zur Beurtheilung des Entwurfs eines bürgerlichen Gesetzbuchs, Leipzig 1890.

Strohal, Emil — *Rechtsübertragung* und Kausalgeschäft im Hinblick auf den Entwurf eines bürgerlichen Gesetzbuchs für das Deutsche Reich, in: Ih.Jb., 27. Bd. (1889), S. 335—462.

Zum Besitzrecht des Entwurfs eines bürgerlichen Gesetzbuchs für das Deutsche Reich. Erster Beitrag, in: Ih.Jb., 29. Bd. (1890), S. 336—396 (Zit.: *Besitzrecht I*); Zweiter Beitrag, in: Ih.Jb., 31. Bd. (1892), S. 1—78 (Zit.: *Besitzrecht II*).

Streifzüge im Entwurfe eines bürgerlichen Gesetzbuchs für das Deutsche Reich, in: Ih.Jb., 30. Jg. (1891), S. 144—196.

Zur *Beurtheilung* des Rechts der Schuldverhältnisse nach der zweiten Lesung des Entwurfs eines bürgerlichen Gesetzbuchs für das Deutsche Reich. Vortrag, gehalten am 10. 2. 1894 in der Juristischen Gesellschaft zu Berlin, in: Ih.Jb., 33. Bd. (1894), S. 361—388.

Bemerkungen zum Entwurf eines bürgerlichen Gesetzbuchs für das Deutsche Reich in zweiter Lesung, in: IhJb., 34. Bd. (1895), S. 325—376.

Strützki, Eduard — *Gutachten* über die Frage: Welche Grundsätze sind im künftigen Gesetzbuch über das Verhältnis der Miterben und ihrer Auseinandersetzung aufzustellen? in: Vhdl. 20. DJT, Berlin 1889, Bd. 1, S. 132—198.

Verhandlungen des 19., 20. und 23. Deutschen Juristentages. Herausgegeben von dem Schriftführeramt der ständigen Deputation, Berlin 1888, 1889, 1895 (Zit.: *Vhdl. DJT*).

Verhandlungen des Königlichen Landes- Oekonomie-Kollegiums über den Entwurf eines bürgerlichen Gesetzbuchs für das Deutsche Reich und andere Gegenstände. III. Session der IV. Sitzungsperiode vom 11. bis 22. November 1889, Berlin 1890 (Zit.: *Vhdl. LÖK*).

Verhandlungen des Westfälischen Bauernvereins über den Entwurf eines Bürgerlichen Gesetzbuchs für das Deutsche Reich, Münster 1890 (Zit.: *Vhdl. Westf. Bauernverein*).

Vierhaus, Felix — Noch einmal die *wirthschaftliche Bedeutung* des Entwurfs eines bürgerlichen Gesetzbuchs für das Deutsche Reich, in: Deutsches Wochenblatt, 1. Jg. (1888), Nr. 22—23, S. 254 ff.

Weber, Friedrich — Das bayerische *Notariat* und der Entwurf eines Bürgerlichen Gesetzbuchs für das Deutsche Reich, in: Bayerische Notariats-Zeitung und Zeitschrift für die freiwillige Rechtspflege der Gerichte in Bayern, 25. Jg., (1888) S. 80—88.

Wendt, Otto — *Besitz* und Inhabung. Entwurf eines bürgerlichen. Gesetzbuchs für das Deutsche Reich. Drittes Buch. Zweiter Abschnitt, in: AcP, 74. Bd. (1889), S. 135—178.

Rechtssatz und Dogma. Glossen zum Entwurf des bürgerlichen Gesetzbuchs, in: Ih. Jb. 29. Bd. (1890), S. 29—106.

Wolff, Max — Zum *Sachenrecht* des Entwurfs eines Bürgerlichen Gesetzbuchs für das Deutsche Reich, Gutachten I, in: G. A., Berlin 1890, S. 619—630.

Zitelmann, Ernst — Die *Rechtsgeschäfte* im Entwurf eines Bürgerlichen Gesetzbuchs für das Deutsche Reich. Studien, Kritiken, Vorschläge, zwei Bände, Berlin und Leipzig 1889—1890.

Zrodlowski, Ferdinand — *Codifikationsfragen* und Kritik des Entwurfs eines Bürgerlichen Gesetzbuches für das Deutsche Reich. Als Beilage: Entwurf einer Civilprocessordnung, Prag 1888.

Entwurf eines Bürgerlichen Gesetzbuches, Prag 1893.

II. Literatur

A. *Literatur bis 1900*

Achilles, Alexander — Die Preußischen *Gesetze* über Grundstückseigenthum und Hypothekenrecht vom 5. Mai 1872.

Herausgegeben mit Einleitung und Kommentar, 3. verb. und verm. Ausgabe, Berlin und Leipzig 1881.

Anschütz, August und Völderndorff, Otto von: Kommentar zum *Allgemeinen Deutschen Handelsgesetzbuche*, 3. Bd., Erlangen 1874.

Arndts, Ludwig — *Rezension: Lang,* Der Entwurf eines bürgerlichen Gesetzbuches für das Königreich Baiern, in: KVJSch, 5. Bd. (1863), S. 1—25, 161—185, 321—339.

Rezension: Entwurf der ersten Abtheilung des bürgerlichen Gesetzbuchs für das Großherzogthum Hessen, Darmstadt 1844, in: KJbDR, 10. Jg. (1846), 19. Bd., S. 128—154, 215—260 (Zit.: *Entwurf I*).

Rezension: Entwurf eines bürgerlichen Gesetzbuches für das Großherzogthum Hessen, 2. Abtheilung, Darmstadt 1845, in: KJbDR, 11. Jg. (1847), 21. Bd., S. 799—835 (Zit.: *Entwurf II*).

Die neuesten *Versuche* deutscher Civilgesetzgebung, in: KÜdGR, 1. Bd. (1853), S. 128—149, 339—386.

Bähr, Otto — Zur Besitzlehre, in: KVJSch 27. Bd. (1885), S. 161—193 (Zit.: *Besitzlehre I*).

Zur Besitzlehre, in: Ih. Jb., 26. Bd. (1888), S. 224—344 (Zit.: *Besitzlehre II*).

Behrend, Jakob Friedrich — Die neueren Privatrechts-*Codifikationen,* in: Encyclopädie der Rechtswissenschaft in systematischer Bearbeitung herausgegeben von Dr. Franz von Holtzendorff, 2. Aufl., Leipzig 1873, 2. Bd., S. 287—306.

Bekker, Ernst Immanuel — Das *Recht des Besitzes* bei den Römern, Leipzig 1880.

System des heutigen Pandektenrechts, 2 Bände, Weimar 1886—1889.

Beseler, Georg — *Volksrecht* und Juristenrecht, Leipzig 1843.

Biermann, Johannes — *Traditio* ficta. Ein Beitrag zum heutigen Civilrecht auf geschichtlicher Grundlage, Stuttgart 1891.

Borst, Nepumuk — Ueber die *Beweislast* im Civilprozess. Mit einer Vorrede von Anselm Ritter von Feuerbach, Leipzig und Bamberg 1816.

Brinz, Alois — Lehrbuch der *Pandekten,* Erster Band, 3. durchgesehene Auflage, Erlangen 1884.

Brunner, Heinrich — Die *Rechtseinheit,* Festrede am Geburtstage Seiner Majestät des Kaisers und Königs in der Aula der Friedrich-Wilhelms-Universität zu Berlin am 26. März 1877, in: Abhandlungen zur

Rechtsgeschichte. Gesammelte Aufsätze von Heinrich Brunner, herausgegeben von Karl Rauch, Bd. II. Weimar 1931, S. 361—381.

Bruns, Carl Georg — Das *Recht des Besitzes* im Mittelalter und in der Gegenwart, Tübingen 1848.
Die *Besitzklagen* des römischen und heutigen Rechts, Weimar 1874.

Bürkel, Heinrich — Ueber die *Erzielung* der Einheit des Privatrechts im Deutschen Reich, in: AcP, Bd. 55 (1872) S. 145—166.

Christ, Anton — *Ueber deutsche Nationalgesetzgebung*, Karlsruhe 1842.
Verwirklichung der deutschen Nationalgesetzgebung, in: Deutsche Vierteljahrsschrift, Bd. 50 (April-Juni 1850) S. 76—129.

Dernburg, Heinrich und Hinrichs, F. — Das *preußische Hypothekenrecht*, 2 Bände, 1877—1891.

Dernburg, Heinrich — Lehrbuch des preußischen Privatrechts und der Privatrechtsnormen des Reichs. Erster Band: Die Allgemeinen Lehren und das Sachenrecht; fünfte, neu bearbeitete Auflage, Halle a. S., 1894 (Zit.: *Privatrecht*).
Pandekten. 3 Bände. 1. Auflage, Berlin 1884 bis 86. — Zitiert wird die 5. verb. Auflage, Berlin 1896—1897.

Entscheidungssammlungen:
Entscheidungen des Königlichen Geheimen Ober-Tribunals, herausgegeben im amtlichen Auftrag von Dr. August Heinrich Simm und Heinrich Leopold von Strampff. Berlin 1837 ff. (Zitiert: Pr. O. Tr. E.).
Archiv der Entscheidungen der obersten Gerichte in den Deutschen Staaten, Herausgegeben von J. A. Seuffert, München 1847 ff. (Zitiert.: Seuff. Arch.).
Entscheidungen des Reichs-Oberhandelsgerichts, herausgegeben von den Räthen des Gerichtshofes. 25 Bände, Erlangen und Stuttgart 1871 bis 1880. (Zit.: ROHGE.).
Entscheidungen des Reichsgerichts in Civilsachen, Leipzig 1880 ff. (Zit.: RGZ).

Exner, Adolf — Zur Lehre vom *Rechtserwerb* durch Tradition nach österreichischem und gemeinem Recht, Wien 1867.
Das *Publizitätsprinzip*. Studien zum österreichischen Hypothekenrecht, Wien 1870.

Exner, Adolf — Das *oesterreichische Hypothekenrecht*, 2 Bände, Leipzig 1876—1881.

Fitting, Hermann	Ueber die *Mittel* zur Erzielung der Einheit des Privatrechtes im deutschen Reiche, in: AcP, 54. Bd. (1871), S. 263—279.
Förster, Franz	Theorie und *Praxis* des heutigen gemeinen preußischen Privatrechts auf der Grundlage des gemeinen deutschen Rechts. 4 Bände, 3. Aufl., Berlin 1873—1874.
Gierke, Otto	Georg *Beseler* in: ZSRG. GA., 10. Bd. (1889), S. 1—24.
	Deutsches *Privatrecht* 1. Bd.: Allgemeiner Teil und Personenrecht, Leipzig 1895.
Gönner, Nicolaus Thaddäus	Ueber *Gesetzgebung* und Rechtswissenschaft unserer Zeit, Erlangen 1815.
Goldschmidt, Levin	*Das preußische Recht* und das Rechtsstudium, insbesondere auf den preußischen Universitäten, in: Preuß. Jb., 3. Bd. (1859), S. 29—57.
	Die *Nothwendigkeit* eines deutschen Civilgesetzbuches. Vortrag, gehalten in der Gemeinnützigen Gesellschaft zu Leipzig am 11. März 1872, in: Im neuen Reich, (2. Jg.) (1872), S. 473 bis 489.
Hänel, Friedrich	Einige *Bemerkungen* zu dem Entwurfe eines neuen bürgerlichen Gesetzbuchs für das Königreich Sachsen, mit besonderer Rücksicht auf sein Verhältnis zum Römischen Recht, in: Sächs. ZfRV, 11. Bd., 1853, S. 481—509.
Hegel, Georg Wilhelm Friedrich	*Grundlinien* der Philosophie des Rechts, Berlin 1821 — Neu herausgegeben von Georg Lasson, Leipzig 1911.
Heusler, Andreas	Die *Gewere*, Weimar 1872.
Hölder, Eduard	Zur *Besitzliteratur*, in: K.V.J.Sch., 29. Bd. (1887), S. 370—458.
Hofmann, Franz	Die *Lehre* vom titulus und modus adquirendi und von der iusta causa traditionis, Wien 1873.
Huber, Eugen	*System* und Geschichte des Schweizerischen Privatrechts, Band 4, Basel 1893.
Ihering, Rudolf von	*Geist* des römischen Rechts auf den verschiedenen Stufen seiner Entwicklung. 4 Bände, 1. Aufl. Leipzig 1852—1865. — Zitiert wird die 8.—9. Aufl., Darmstadt 1953—1954.
	Übertragung der *Reivindicatio* auf Nichteigentümer, in: Ih.Jb., 1. Jg. (1857), S. 101—188.
	Ueber den *Grund* des Besitzschutzes. Eine Revision der Lehre vom Besitz, 1. Aufl., Jena 1868. — Zitiert wird die zweite verbesserte und vermehrte Auflage, Jena 1869.
	Kritisches und exegetisches Allerlei, in: Ih.Jb., 12. Jg. (1873), S. 313—398.

Ist der ehemalige gutgläubige *Besitzer* einer fremden Sache verpflichtet, nach deren Untergang dem Eigenthümer derselben den gelösten Kaufpreis herauszugeben? Ein Beitrag zur Lehre über die Grenzen des Eigenthumsschutzes, in: Ih. Jb., 16. Jg. (1878), S. 230—318.

Der *Besitzwille,* zugleich eine Kritik der herrschenden juristischen Methode, Jena 1889.

Der *Besitz,* in: Ih. Jb., Bd. 32 (1893), S. 41—98.

Kamptz, Carl Albert Christoph Heinrich von: Aktenmäßige Darstellung der Preußischen *Gesetzesrevision,* in: Jahrbücher für die Preußische Gesetzgebung, Rechtswissenschaft und Rechtsverwaltung, 60. Bd., (1842), S. 1—308.

Koch, Christian — Die Lehre vom *Besitz* nach Preußischem Rechte, mit Rücksicht auf das gemeine Recht und die Materialien des Allgemeinen Landrechts, Breslau 1839.

Lehrbuch des preußischen *Privatrechts.* Dritte verbesserte und vermehrte Auflage, 3 Bände, Berlin 1847—1851.

Kohler, Josef — Das *Autorrecht,* eine civilistische Abhandlung, Jena 1880.

Pfandrechtliche *Forschungen,* Jena 1882.

Gesammelte *Abhandlungen* aus dem gemeinen und französischen Civilrecht, Mannheim 1883.

Die deutsche *Rechtswissenschaft* und das bürgerliche Gesetzbuch (Mit Bezug auf Anton Mengers Rectoratsrede über die sozialen Aufgaben der Rechtswissenschaft), in: ZfPöR, 23. Bd. (1896), S. 217—228.

Lang, Johann Jakob — Der *Entwurf* eines bürgerlichen Gesetzbuchs für das Königreich Bayern, mit Berücksichtigung des hessischen und sächsischen Entwurfs kritisch beleuchtet. 2 Bände, München 1861—1862.

Leist, Burkhart Wilhelm — *Mancipation* und Eigenthumstradition, Jena 1865.

Leist, Gerhard Alexander — Die *Sicherung* von Forderungen durch Uebereignung von Mobilien, Jena 1889.

Lenz, Gustav — Das *Recht* des Besitzes und seine Grundlagen. Zur Einleitung in die Wissenschaft des Römischen Rechts, Berlin 1860.

Maas, Georg — *Bibliographie* der amtlichen Materialien zum Bürgerlichen Gesetzbuche für das Deutsche Reich, Berlin 1897.

Bibliographie des Bürgerlichen Rechts. *Verzeichnis* von Einzelschriften und Aufsätzen über das im Bürgerlichen Gesetzbuche für das Deutsche Reich vereinigten Recht. 1888—1898, in: ABR, 1899, 17. Bd., S. 1—388.

Makower, Heinrich — Das *Allgemeine Deutsche Handelsgesetzbuch.* Mit Kommentar herausgegeben. 9., vermehrte und verbesserte Auflage, Berlin und Leipzig 1884.

Mayer, Marum Samuel — Ueber Römisches Recht und neue *Gesetzgebung,* Tübingen 1839.

Meibom, Victor von — Das *Mecklenburgische Hypothekenrecht,* Leipzig 1871.

Meischeider, Emil — *Besitz* und Besitzschutz. Studien über alte Probleme, Berlin 1876.

Menger, Anton — Über die socialen *Aufgaben* der Rechtswissenschaft. Inaugurationsrede. Gehalten am 24. Oktober 1895, Wien und Leipzig 1895.

Mittermaier, Carl Josef Anton — Die neuesten *Gesetzgebungsarbeiten* auf dem Gebiete der Civilgesetzgebung mit besonderer Beziehung auf die neueren Civilgesetzbücher oder Entwürfe, in: AcP, Bd. 36 (1853), S. 94—119.

Pappenheim, Max — Levin *Goldschmidt,* in: ZfgHR., 47. Bd. (1898), S. 1—49.

Pfeiffer, Burkhard Wilhelm — *Ideen* zu einer neuen Civilgesetzgebung für Teutsche Staaten, Göttingen 1815.

Plitt, Conrad Herbold — Das *Lübische Erbrecht* nach dem Gesetze vom 10. Februar 1862, das Erbrecht der Eheleute und der Blutsfreunde, die letztwilligen Verfügungen, so wie die Erbgüter betreffend. 2., stark vermehrte und verbesserte Auflage, Wismar, Rostock und Ludwigslust 1872.

Puchta, Georg Friedrich — *Kritik* von Georg Beselers Volks- und Juristenrecht. (Aus den Jahrbüchern für wissenschaftliche Kritik besonders abgedruckt), Berlin 1844.
Cursus der *Institutionen,* 2. Bd.: System und Geschichte des römischen Privatrechts, 8. Auflage, nach dem Tode des Verfassers besorgt von Paul Krüger, Leipzig 1875.

Purgold, Friedrich — Praktische *Bemerkungen* zu dem Entwurf eines bürgerlichen Gesetzbuchs für das Großherzogthum Hessen. Theil I, das Personenrecht enthaltend, in: ZfdR, 7. Bd. (1842), S. 345—377.

Randa, Anton — Der *Besitz* mit Einschluß der Besitzklagen nach österreichischem Rechte. 3., durchgesehene und vermehrte Auflage, Leipzig 1879.

Regelsberger, Ferdinand — Das *bayerische Hypothekenrecht.* 2 Bände, Leipzig 1874—1877.

Rehbein, Hugo — *Allgemeine Deutsche Wechsel-Ordnung* mit Kommentar in Anmerkungen, 4., verbesserte Auflage, Berlin 1891.

Reyscher, August Ludwig — *Bericht* über die Germanistenversammlung zu

Frankfurt a/M. vom 24.—26. September 1846, in: ZfdR, 10. Jg. (1846), S. 494—527.

Römer, Adolf — Das *württembergische Unterpfandsrecht*, Leipzig 1876.

Roth, Paul von — *Bayrisches Civilrecht*, 3 Bände, Tübingen 1871 bis 1875.

Unifikation und Codifikation, in: Zeitschrift für Reichs- und Landesrecht mit besonderer Rücksicht auf Bayern, Band 1 (1874), S. 1—27.

System des Deutschen Privatrechts, 3 Bände, Tübingen 1880—1886.

Rümelin, Max — Das *Selbstcontrahiren* des Stellvertreters nach gemeinem Recht, Freiburg i. B. 1888.

Runde, Christian Ludwig — Ueber die *Ungewißheit* des positiven bürgerlichen Rechts, 1827, in: Runde, Patriotische Phantasien eines Juristen, Oldenburg 1836, S. 255—269.

Ueber die *Errichtung* einer permanenten Austrägal-Gerichts- und Gesetz-Redactions-Commission in Deutschland, 1833, in: Patriotische Phantasien eines Juristen, Oldenburg 1836, S. 312 bis 322.

Savigny, Friedrich Carl von — Das Recht des *Besitzes*, 1. Auflage, Gießen 1803. — Zitiert wird die 7. Auflage, herausgegeben von Adolf Friedrich Rudorff, Wien 1865.

Vom *Beruf* unserer Zeit für Gesetzgebung und Rechtswissenschaft, 1. Auflage, Heidelberg 1814. — Zitiert wird die 3. Auflage, Heidelberg 1840.

Rezension: Gönner, Ueber Gesetzgebung und Rechtswissenschaft in unserer Zeit, in: Vermischte Schriften, Berlin 1850, 5. Bd., S. 115—172 (zuerst erschienen in der Zeitschrift für geschichtliche Rechtswissenschaft, Bd. 1 (1815), S. 373—423).

System des heutigen römischen Rechts, 8 Bände, Berlin 1840—1849.

Schwartz, Ernst — Die *Geschichte* der privatrechtlichen Kodifikationsbestrebungen in Deutschland und die Entstehungsgeschichte des Entwurfs eines bürgerlichen Gesetzbuchs für das Deutsche Reich, in: ABR, Bd. 1 (1889), S. 1—189.

Sohm, Rudolph — Die deutsche Rechtsentwicklung und die *Codifikationsfrage*, in: ZfPöR, Bd. 1 (1874), S. 245—280.

Die *Entstehung* des deutschen Bürgerlichen Gesetzbuchs, in: DJZ, 5. Jg. (1900), S. 6—9.

Stahl, Friedrich Julius — Rechts- und *Staatslehre* auf der Grundlage christlicher Weltanschauung. Erste Abtheilung:

enthaltend die allgemeinen Lehren und das Privatrecht, 2. Auflage, Heidelberg 1845.

Stern, Jaques — *Thibaut und Savigny.* Ein programmatischer Rechtsstreit auf Grund ihrer Schriften. Über die Notwendigkeit eines allgemeinen bürgerlichen Rechts für Deutschland und vom Beruf unserer Zeit für Gesetzgebung und Rechtswissenschaft. Mit den Nachträgen der Verfasser und den Urteilen der Zeitgenossen, Darmstadt 1959 (Nachdruck der Auflage von 1914).

Stobbe, Otto — Geschichte der deutschen *Rechtsquellen,* 2. Abtheilung, Leipzig 1864.

Handbuch des deutschen *Privatrechts,* 2. Auflage, 3 Bände, Berlin 1882—1885.

Stölzel, Adolf — Brandenburg-Preußens *Rechtsverwaltung* und Rechtsverfassung, dargestellt im Wirken seiner Landesfürsten und obersten Justizbeamten, 2. Band, Berlin 1888.

Thibaut, Anton Friedrich Justus — Ueber die *Nothwendigkeit* eines allgemeinen bürgerlichen Rechts für Deutschland, Heidelberg 1814.

Ueber die sogenannte historische und nichthistorische *Schule,* in: AcP, Bd. 21 (1838), S. 391—419.

Turnau, Wilhelm — Die *Grundbuch-Ordnung* vom 5. Mai 1872. 2., umgearbeitete Auflage, 2 Bände, Paderborn 1878.

Verhandlungen des 1., 2., 3. und 15. Deutschen Juristentages. Herausgegeben von dem Schriftführeramt der ständigen Deputation, Berlin 1860, 1861, 1862 und 1880.

Vierhaus, Felix — Die *Entstehungsgeschichte* des Entwurfes eines Bürgerlichen Gesetzbuches für das Deutsche Reich. In Verbindung mit einer Uebersicht der privatrechtlichen Kodifikationsbestrebungen in Deutschland, Berlin und Leipzig 1888.

Wächter, Carl, Georg von — Die neuesten *Fortschritte* der Civilgesetzgebung in Württemberg, mit legislativen Bemerkungen und vergleichender Rücksicht auf das gemeine Recht, in: AcP, 23. Bd. (1840), S. 33—111.

Der *Entwurf* eines bürgerlichen Gesetzbuches für das Königreich Sachsen. Ein Beitrag zur Beurtheilung desselben, Leipzig 1853.

Werner, Friedrich — Die *Preußischen Grundbuch- und Hypotheken-Gesetze* vom 5. Mai 1872 nebst Materialien. 1. Theil: Gesetze und Ausführungsverordnungen, 2. Theil: Materialien urkundlich geordnet, Berlin 1872.

Wilmowski, Gustav von und Levy, Meyer: *Civilprozeßordnung* und Gerichtsverfassungsgesetz für das Deutsche Reich. Mit Kommentar in Anmerkungen, 5. vermehrte und verbesserte Auflage, 2 Bände, Berlin 1892.

Windscheid, Bernhard — Lehrbuch des *Pandekten*rechts, 1. Auflage, 3 Bände, Düsseldorf 1862—1870. — Zitiert wird die 7. durchgesehene und verm. Aufl., Frankfurt a. M. 1891.
Die *Aufgaben* der Rechtswissenschaft (Leipziger Rektoratsrede vom 31. Oktober 1884;, in: Gesammelte Reden und Abhandlungen. Herausgegeben von Paul Oertmann, Leipzig 1904, S. 100—116.

Wippermann, Karl — *Leonhardt*, Gerhard, Adolf, Wilhelm, in: ADB, 18. Bd. (Leipzig 1883), S. 301—307.

Wulfert, Friedrich — Das *sächsische bürgerliche Gesetzbuch* und die zur Revision des Held'schen Entwurfs eingesetzte Commission, in: Sächs.A., Bd. 1 (1891), S. 42—58.

Wydenbrugk, Oskar von — *Briefe* über eine Nationalgesetzgebung, Jena 1848.

Zachariä von Lingenthal, Carl Salomo — Handbuch des *Französischen Civilrechts*. Begründet von Zachariä von Lingenthal, bearbeitet von Dr. Carl Crome, 8., vermehrte und verbesserte Auflage, 4 Bände, Freiburg 1894—95.

B. Literatur nach 1900

Amira, Karl von — *Roth:* Paul Rudolf von R., in: ADB, Bd. 53 (Leipzig 1907), S. 538—549.

Baur, Fritz — Lehrbuch des *Sachenrechts*, 2., durchgesehene, ergänzte Auflage, München und Berlin 1963.

Born, Karl Erich — Von der *Reichsgründung* bis zum ersten Weltkrieg in: Gebhard, Bruno: Handbuch der Deutschen Geschichte, Bd. 3, 8. Auflage, Stuttgart 1960, S. 191—313.

Dahm, Georg — *Deutsches Recht*. Die geschichtlichen und dogmatischen Grundlagen des geltenden Rechts, Stuttgart 1963.

Dernburg, Heinrich — Die *allgemeinen Lehren* des bürgerlichen Rechts des Deutschen Reiches und Preußens, 2., unveränderte Auflage, Halle 1902.

Ebel, Wilhelm — Geschichte der *Gesetzgebung* in Deutschland, 2., erweiterte Auflage, Göttingen 1958.

Enneccerus, Ludwig — *Allgemeiner Teil* des Bürgerlichen Rechts. Ein Lehrbuch. 15. Auflage von Hans Carl Nipperdey. Erster Halbband, Tübingen 1959.

Frensdorff, Ferdinand	Gottlieb *Planck*, Berlin 1914,
Gebhard, Adolf	Reichsgerichtsrat a. D. Dr. *Achilles* (Nachruf), in: DJZ, 5. Jg. (1900), S. 474.
Gierke, Julius von	Das *Sachenrecht* des bürgerlichen Rechts, 4. neubearbeitete Auflage, Berlin und Frankfurt a. M. 1957.
Gierke, Otto	Heinrich *Dernburg* (Nachruf), in: DJZ, 12. Jg. (1907), S. 1337—1343.
Gmür, Rudolf	*Savigny* und die Entwicklung der Rechtswissenschaft, Münster 1962.
	Die erneuerte *Bernische Gerichtssatzung* von 1761—1762, in: Zeitschrift des Bernischen Juristenvereins, Bd. 99 (1963), S. 161—195.
Gurland, A., R., L.	*Wirtschaft* und Gesellschaft im Übergang zum Zeitalter der Industrie, in: Propyläen Weltgeschichte. Eine Universalgeschichte. Herausgegeben von Golo Mann, 8. Bd., Berlin, Frankfurt, Wien 1960, S. 279—336.
Hedemann, Justus Wilhelm	Die Fortschritte des Zivilrechts im XIX. Jahrhundert. Ein Überblick über die Entfaltung des Privatrechts in Deutschland, Österreich, Frankreich und der Schweiz. Erster Teil: Die Neuordnung des Verkehrslebens, Berlin 1910 (Zit.: *Fortschritte I*).
	Die Fortschritte des Zivilrechts im XIX. Jahrhundert. Zweiter Teil: Die Entwicklung des Bodenrechts von der französischen Revolution bis zur Gegenwart. 1. Hälfte: Das materielle Bodenrecht, Berlin 1930. 2. Hälfte: Die Entwicklung des formellen Bodenrechts mit einem Anhang: Bodenrecht und neue Zeit, Berlin 1935. (Zit.: *Fortschritte II*).
	Der *Dresdner Entwurf* von 1866, Berlin 1935.
Henle, Wilhelm	Senatspräsident von *Jacubezky* (Nachruf), in: DJZ, 15. Jg. (1910), S. 56—58.
Herzfeld, Hans	Johannes von *Miquel*. Sein Anteil am Aufbau des Deutschen Reiches bis zur Jahrhundertwende. 2 Bände, Detmold 1938.
	Ein halbes *Jahrhundert* deutsches Bürgerliches Gesetzbuch, in: AcP, 150. Bd., (1949) S. 1—27.
Isele, Hellmut Georg	Ein halbes *Jahrhundert* deutsches bürgerliches Gesetzbuch, in AcP 150 Bd. (1949), S. 1—27.
Kaser, Max	Das römische *Privatrecht*, 1. Abschnitt, München 1952.
Kiefner, Hans	A. F. J. *Thibaut*, in: ZSRG.RA, 77. Bd. (1960), S. 304—344.
	Qui possidet dominus esse praesumitur. Untersuchungen zur Geschichte der *Eigentumsver-*

mutung zugunsten des Besitzers seit Placentius, in: ZSGR.RA (1962), Bd. 79, S. 230—306.

Koschaker, Paul — *Europa* und das römische Recht, München und Berlin 1947.

Landsberg, Ernst — *Geschichte* der Deutschen Rechtswissenschaft, Dritte Abteilung, 2. Halbband Text, München und Berlin 1910.

Laufke, Franz — Der Deutsche Bund und die Zivilgesetzgebung. Festschrift zum 75. Geburtstag von Hermann Nottarr, Karlsruhe 1961.

Mann, Golo — Politische *Entwicklung* Europas und Amerikas 1815—1871, in: Propyläen Weltgeschichte. Eine Universalgeschichte. Herausgegeben von Golo Mann, 8. Bd., Berlin, Frankfurt, Wien 1960, S. 367—582.

Neubauer, Wilhelm — *Pape,* Heinrich Eduard P., in: ADB, 52. Bd. (Leipzig 1906), S. 750—756.

Oertmann, Paul — Windscheids *Lebensgang* und Windscheid als *Jurist,* in: Windscheid, Gesammelte Reden und Abhandlungen, Leipzig 1904, S. IX—XXXVI.

Pappenheim, Max — *Goldschmidt:* Levin G., in: ADB, 49. Bd. (Leipzig 1904), S. 438—448.

Planck, Gottlieb — Gustav von *Mandry* (Nachruf), in: DJZ, 7. Jg. (1902), S. 287.

Geheimer Rat Professor Dr. Albert *Gebhard* (Nachruf), in: DJZ, 13. Jg. (1908), S. 119—120.

Windscheid als Mitarbeiter am Bürgerlichen Gesetzbuche, in: DJZ, 14. Jg. (1909), S. 951—954.

Kommentar zum Bürgerlichen Gesetzbuch nebst Einführungsgesetz. 4., völlig neu bearbeitete Auflage. Herausgegeben von Emil Strohal. 1. Band: Allgemeiner Teil, Berlin 1913.

Ritter, Emil — Die katholisch-soziale *Bewegung* Deutschlands im neunzehnten Jahrhundert und der Volksverein, Köln 1954.

Sachse, Arnold — Friedrich *Althoff* und sein Werk, Berlin 1928.

Schwerin, Claudius Freiherr von — Grundzüge der deutschen *Rechtsgeschichte,* 4. Auflage besorgt von Hans Thieme, Berlin und München 1950.

Serick, Rolf — *Eigentumsvorbehalt* und Sicherungsübertragung. Band 1: Der einfache Eigentumsvorbehalt, Heidelberg 1963.

Soergel, Hans Theodor, und Liebert, Wolfgang: Bürgerliches Gesetzbuch mit Einführungsgesetz und Nebengesetzen. III. Band: Sachenrecht. §§ 979—984, bearbeitet von Oechßler, Stuttgart 1960.

Sohm, Rudolph — Gottlieb *Planck,* in: DJZ, 15 Jg. (1910), S. 609—614.

Spahn, Peter — *Cuny,* Ludwig von C., in: ADB, Bd. 47 (Leipzig 1903), S. 575—580.

Thieme, Hans — Aus der *Vorgeschichte* des Bürgerlichen Gesetzbuchs. Zur Gesetzgebung des Positivismus, in: DJZ, 39. Jg. (1934), S. 968—971.

Treue, Wilhelm — Wirtschafts- und *Sozialgeschichte* Deutschlands im 19. Jahrhundert, in: Gebhard, Bruno: Handbuch der Deutschen Geschichte, Bd. 3, 8. Auflage, Stuttgart 1960, S. 315—413.

Wesenberg, Gerhard — Die *Paulskirche und die Kodifikationsfrage* (Zu § 64 der Paulskirchenverfassung), in: ZSRG.R.A., 72. Band (1955), S. 359—365.

Neuere deutsche *Rechtsgeschichte* im Rahmen der europäischen Rechtsentwicklung, Lahr (Baden) 1954.

Westermann, Harry — Lehrbuch des *Sachenrechts,* 4. Auflage, Karlsruhe 1960.

Wieacker, Franz — *Privatrechtsgeschichte* der Neuzeit unter besonderer Berücksichtigung der deutschen Entwicklung, Göttingen 1952.

Das *Sozialmodell* der klassischen Privatgesetzbücher und die Entwicklung der modernen Gesellschaft, Karlsruhe 1953.

Gründer und Bewahrer. Rechtslehrer der neueren deutschen Privatrechtsgeschichte, Göttingen 1959.

Wolff, Martin und Raiser, Ludwig — *Sachenrecht,* 10. Bearbeitung, Tübingen 1957.

Zeitgenossenlexikon, — deutsches: Biographisches Handbuch deutscher Männer und Frauen, Leipzig 1905.

Zitierweise — Familienname des Verfassers mit einem oder mehreren Stichwörtern, die im Literaturverzeichnis Kursiv gedruckt sind.

ABKÜRZUNGSVERZEICHNIS

aaO.	am angegebenen Ort
ABGB	Österreichisches Allgemeines Bürgerliches Gesetzbuch
ABR	Archiv für Bürgerliches Recht
AcP	Archiv für die civilistische Praxis
ADB	Allgemeine Deutsche Biographie
ADHGB	Allgemeines Deutsches Handelsgesetzbuch
ADWO	Allgemeine Deutsche Wechsel-Ordnung
AGO	Allgemeine Gerichtsordnung für die preußischen Staaten von 1794
Allg. Hyp. Ord.	Preußische Allgemeine Hypotheken Ordnung
ALR	Allgemeines Landrecht für die Preußischen Staaten
aM.	anderer Meinung
Anm.	Anmerkung
Art.	Artikel
Bad. L. R.	Badisches Landrecht
bay. E.	bayerischer Entwurf
bay. Hyp. G.	Bayerisches Hypotheken-Gesetz
Bd.	Band
BGB	Bürgerliches Gesetzbuch vom 18. August 1896
braunschw. Pfandg.	braunschweigisches Gesetz über die Verpfändung beweglicher Sachen vom 8. 3. 1878
Cc	Code civil
Cod. Max.	Codex Maximilianeus Bavaricus Civilis
DJZ	Deutsche Juristen-Zeitung
D. Not. Z.	Deutsche Notariats-Zeitung
Dresd. E.	Entwurf eines allgemeinen deutschen Gesetzes über Schuldverhältnisse von 1866
Drucksache BR.	Drucksache des Bundesrats
Drucksache RT.	Drucksache des Reichstags
E I	Erster Entwurf des BGB
E II	Zweiter Entwurf des BGB
E IIa	Zweiter Entwurf des BGB in der Fassung der Bundesratsvorlage von 1895
E III	Dritter Entwurf des BGB (Reichstagsvorlage)
EEG	Preußisches „Gesetz über den Eigenthumserwerb und die dingliche Belastung der Grundstücke" (vom 5. Mai 1872).
EG BGB	Einführungsgesetz zum BGB
EG E I	Einführungsgesetz zum BGB, 1. Entwurf
EG E II a	Einführungsgesetz zum BGB, 2. Entwurf in der Fassung der Bundesratsvorlage
G. A.	Gutachten aus dem Anwaltsstande über die 1. Lesung eines Bürgerlichen Gesetzbuches, Berlin 1890

GBO	Grundbuchordnung vom 24. 3. 1897 (RGBl. 139)
Gesch. O.	Geschäftsordnung
Gruchot	Beiträge zur Erläuterung des deutschen Rechts. Begründet von Gruchot
G. S. Pr. St.	Gesetz-Sammlung für die Königlich Preußischen Staaten
G. V. Bl. Kgr. Sachsen	Gesetz- und Verordnungsblatt für das Königreich Sachsen
Hamb. G. Hyp. G.	Gesetz über Grundeigenthum und Hypotheken für Stadt und Gebiet der freien und Hansestadt Hamburg
hess. E.	Entwurf eines bürgerlichen Gesetzbuchs für das Großherzogthum Hessen
h. M.	herrschende Meinung
Ih. Jb.	Jahrbücher für die Dogmatik des heutigen römischen und deutschen Privatrechts
Inst.	Institutiones
i. S. d.	im Sinne des
Jg.	Jahrgang
KJbDR	Kritische Jahrbücher für Deutsche Rechtswissenschaft
KO	Konkursordnung vom 10. 2. 1877 (RGBl. 351)
KÜdGR	Kritische Überschau der deutschen Gesetzgebung und Rechtswissenschaft
KVJSch	Kritische Vierteljahrsschrift für Gesetzgebung und Rechtswissenschaft
meckl. rev. Hyp. O.	revidierte Hypotheken-Ordnung für Mecklenburg-Schwerin
meckl. rev. Stadtb. O.	revidierte Stadtbuch-Ordnung für Mecklenburg-Schwerin
Mot.	Motive zum 1. Entwurf des BGB
Mot. TE.	Motive zum Teilentwurf des Sachenrechts
old. Pfandg.	oldenburgisches Gesetz, betreffend Verpfändung von Schiffen, anderen beweglichen Sachen und Forderungen vom 3. 4. 1876
Preuß. GBO	Preußische Grundbuchordnung vom 5. 5. 1872
Preuß. Jb.	Preußische Jahrbücher
Prot. I	Protokolle der 1. Kommission zur Ausarbeitung des BGB
Prot. II	metallographierte Protokolle der 2. Kommission zur Ausarbeitung des BGB
Prot. II, Bd. 1—6	gedruckte Protokolle der 2. Kommission zur Ausarbeitung des BGB
Prot. ADHGB	Protokolle der Kommissionen zur Ausarbeitung des ADHGB
Prot. BR.	Protokolle des Bundesrats
Pr. O. Tr. E.	Entscheidungen des Königlichen Geheimen Ober-Tribunals in Berlin
RGBl.	Reichs-Gesetzblatt
RGZ	Entscheidung des Reichsgerichts in Zivilsachen
RJA	Reichsjustizamt
ROHG	Reichs-Oberhandelsgericht
ROHGE	Entscheidungen des Reichs-Oberhandelsgerichts
S.	Seite oder Satz
Sächs. A.	Sächsisches Archiv für bürgerliches Recht und Prozeß
sächs. BGB	sächsisches bürgerliches Gesetzbuch
Sächs. ZfRV	Zeitschrift für Rechtspflege und Verwaltung für das Königreich Sachsen
Seuff. Arch. E.	Archiv der Entscheidungen oberster Gerichte in den deutschen Staaten
St. B. R. T.	Stenographische Berichte des Reichstags des Deutschen Reiches

St. B. RT. NDB.	Stenographische Berichte des Reichstags des Norddeutschen Bundes
TE	Teilentwurf des Sachenrechts von 1880
Vgl.	Vergleiche
Vhdl. DJT	Verhandlung des Deutschen Juristentages
Vhdl. LÖK	Verhandlungen des Königlichen Landes-Oekonomie-Kollegiums vom 11.—22. November 1889
Württemb. Pfandg.	Württembergisches Pfandgesetz
ZfdR	Zeitschrift für deutsches Recht und deutsche Rechtswissenschaft
ZfgHR	Zeitschrift für das gesamte Handelsrecht
ZfPöR	Zeitschrift für das Privatrecht und öffentliche Recht der Gegenwart
ZPO	Civilprozeßordnung vom 30. 1. 1877 (RGBl. 83)
ZSRG. GA.	Zeitschrift der Savigny-Stiftung für Rechtsgeschichte, Germanistische Abteilung
ZSRG. RA.	Zeitschrift der Savigny-Stiftung für Rechtsgeschichte, Romanistische Abteilung
Zst.	Zusammenstellung der gutachtlichen Äußerungen zum Entwurf eines Bürgerlichen Gesetzbuchs
Zst. BR.	Zusammenstellung der Äußerungen der Bundesregierungen zu dem Entwurf eines Bürgerlichen Gesetzbuchs
ZVG	Gesetz über die Zwangsversteigerung und die Zwangsverwaltung vom 24. 3. 1897 (BGBl. 97)

EINLEITUNG

Obwohl das BGB schon seit über sechzig Jahren in Kraft steht, ist die Geschichte seiner Entstehung bislang weder durch Spezialuntersuchungen gründlich geklärt noch in einem größeren Werk zusammenfassend dargestellt worden. Beispielsweise sind die umfangreichen Teilentwürfe zum 1. Entwurf und die zu ihnen gehörenden Motive noch fast unerforscht geblieben. Ebenso ist über den Einfluß einzelner Mitglieder der 1. Kommission auf das Zustandekommen des 1. Entwurfs nur wenig bekannt. Weiterhin gibt es noch keine Untersuchungen über den 1. Entwurf, über die heute nur noch schwer überschaubaren Kritiken zu diesem Entwurf sowie über die Arbeiten der 2. Kommission und den von ihr abgefaßten 2. Entwurf. Endlich bedürfen auch noch die der Abfassung des BGB vorausgegangenen Kodifikationsbestrebungen des 19. Jahrhunderts[1] einer eingehenden Darstellung. Solange über all dies keine Einzeluntersuchungen vorliegen, kann eine zusammenfassende Entstehungsgeschichte des BGB nicht geschrieben werden und bildet deshalb auch nicht das Ziel der vorliegenden Abhandlung.

Diese verfolgt vielmehr den Zweck, einen hinreichend vollständigen und auch in die Einzelheiten gehenden Einblick in das Zustandekommen des BGB zu verschaffen. Diesen erhält man am besten dadurch, daß man der Entstehung der Bestimmungen über einzelne Rechtsinstitute nachgeht. Da Voraussetzung hierfür aber eine genaue Kenntnis des allgemeinen Entstehungsverlaufs des BGB ist, muß auf ihn in einem verhältnismäßig umfangreichen Allgemeinen Teil eingegangen werden. Dieser Teil enthält auch nähere Hinweise auf die einzelnen Quellen der vorliegenden Abhandlung, und zwar vor allem auf die Teilentwürfe zum 1. Entwurf, den 1. Entwurf, die Motive zu diesen Entwürfen, den 2. Entwurf sowie die Sitzungsprotokolle der 1. und 2. Kommission. Zudem ist ein gesonderter Abschnitt dieses Teils den Kritikern des 1. Entwurfs gewidmet, da diese dessen Revision durch die 2. Kommission maßgeblich beeinflußt haben.

Im Besonderen Teil der Abhandlung wird die Entstehungsgeschichte der

[1] Einzig *Schwartz*, Geschichte (1889), S. 49ff., bringt eine allerdings ziemlich unvollständige und keineswegs objektive Darstellung dieser Kodifikationsbestrebungen. Zur Zivilgesetzgebung des Deutschen Bundes vgl. *Laufke*, Bund, S. 1 ff.

Bestimmungen über den Besitz sowie über die Übertragung des Eigentums an Grundstücken und beweglichen Sachen eingehend untersucht. Diese für das gesamte Zivilrecht wichtigen Vorschriften, deren Gestaltung bei der Abfassung des BGB heftig umstritten war, eignen sich nach Ansicht des Verfassers für das ins Auge gefaßte Ziel dieser Abhandlung besonders gut. Zwar bilden sie trotz ihres Ineinandergreifens, das sowohl in den seinerzeit über sie geführten Diskussionen als auch im endgültigen Gesetzestext seinen Ausdruck findet, keine in sich geschlossene Einheit, und müßten bei einer rein dogmatischen Untersuchung notwendigerweise Gegenstand zweier getrennter Abhandlungen sein. Aber an ihrem Zustandekommen lassen sich die wichtigsten Charakterzüge der Entstehung des BGB deutlich aufzeigen. Da dies das eigentliche Ziel der Abhandlung bildet, werden die verschiedenen Entstehungsabschnitte der genannten Bestimmungen getrennt voneinander behandelt, obwohl dieser Aufbau zur Folge hat, daß manches Zusammenhängende zerrissen wird und gelegentliche Wiederholungen nicht zu vermeiden sind. Andererseits wird, entsprechend der erwähnten Aufgabenstellung, davon abgesehen, die dogmatischen Entwicklungen, welche die untersuchten Rechtsinstitute im Laufe des 19. Jahrhunderts erfahren haben, sowie die über sie geäußerten zeitgenössischen Lehrmeinungen vollständig darzustellen. Dies wäre beispielsweise beim Besitzrecht allein schon wegen der großen Zahl der damals bestehenden Streitfragen, die für den Gesetzgeber nur zum Teil von wesentlicher Bedeutung waren, im Rahmen dieser Abhandlung nicht möglich gewesen. Im übrigen wurden in die Untersuchung die an sich dogmatisch bedeutsamen Bestimmungen über den Eigentumsschutz nicht miteinbezogen, weil ihre Entstehungsgeschichte keine zusätzlichen Gesichtspunkte zu den Gesamtergebnissen der Abhandlung erkennen lassen würde. Doch wird, soweit es erforderlich erscheint, auf die Entstehung einzelner dieser Bestimmungen hingewiesen werden.

Der Schlußteil endlich faßt die Ergebnisse kurz zusammen und geht vor allem auf die bedeutsame Frage ein, weshalb sich die beiden Kommissionen zur Ausarbeitung des BGB sehr eng an das geltende Recht angelehnt haben. Seine Überschrift „Zusammenfassende Bemerkungen zur Entstehung des BGB" soll noch einmal darauf hinweisen, daß die Abhandlung nicht sämtliche Einzelheiten und Aspekte der Abfassung des BGB aufzeigen wollte. Die vorliegende Untersuchung hat ihren Zweck vielmehr vollauf erreicht, wenn sie die bislang nur lückenhafte Kenntnis der Entstehung des BGB erweitern und vertiefen hilft und als Anregung für weitere Arbeiten über das Zustandekommen des BGB dient.

ALLGEMEINER TEIL

Die allgemeine Entstehungsgeschichte des BGB

Erstes Kapitel

Die Vorgeschichte bis zur Einsetzung der Vorkommission von 1874

Das gesamtdeutsche Erlebnis der Freiheitskriege von 1813 bis 1815 rief im deutschen Volk den Wunsch nach nationaler Einheit und verfassungsmäßiger Freiheit hervor. Eine Folge dieses nationalen Erwachens war auch die Forderung nach einem einheitlichen deutschen Recht[2], für das sich vornehmlich der national gesinnte Romanist *Thibaut* (1772—1840), ein Vertreter des jüngeren Naturrechts[3], einsetzte. In seiner Mitte 1814 erschienenen Flugschrift „Ueber die Nothwendigkeit eines allgemeinen bürgerlichen Rechts in Deutschland" verlangte er die baldige Abfassung eines gesamtdeutschen bürgerlichen Rechts, worunter er das Privat-, Straf- und Prozeßrecht verstand[4]. Nirgends in Deutschland sah er die seiner Ansicht nach an jede Gesetzgebung zu stellenden Forderungen nach materieller und formeller Vollkommenheit verwirklicht. Das deutsche Recht bezeichnete er als einen „endlosen Wust einander widerstreitender, vernichtender, buntschäkkiger Bestimmungen, ganz dazu geartet, die Deutschen voneinander zu trennen"[5]. Das römische Recht, dessen Größe und Bedeutung für die juristische Bildung und Schulung er anerkannte, ertötete seiner Ansicht nach wegen seiner vielfach unzeitgemäßen Regelungen, seiner „Masse des Positiven und Historischen" und seiner unsicheren Textüberlieferungen den wahren juristischen Sinn[6]. Nur ein einfaches, den Bedürfnissen des Volkes entsprechendes Gesetz konnte seines Erachtens wegen der damit verbundenen leichten Überschaubarkeit des Rechts „die wahre. höhere Bildung der Diener des Rechts"[7] unendlich fördern und zur unmittelbaren Verbindung von Theorie und Praxis beitragen. Zudem versprach sich *Thibaut* von einem

---

[2] Über die Kodifikationsbestrebungen vor 1814 vgl. *Schwartz*, Geschichte, S. 38—49.

[3] Vgl. *Kiefner*, Thibaut, S. 325.

[4] *Thibaut*, Nothwendigkeit, S. 12.

[5] *Thibaut*, aaO., S. 14.

[6] *Thibaut*, aaO., S. 23—24.

[7] *Thibaut*, aaO., S. 25.

gesamtdeutschen Recht ein Ende des Streites um die örtliche Anwendbarkeit der Gesetze und infolgedessen eine allgemeine Erleichterung des Verkehrs[8]. Vor allem aber schien ihm eine deutsche Zivilrechtskodifikation die geistige und ideelle Einheit der Deutschen, die ihnen auf politischem Gebiet versagt blieb, zu verkörpern und zugleich ein wirksames Gegengewicht gegen die politische Zersplitterung zu sein. Die besten Juristen aus allen deutschen Staaten sollten gemeinsam das Nationalgesetzbuch schaffen, dessen Vollendung Thibaut in zwei bis drei Jahren für möglich hielt, sofern das ALR, das ABGB und der Code civil als Vorarbeiten berücksichtigt würden[9].

Savigny wies jedoch in seiner noch in demselben Jahr, 1814, erschienenen Schrift „Vom Beruf unserer Zeit für Gesetzgebung und Rechtswissenschaft" die Forderung *Thibauts* nach einem gesamtdeutschen Zivilgesetzbuch zurück. Er begründete seine ablehlende Haltung vor allem damit, daß das Recht nicht durch die Willkür eines Gesetzgebers, sondern zunächst durch die Sitte und den Volksglauben und später bei steigender Kultur, durch die Jurisprudenz, also stets durch stillwirkende Kräfte, entstehe und sich entwikkele[10]. Deshalb betrachtete er jedes nicht unbedingt erforderliche Gesetz als ein Hemmnis für eine organische, allmählich fortschreitende Rechtsentwicklung. Für eine Gesetzgebung hielt er zudem nur eine Zeit für berufen, in der das Recht den Gipfel der Bildung erreicht habe[11]. Seiner Ansicht nach aber fehlte es seiner Zeit an einer hinreichenden systematischen und historischen Durchdringung des Rechtsstoffes sowie an einer für jedes Gesetz notwendigen kraftvollen und ursprünglichen Sprache[12]. Deshalb sprach er seiner Zeit die Fähigkeit zur Abfassung einer Zivilrechtskodifikation ab. Zudem schienen *Savigny* die großen Verschiedenheiten und Eigentümlichkeiten der Landesrechte das Gleichgewicht zwischen dem Staat und dessen einzelnen Teilen besser zu gewährleisten als eine Einheitskodifikation, die für ihn nur der Ausfluß der von der Aufklärung und der französischen Revolution herrührenden „Idee der Gleichförmigkeit" war[13]. Im Gegensatz zu *Thibaut* sah er allein in einer organisch fortschreitenden Rechtswissenschaft das geeignete Mittel, ein sicheres und der Willkür entzogenes Recht für ganz Deutschland zu schaffen. Im übrigen wies er auch darauf hin, daß eine gesamtdeutsche Zivilrechtskodifikation die Rechtszersplitterung nicht gänzlich beseitigen würde, da Preußen und Österreich ihre Gesetzbücher

---

8 *Thibaut,* aaO., S. 32—33.
9 *Thibaut,* aaO., S. 34—36.
10 Vgl. *v. Savigny,* Beruf, S. 12—14; vgl. hierzu *Gmür, v. Savigny,* S. 12—26.
11 *v. Savigny,* aaO., S. 24—26.
12 *v. Savigny,* Beruf, S. 48—49, 52; vgl. auch *Gmür,* v. Savigny, S. 18—20.
13 *v. Savigny,* Beruf, S. 41.

nicht aufgeben würden[14]. Ferner wandte er sich auch gegen den Vorschlag *Thibauts,* die Zivilrechtskodifikation durch eine Kommission ausarbeiten zu lassen. Mehrere Juristen könne man nur dann mit der Abfassung eines derartigen Gesetzes beauftragen, wenn ein allgemein anerkanntes Rechtssystem und eine organisch durchgebildete Rechtsliteratur bestehe. Diese Voraussetzungen waren nach Savigny in der damaligen Zeit nicht gegeben. Andererseits erschien ihm die Abfassung einer Zivilrechtskodifikation durch einen einzelnen Juristen einstweilen fast unmöglich, weil dieser wegen der „Ungleichartigkeit und der individuellen Bildung und Kenntnis" der damaligen Juristen nicht die Gesamtheit repräsentieren könne[15].

Die Schriften *Savignys* und *Thibauts,* die fast alle in der Folgezeit immer wieder vorgebrachten Gründe für und gegen eine Zivilrechtskodifikation zusammenfaßten, riefen zahlreiche Kritiken hervor[16]. Die meisten Autoren, vor allem *Feuerbach*[17], *Pfeiffer*[18] und *Gönner*[19], der allerdings nur einzelstaatliche Kodifikationen befürwortete, erklärten sich mit den Forderungen *Thibauts* im wesentlichen einverstanden. Eine gesamtdeutsche Kodifikation kam aber damals nicht zustande, nicht weil *Savignys* Ansichten einer ohnehin bestehenden Gesamtüberzeugung entsprachen, sondern weil die deutschen Fürsten kein einheitliches deutsches Recht wünschten und daher dem Deutschen Bund keinerlei Gesetzgebungsbefugnisse[20] verliehen hatten. In der Folgezeit erlosch dann allerdings unter dem Einfluß der historischen Rechtsschule, die Savigny begründet hatte, weithin[21] zumindest das Interesse an einer gesamtdeutschen Zivilrechtskodifikation[22].

---

[14] *v. Savigny,* Beruf, S. 161.

[15] *v. Savigny,* Beruf, S. 156—59.

[16] Eine übersichtliche Zusammenfassung der meist Thibaut zustimmenden Kritiken bringt *Stern,* Thibaut und v. Savigny, S. 185—94.

[17] Vgl. Vorrede zu *Borst,* Beweislast, S. XIV, XX—XXI; dagegen v. Savigny, Beruf, S. 169—172.

[18] Vgl. Ideen, S. 62—64, 78 ff.; dagegen *v. Savigny,* Beruf, S. 172—78.

[19] Gesetzgebung, S. 10—14, 215 ff., 275 ff., dagegen v. Savigny, Rezension Gönner, S. 159 ff., 170—72.

[20] Vgl. *Stobbe,* Rechtsquellen, Bd. 2, S. 486—490, *Ebel,* Gesetzgebung, S. 71; vgl. auch *Laufke,* Bund, S. 2 ff.

[21] Für eine Zivilrechtskodifikation traten bis 1840 u. a. ein: *Hegel* 1821 in „Grundlinien", S. 169—171, 174—175 (§§ 211, 215—216); *Runde* 1827 in „Ungewißheit", S. 261—264 u. 1833 in „Errichtung", S. 318—321; *Mayer* 1839 in Gesetzgebung, S. 4—5, 26—27, 36 ff.

Hingegen stand *Stahl* einer Kodifikation ziemlich ablehnend gegenüber, weil er von ihr eine „Heruntersetzung der Heiligkeit des Rechts" befürchtete (vgl. *Stahl,* Staatslehre, Bd. 1. S. 195—201).

[22] Über die zivilrechtlichen Kodifikationsbestrebungen der deutschen Staaten vgl. S. 7 ff.

Nach *Runde, Mayer* und *Christ*[23] setzte sich der Germanist *Beseler* in seinem Buch „Volksrecht und Juristenrecht" (1843) mit voller Schärfe für ein gesamtdeutsches Recht ein. Er gestand, im Gegensatz zu Savigny, der Gesetzgebung die selbständige und schöpferische Aufgabe zu, das Recht der Nation zu entwickeln[24]. Das gesamte geltende Recht sollte revidiert und durch einen konstituierenden Akt der Gesetzgebung geordnet und festgestellt werden. Wie später *Gierke*, verlangte *Beseler* von einem Gesetz, daß es die allgemeinen Rechtssätze und -institute in leitenden Prinzipien klar und bestimmt herausstelle[25]. Doch beurteilte er die Aussichten für eine baldige Rechtseinheit sehr schlecht, da deren Herbeiführung „über den Begriff einer gewöhnlichen Codifikation" hinausgehen und den „Charakter einer politischen Reconstituierung der Nation an sich tragen" sollte[26]. *Puchta* verurteilte Beselers Eintreten für eine Zivilrechtskodifikation äußerst scharf und erblickte in dieser nur einen „Zufluchtsort der Kraftlosigkeit und Geistesarmuth"[27].

Die Kritik Puchtas konnte jedoch nicht verhindern, daß in der Folgezeit die meist nationaldemokratisch eingestellten Germanisten eine gesamtdeutsche Zivilrechtskodifikation verlangten. Nachdem bereits der hessische Staatsrat *Jaup* auf dem Frankfurter Germanistentag 1846 ein nationales Zivilgesetzbuch gefordert hatte[28], machte sich der Lübecker Germanistentag von 1847 in seiner Mehrheit diese Forderung zu eigen[29]. Ferner sah die Reichsverfassung vom 28. März 1849 in Artikel 64 die Begründung der Rechtseinheit durch den Erlaß allgemeiner Gesetzbücher über bürgerliches Recht, Handels-, Wechsel- und Strafrecht sowie gerichtliches Verfahren[30] vor. Ein gemeinsames Zivilgesetzbuch blieb dem deutschen Volk jedoch versagt, weil die Revolution von 1848—1849 scheiterte, nicht aber weil die damalige öffentliche Meinung noch kodifikationsfeindlich[31] war.

Von den zahlreichen Schriften[32], die sich damals für eine Zivilrechtsko-

---

[23] Ueber deutsche Nationalgesetzgebung, Karlsruhe 1842; vgl. ferner *Thibaut*, Schule (1838), S. 393 ff.; *Wächter*, Fortschritte (1840), S. 33—36.

[24] *Beseler*, Volksrecht, S. 230.

[25] *Beseler*, Volksrecht, S. 235.

[26] *Beseler*, aaO., S. 236.

[27] *Puchta*, Rezension Beseler, S. 39—40.

[28] *Reyscher*, Bericht, S. 511.

[29] Vgl. *Wieacker*, Privatrechtsgeschichte, S. 243.

[30] Vgl. hierzu *Wesenberg*, Paulskirche, S. 359—365.

[31] Nicht ganz zutreffend insoweit *Wesenberg*, aaO., S. 365.

[32] Vgl. *Bruns*, Recht des Besitzes, S. V—VIII, 462—463; *Wydenbrugk*, Briefe, S. 10—11, 31—32, 34 ff.; vgl. ferner die bei *Schwartz*, Geschichte, S. 100—105 aufgeführten Schriften von Heimbach und Held und *Mittermeier*, Vorarbeiten, S. 110 ff.

difikation einsetzen, ist vor allem der 1850 erschienene Aufsatz von *Christ* „Ueber die Verwirklichung der deutschen Nationalgesetzgebung" hervorzuheben. Christ brachte bereits sehr detaillierte Vorschläge darüber, nach welchen Grundsätzen ein zukünftiges Zivilgesetzbuch abgefaßt werden sollte. Beispielsweise sprach er sich gegen lange Vorarbeiten und die Sammlung von Materialien aus und regte statt dessen an, das ABGB dem Entwurf eines deutschen bürgerlichen Gesetzbuches zugrunde zu legen[33]. Dieses sollte das geltende, geschichtlich gewachsene Recht enthalten und im Ausdruck klar, kurz und natürlich sein[34]. Da der erste Entwurf des BGB nach völlig entgegengesetzten Gesichtspunkten ausgearbeitet worden ist, erscheint diese Schrift wie eine vorweggenommene Kritik an ihm.

Seitdem sich in der Mitte des 19. Jahrhunderts aus der historischen Rechtsschule der wissenschaftliche Positivismus, dessen Ziel die systematische und begriffliche Durchbildung des geltenden Rechts war, entwickelt hatte, standen die meisten Romanisten einer Zivilrechtskodifikation nicht mehr ablehnend gegenüber[36]. Außer politischen Gründen war hierfür vor allem die Erkenntnis maßgebend, daß die Rechtswissenschaft nicht in der Lage war, von sich aus die zahlreichen Kontroversen und Unzulänglichkeiten des gemeinen römischen Rechts sowie die allgemeine Rechtszersplitterung in den einzelnen deutschen Staaten zu beseitigen, sondern daß dies nur durch eine umfassende Zivilrechtskodifikation geschehen konnte. Besonders der 1860 gegründete Deutsche Juristentag, dem alle führenden deutschsprachigen Juristen angehörten, machte es sich zur Aufgabe, auf dem Gebiete des Privat-, Prozeß- und Strafrechts die Rechtseinheit zu fördern. Bereits in seiner ersten Sitzung im Jahre 1860 verlangte er die baldige Abfassung eines einheitlichen Obligationenrechts, das ein deutsches Zivilgesetzbuch vorbereiten sollte[37].

Während die Rechtsgelehrten bis etwa 1840 der Kodifikationsidee im Gebiet des Zivilrechts ablehnend gegenüber standen, nahmen mehrere deutsche Staaten Zivilrechtskodifikationen, die teilweise auch in den Landes-

---

[33] *Christ*, Verwirklichung, S. 90—91, 93—95.

[34] *Christ*, aaO., S. 99—100, 106.

[35] Vgl. *Wieacker*, Privatrechtsgeschichte, S. 253 ff.; Dahm, Recht, S. 129—132.

[36] Vgl. u. a. *Purgold* 1842 in „Bemerkungen", S. 345; *Arndts* 1853 in „Versuche", S. 129—130; (vgl. bereits „Entwurf I" (1846), S. 132); *Ihering* 1854 in „Geist", Bd. 2, S. 35—39; *Windscheid* 1862 in „Pandekten", Bd. 1, S. VI—VII (Vorrede zur 1. Auflage).

[37] Vgl. den Antrag Ungers und dessen Annahme mit einer von Wächter vorgeschlagenen Erweiterung in Vhdl. 1. DJT, S. 128, 225—230; vgl. ferner Vhdl. 2. DJT, Bd. 2, S. 100—139.

verfassungen vorgesehen waren[38], in Angriff, um die Rechtszersplitterung wenigstens in ihrem Gebiet zu beseitigen[39]. Diese Kodifikationsbestrebungen hatten außer aus politischen Gründen auch deswegen wenig Erfolg, weil die Landesrechte wissenschaftlich kaum bearbeitet waren und nicht selten zur Gesetzgebung begabte Juristen fehlten. Allein Bayern[40] unternahm von 1809 bis 1856 sechs vergebliche Versuche, ein bürgerliches Gesetzbuch zu schaffen, das den Codex Maximilianeus von 1756 ablösen sollte. Von 1856 bis 1858 arbeitete das bayerische Justizministerium einen Entwurf von 4583 Artikeln aus, den von 1858 bis 1861 eine Kommission revidierte. Von diesem revidierten Entwurf sind zwischen 1860 und 1864 der Allgemeine Teil, das Schuld- und das Sachenrecht veröffentlicht, aber niemals in Kraft gesetzt worden. In Hessen[41] verfaßte der tüchtige Ministerialrat *Breidenbach* ab 1841 mehrere Teilentwürfe, die späterhin von einer Kommission und zum Teil auch von den Ständen beraten wurden. Zwischen 1841 und 1853 erschien der Teilentwurf des Personen-, Sachen-, Erb- und Schuldrechts. Die Öffentlichkeit nahm den hessischen und bayerischen Entwurf durchweg wohlwollend auf[42] und lobte vor allem deren einfache und klare Sprache. Allgemein anerkannt wurde auch, daß die Entwürfe die allzu breite Kasuistik des ALR vermieden und sich mit der Aufstellung einfacher und undoktrinärer Rechtssätze begnügt hatten, ohne jedoch in übermäßige Knappheit zu verfallen. — Auch Preußen[43] beabsichtigte eine gründliche Reform des ALR und errichtete zu diesem Zweck bereits 1817 ein Gesetzgebungsministerium, das, vor allem unter der Leitung von *Danckelmann* und *Kamptz*, bis 1842 40 Teilentwürfe mit entsprechenden Motiven ausarbeitete. Diese Teilentwürfe sind jedoch nur zu einem geringen Teil veröffentlicht und, mit Ausnahme des Entwurfs einer Wechselordnung, eines Handelsgesetzbuchs und eines Strafgesetzbuchs, nie verwertet worden.

Die Kodifikationsbestrebungen führten einzig in Sachsen[44], wo Geheim-

---

[38] Vgl. Bay. Verfassungs-Urkunde vom 26. 5. 1818, Titel VIII, § 7 u. Hess. Verfassungs-Urkunde vom 17. 12. 1820, Titel X, Art. 103.

[39] Vgl. *Schwartz*, Geschichte, S. 117—142; *Vierhaus*, Entstehungsgeschichte, S. 19—30.

[40] Vgl. zum folgenden *Schwartz*, Geschichte, S. 125—127; *v. Roth*, Bay. Civilrecht, Bd. 1, S. 2—3.

[41] Vgl. *Schwartz*, Geschichte, S. 125—127.

[42] Vgl. zum bay. Entwurf *Lang*, Entwurf, 2 Bde., u. die Rezension dieser Schriften v. *Arndts* in KVJSch, 5. Bd., S. 1 ff. u. 321 ff.; zum hess. Entwurf vgl. *Arndts*, Entwurf I, S. 128 ff., 215 ff., Entwurf II, S. 799 ff. *Purgold*, Bemerkungen, S. 345 ff.

[43] *Kamptz*, Gesetzesrevision, S. 1 ff.; *Stölzel*, Rechtsverwaltung, Bd. 2, S. 447 ff.

[44] Vgl. *Vierhaus*, Entstehungsgeschichte, S. 28—30; *Wulfert*, sächs. BGB, S. 42 bis 58.

rat *Held* und eine Revisionskommission im Auftrag der Regierung von 1846 bis 1853 einen Entwurf eines bürgerlichen Gesetzbuches ausarbeiteten, zum Erfolg. Dieser 1853 erschienene Entwurf wurde in der Öffentlichkeit teils wegen seiner engen Anlehnung an das ABGB, teils wegen seiner doktrinären Bestimmungen und seiner ungenauen Ausdrucksweise allgemein abgelehnt[45]. Aus diesem Grunde zog ihn die Regierung, obwohl die Stände ihn teilweise schon beraten hatten, noch 1853 wieder zurück. Daraufhin ließ sie von 1856 bis 1860 durch eine andere Kommission, der auch Vertreter der thüringischen Staaten und Anhalt-Dessaus angehörten, einen neuen Entwurf abfassen. Auch dieser fand wegen seines lehrbuchhaften Charakters und seiner fehlenden inneren Vollendung, vor allem bei den Rechtswissenschaftlern, wenig Anklang[46]. Die sächsischen Stände indessen billigten ihn im wesentlichen, während die thüringischen Staaten ihn ablehnten, und zwar hauptsächlich deswegen, weil die Einführung des sächsischen Grundstücksrechts erhebliche Schwierigkeiten wegen des in diesen Staaten bestehenden andersartigen Rechtszustandes mit sich gebracht hätte. Dieser Entwurf ist, nachdem er nochmals überarbeitet worden war, am 2. 1. 1863 als „Bürgerliches Gesetzbuch" veröffentlicht worden und am 1. 3. 1865 im Königreich Sachsen in Kraft getreten[47].

Einigen Germanisten und dem liberalen Bürgertum, das vornehmlich aus wirtschaftlichen Gründen an einer Rechtsvereinheitlichung interessiert war, ist es zu verdanken, daß die Rechtseinheit auf dem Gebiet des Wechsel- und Handelsrechts schon vor der Reichsgründung herbeigeführt wurde. Auf Vorschlag des Zollvereins entwarf Ende 1847 in Leipzig eine Kommission, der Vertreter aus 29 Mitgliedstaaten angehörten, die Allgemeine Deutsche Wechselordnung. Als Beratungsgrundlage diente ihr ein preußischer, im wesentlichen von *Savigny* beeinflußter Entwurf[48]. Diese Wechselordnung ist in der Zeit vom 14. 12. 1848 bis zum 15. 7. 1850 in allen deutschen Staaten mit Ausnahme Luxemburgs und Limburgs in Kraft gesetzt worden. Dagegen ist die Vereinheitlichung des Handelsrechts auf die Initiative des Deutschen Bundes zurückzuführen[49]. In dessen Auftrag entwarf eine Kom-

---

[45] Vgl. u. a. *Arndts,* Versuche, S. 128 ff., 339 ff., bes. S. 144; *Hänel,* Bemerkungen, S. 484—92; *Mittermeier,* Gesetzgebungsarbeiten, S. 114; *Wächter,* Entwurf, S. V, 8—12; vgl. auch *Wulfert,* Sächs. BGB, S. 44.

[46] Vgl. die bei *Schwartz,* Geschichte, S. 129, genannten Schriften von Arndts, Unger und Wagner; ferner hingegen das positive Urteil *Wieackers,* Privatrechtsgeschichte, S. 276.

[47] Vgl. GVBL. Kgr. Sachsen 1865, S. 1—3 (unrichtig insoweit *Wieacker,* Privatrechtsgeschichte, S. 276).

[48] Vgl. *Stobbe,* Rechtsquellen, Bd. 2, S. 490—492; *Gmür, Savigny,* S. 44—45.

[49] Vgl. zum folgenden: *Vierhaus,* Entstehungsgeschichte, S. 21—22; *Stobbe,* Rechtsquellen, Bd. 2, S. 492—497; *Laufke,* Bund, S. 8 ff.

mission, ebenfalls hauptsächlich auf der Grundlage eines preußischen Entwurfs, vom 15. 1. 1857 bis zum 12. 3. 1861 das ADHGB, das bis 1869 in fast allen deutschen Staaten eingeführt wurde. Da das neue Handelsrecht ohne ein gemeinsames Schuldrecht und Zivilprozeßrecht in seiner Wirkung erheblich eingeschränkt war, beschloß der Deutsche Bund noch 1862 die Ausarbeitung eines Obligationenrechts und einer Zivilprozeßordnung[50], allerdings gegen die Stimme Preußens, dessen ablehnende Stellungnahme vor allem auf die Pläne *Bismarcks,* den Deutschen Bund umzugestalten, zurückzuführen sein dürfte[51]. Unter Mitwirkung von Vertretern aus Österreich, Bayern, Sachsen, Hannover, Württemberg sowie mehreren kleineren Staaten entstand vom 5. 1. 1863 bis zum 28. 5. 1866 der „Entwurf eines allgemeinen deutschen Gesetzes über Schuldverhältnisse", der sogenannte Dresdner Entwurf. Wegen des Zusammenbruchs des deutschen Bundes am 14. 6. 1866 konnte dieser Entwurf, der später der 1. Kommission zur Ausarbeitung des BGB als Beratungsgrundlage dienen sollte, nicht mehr in Kraft treten.

Sämtliche erwähnten Gesetze und Entwürfe, die, wie die Wechselordnung oder das Obligationenrecht, für alle oder mehrere Bundesstaaten bestimmt waren, waren fast ausschließlich das Werk von Kommissionen und nicht von einzelnen Juristen. Diese Kommissionen, denen Vertreter aus verschiedenen Staaten angehörten, ersetzten weitgehend ein gesamtdeutsches Parlament mit Gesetzgebungsbefugnissen, in dem sonst die Gesetze beraten und beschlossen worden wären. Die Beteiligung aller oder möglichst vieler Staaten an der Ausarbeitung von Gesetzentwürfen war unumgänglich, weil anderenfalls die nicht beteiligten Staaten die Entwürfe nicht oder nur mit erheblichen Änderungen angenommen hätten.

Diese politische Notwendigkeit, Gesetze für mehrere Staaten durch eine Kommission ausarbeiten zu lassen, fiel allerdings bei Gesetzen für einen einzigen Staat weg. Dennoch war dieses Verfahren auch bei der Abfassung wichtiger Landesgesetze zumindest nicht unzweckmäßig. Es gewährleistete nämlich, daß die meist erheblich voneinander abweichenden Rechte der verschiedenen Landesteile hinreichend berücksichtigt wurden. Diese Rücksichtnahme war erforderlich, da beispielsweise das sächs. BGB und die erwähnten Zivilrechtskodifikationsentwürfe nur den damaligen Rechtszustand wiedergeben und zwischen den oft unterschiedlichen Regelungen

---

[50] Vgl. zum folgenden *Hedemann,* Dresdner Entwurf, S. 1 ff., 18 ff.; *Schwartz,* Geschichte, S. 135—138.

[51] Vgl. *Hedemann,* Dresdner Entwurf, S. 1—17; *Enneccerus-Nipperdey,* Allgemeiner Teil, Bd. 1, S. 43.

in den einzelnen Landesteilen möglichst einen Ausgleich finden sollten[52]. — Während der hessische und bayerische Entwurf noch wenig vom wissenschaftlichen Positivismus beeinflußt waren, hatte dieser mit seinem Streben nach einem lückenlosen, widerspruchsfreien System eine erhebliche Wirkung auf das sächsische BGB und vor allem auf den Dresdner Entwurf, den *Hedemann* als ein Werk „der Gelehrsamkeit, Logik, Abstraktion und des Prinzipien- und Theorienkultes" bezeichnet[53]. Dieses Bestreben, das Gesetz weitgehend einem Lehrbuch anzugleichen, sollte später im 1. Entwurf des BGB seinen Höhepunkt finden.

Der Kodifikationsgedanke im Bereich des Zivilrechts, der nur in Sachsen einen Sieg errungen hatte, erhielt neuen Auftrieb durch die Gründung des Norddeutschen Bundes. Allerdings wies der Entwurf der Verfassung für den Norddeutschen Bund diesem die Gesetzgebungsbefugnis nur auf dem Gebiet des Zivilprozeß-, Konkurs-, Handels- und Wechselrechts zu. Doch dehnte der konstituierende Reichstag des Norddeutschen Bundes von 1867, auf den Antrag des nationalliberalen Abgeordneten *Lasker* hin, die Gesetzgebungskompetenz des Bundes mit Zustimmung der Bundesstaaten auf das Obligationenrecht aus. Ein gesamtdeutsches Obligationenrecht war nach Ansicht Laskers[54] vor allem deswegen notwendig, damit sich nicht das Handelsrecht wegen der Verschiedenheit der Privatrechtssysteme Deutschlands teilweise unterschiedlich entwickle. Dagegen wurde ein Antrag des nationalliberalen Abgeordneten *Miquel*, die Kompetenz des Bundes auf das gesamte Zivilrecht auszudehnen, von der Mehrheit der Abgeordneten abgelehnt, obwohl sich u. a. die angesehenen Rechtslehrer *Gerber* und *Wächter* für die Annahme dieses Antrags eingesetzt hatten[55]. Zu dessen Begründung hatte *Miquel* auf die politische Notwendigkeit der Rechtseinheit hingewiesen, ferner auf die Unmöglichkeit, das Obligationenrecht völlig getrennt von den sonstigen Zivilrechtsgebieten zu kodifizieren.

Bereits 1869 stellte *Miquel* zusammen mit *Lasker* erneut seinen Antrag. Diesmal nahm ihn die Mehrheit der Abgeordneten an[56]. Aber obwohl sie der Ansicht war, daß ein Staat auf die Dauer ohne ein einheitliches nationales Recht nicht bestehen könne, hielt sie, wie übrigens auch Miquel[57],

---

[52] Vgl. u. a. *Arndts*, Entwurf I, S. 134; *Wächter*, Entwurf, S. 11, der sich über einige gegenüber dem geltenden Recht abweichende Regelungen im 1. Entwurf des sächs. BGB beklagte.

[53] *Hedemann*, Dresdner Entwurf, S. 26.

[54] St. B. RT. NDB 1867, S. 284 ff.

[55] St. B. RT. NDB 1867, S. 290 ff.

[56] Zur Beratung vgl. St. B. RT. NDB. 1869, S. 445—470, 647—654, 833—835.

[57] St. B. RT. NDB. 1869, S. 447.

eine sofortige Kodifikation des Zivilrechts für nicht erforderlich oder durchführbar und wollte die Rechtseinheit zunächst, durch Einzelgesetze, vorbereiten und erst später durch eine umfassende Zivilrechtskodifikation herstellen[58]. Im Bundesrat fand dieser Antrag jedoch keine Zustimmung.

Nach der Gründung des Deutschen Reiches, das im wesentlichen die Verfassung des Norddeutschen Bundes übernommen hatte, wiederholten *Miquel* und *Lasker* ihren Antrag 1871, 1872 und 1873 im Reichstag des Deutschen Reiches, der ihn jedes Mal mit großer Mehrheit annahm[59]. Der wichtigste Gegner der Verfassungsänderung war neben einigen Konservativen vor allem der Zentrumsabgeordnete *Windthorst* aus Hannover, der befürchtete, daß eine zu starke Ausdehnung der Reichsgesetzgebungskompetenz die Selbständigkeit der Bundesstaaten gefährden würde[60].

Bis zuletzt hatte sich unter den Befürwortern der Verfassungsänderung keine einheitliche Meinung darüber gebildet, ob die Zivilrechtskodifikation sofort ausgearbeitet oder zunächst durch Einzelgesetze vorbereitet werden sollte. Letztere hätten jedoch die Rechtszersplitterung Deutschlands nicht vermindert, sondern nur vervielfältigt, da sie die landesrechtlichen Zivilrechtssysteme weitgehend zerstört und zudem noch eine unterschiedliche Auslegung gefunden hätten. — Bis 1873 stand auch der Bundesrat der Verfassungsänderung ablehnend gegenüber, vor allem weil er einen regellosen Erlaß von Einzelgesetzen befürchtete[61].

Die Streitfrage, ob eine Zivilrechtskodifikation sofort oder erst nach Erlaß mehrerer Einzelgesetze in Angriff genommen werden sollte, beschäftigte auch die wissenschaftliche Literatur der damaligen Zeit. *Fitting*[62] hielt es für zweckmäßig, die Rechtseinheit durch eine planmäßige Spezialgesetzgebung herbeizuführen, während *von Roth*[63] vorschlug, vor dem Erlaß eines gesamtdeutschen Zivilgesetzbuchs erst das Zivilrecht in den einzelnen deutschen Staaten zu vereinheitlichen. Demgegenüber war nach der Ansicht von *Goldschmidt, Sohm, Bürkel* und *Behrend* ein baldiges

---

[58] So vor allem die nationalliberalen Abgeordneten *Bähr* und *Planck* (vgl. St. B. RT. NDB 1869, S. 647, 649—650).

[59] Vgl. St. B. RT. 1871, S. 206—223, 276—290; 1872, S. 596—630, 726; 1873, S. 167—182, 210.

[60] Vgl. St. B. RT. NDB. 1869, S. 457—460; St. B. RT. 1871, S. 282; 1872, S. 618—19; 1873, S. 170—71. 1873 schloß er zwar die Annahme einer ganz bestimmten Zivilrechtskodifikation nicht aus, wandte sich aber weiterhin entschieden gegen jede Ausdehnung der Gesetzgebungskompetenz.

[61] Vgl. BR Drucksache Nr. 192 von 1871; Prot. BR. 1872, § 132.

[62] Vgl. Mittel, S. 264—265, 268, 272—273, 278.

[63] Vgl. Unifikation, S. 9, 11—12, 19.

Zivilgesetzbuch aus politischen und praktischen Gründen unumgänglich[64]. Der Bundesrat stimmte in der Sitzung vom 4. 12. 1873 der Verfassungsänderung gegen die Stimmen der beiden Mecklenburg und Reuß ä. L. zu und beschloß zugleich, eine Kommission zur Ausarbeitung eines Bürgerlichen Gesetzbuches einzusetzen, um eine weitere Rechtszersplitterung durch den Erlaß von Einzelgesetzen zu verhindern[65].

Zweites Kapitel

Die Vorkommission von 1874

Auf Antrag des preußischen Justizministers *Leonhardt* betraute der Bundesrat am 28. 2. 1874 eine Kommission von 5 Juristen mit der Aufgabe, über Plan und Methode, nach welchen bei der Aufstellung des Entwurfs eines BGB zu verfahren sei, gutachtliche Vorschläge auszuarbeiten[66]. Die Mitglieder dieser sogenannten Vorkommission waren der damalige Rat beim ROHG in Leipzig und spätere Professor für Handelsrecht in Berlin *Levin Goldschmidt,* der damalige Obertribunalsdirektor *von Kübel* aus Stuttgart, der Appellationsgerichtsrat *von Schelling aus* Halberstadt, der Präsident des bay. Oberappellationsgerichts *von Neumayr* aus München und der Präsident des sächs. Oberappellationsgerichts *von Weber* aus Dresden. Die Kommission begann ihre Beratungen unter dem Vorsitz von Schellings am 18. 3. 1874. In insgesamt 14 Sitzungen erstellte sie ein Gutachten mit genauen Vorschlägen darüber, nach welchen Grundsätzen ein gesamtdeutsches bürgerliches Gesetzbuch abgefaßt werden sollte[67]. Der Bundesrat behandelte dieses Gutachten in seiner Sitzung vom 19. 4. 1874 und überwies es dem Justizausschuß zur Überprüfung[68]. Mit Bericht vom 9. 6. 1874 billigte dieser die Vorschläge der Vorkommission und unterbreitete dem Bundesrat ergänzende Vorschläge[69]. Am 22. 6. 1874 stimmte der Bundesrat den beiden Gutachten zu[70]; doch sollten die in diesen ent-

[64] Vgl. u. a. *Behrend,* Codifikationen, S. 304—306; *Bürkel,* Erzielung, S. 145 bis 146; *Goldschmidt,* Nothwendigkeit, S. 476, 478—80, 488; *Sohm,* Codifikationsfragen, S. 245—46, 278—79.

[65] Vgl. Prot. BR. 1873, S. 441 (§ 601) und RGBl. 1873, S. 379.

[66] Prot. BR. 1874, S. 90 (§ 130).

[67] Drucksache BR. Nr. 53 vom 16. 4. 1874 (vollständig abgedruckt bei *Rassow,* Verhandlungen, S. 175—195).

[68] Prot. BR. 1874, S. 156 (§ 213).

[69] Drucksache BR. Nr. 78 vom 9. 6. 1874 (vollständig abgedruckt bei *Rassow,* Verhandlungen, S. 195—219).

[70] Prot. BR. 1874, S. 420 (§ 328).

haltenen Vorschläge für die Kommission, die das BGB auszuarbeiten hatte, nicht bindend sein. Vielmehr sollte diese Kommission ihren Geschäftsgang weitgehend selbst regeln dürfen.

Da die beiden Gutachten die Arbeiten der 1. Kommission wesentlich beeinflußt haben, soll kurz auf ihren Inhalt eingegangen werden. — Das Gutachten der Vorkommission ist von *Goldschmidt*[71] abgefaßt worden, der als ihr Referent auch die Sitzungsprotokolle angefertigt hatte[72]. Diese bildeten die Grundlage für die endgültigen Beschlüsse und das von Goldschmidt ausgearbeitete Schlußgutachten. Goldschmidt (1827—1897), der bis 1870 in Heidelberg Professor für Handelsrecht gewesen und seitdem Rat beim ROHG war, wurde wohl deshalb mit der Abfassung des Schlußgutachtens beauftragt, weil er der einzige Theoretiker dieser sonst nur aus Praktikern bestehenden Kommission war[73]. Bereits 1859 hatte er sich in einem Aufsatz in den preußischen Jahrbüchern, aus praktischen und wissenschaftlichen Erwägungen, für ein gesamtdeutsches Zivilgesetzbuch ausgesprochen[74]. Als Rat beim ROHG in Leipzig hatte er sich 1872 in einem vielbeachteten Vortrag für die Abfassung einer Zivilrechtskodifikation eingesetzt und den Erlaß von Einzelgesetzen verworfen. Entscheidend für ihn war[75], daß man nicht einzelne wichtige Teile des Privatrechts, etwa das Obligationenrecht, zufriedenstellend regeln könne, da diese Glieder eines einheitlichen Organismus seien. Insbesondere das Obligationenrecht lasse sich nicht von den anderen Rechtsgebieten, wie dem Sachenrecht und dem Allgemeinen Teil, trennen. Zudem brauche ein oberstes deutsches Gericht, das über kurz oder lang das ROHG ablösen werde, ein einheitliches Gesamtzivilrecht[76].

Das Gutachten der Vorkommission enthielt im ersten Teil nähere Vorschläge für den Inhalt und den Umfang einer gesamtdeutschen Zivilrechtskodifikation und im zweiten Teil für das Verfahren und die Arbeitsweise einer zur Ausarbeitung eines bürgerlichen Gesetzbuchs einzusetzenden Kommission. Für die Vorkommission und auch den Bundesratsausschuß war es selbstverständlich, daß sofort das gesamte Zivilrecht und nicht nur

---

[71] Über Goldschmidt vgl. *Pappenheim* in ADB. Bd. 49, S. 438 ff. und ZfgHR, Bd. 47, S. 1 ff.

[72] Vgl. *Pappenheim,* Goldschmidt, ADB, Bd. 49, S. 444.

[73] Goldschmidt, der von der bad. Regierung als Kommissionsmitglied benannt worden war, war ab 1875 Professor für Handelsrecht in Berlin und galt als der führende Handelsrechtler seiner Zeit. Zeitweilig gehörte er der Nationalliberalen Partei an (vgl. *Pappenheim,* Goldschmidt, ADB, Bd. 49, S. 445—6).

[74] *Goldschmidt,* Das preußische Recht, S. 57.

[75] Vgl. zum folgenden *Goldschmidt,* Nothwendigkeit, S. 479—80.

[76] *Goldschmidt,* Nothwendigkeit, S. 477—79.

einzelne Teilgebiete kodifiziert werden sollten[77]. Der Erlaß von Einzelgesetzen, wie etwa über das Obligationen- oder Grundstücksrecht, hätte nach Ansicht der Vorkommission die Rechtseinheit im Deutschen Reich nicht entscheidend gefördert. Zudem erschien ihr eine einheitliche Regelung der grundlegenden zivilrechtlichen Materien schon deswegen praktisch erforderlich, weil die Reichsgesetzgebung die Rechtseinheit auf vielen zivilrechtlichen Nebengebieten bereits herbeigeführt hatte oder noch herbeizuführen beabsichtigte. Schließlich hielt sie die Kodifizierung nur einzelner Teile des Zivilrechts für schwer durchführbar, da das gesamte Zivilrecht ein einheitliches Ganzes bilde[78].

Mit Rücksicht auf die bundesstaatlichen Belange sollte die deutsche Zivilrechtskodifikation weder ein bestehendes Gesetzbuch noch einen schon vorhandenen Entwurf und auch nicht ausschließlich das gemeine römische Recht oder das deutsche Privatrecht zur Grundlage haben[79]. Für besonders ungeeignet hielt die Vorkommission den Cod. Max. und das ALR. Den Code civil erklärte sie, obwohl sie dessen redaktionelle Geschicklichkeit anerkannte, für wissenschaftlich überholt, während sie den Dresdner und den bay. Entwurf als stärker berücksichtigungswert beurteilte. Da somit ein direktes Anknüpfen an ein bestehendes Gesetzbuch nicht in Betracht kam, sollte, nach den Vorschlägen der Vorkommission, das zu schaffende BGB „unter Berücksichtigung der geltenden Gesetzbücher und der von den Einzelstaaten sowie im Auftrage des ehemaligen Deutschen Bundes über einzelne Rechtstheile ausgearbeiteten Gesetzentwürfe, das den Gesamtzuständen des Deutschen Reichs entsprechende bürgerliche Recht in einer den Anforderungen der heutigen Wissenschaft gemäßen Form kodifizirend“[80] zusammenfassen. Sofern Verschiedenheiten zwischen den einzelnen Zivilrechtssystemen beständen, sollte die Kommission bei ihren Beschlüssen mehr Rücksicht auf die Bedürfnisse des Lebens und die Zweckmäßigkeit als auf die juristisch-logische Folgerichtigkeit einer Regelung nehmen[81]. Indessen sollten der Gegenwart entsprechende Rechtsprinzipien energisch und konsequent durchgeführt werden.

Nach den Vorschlägen der Vorkommission, die der Bundesratsausschuß ausdrücklich gebilligt hat[82], sollte also nur das vorhandene Recht den Stoff

---

[77] Drucksache BR. Nr. 53, aaO., S. 181; Drucksache BR. Nr. 78, aaO., S. 200.

[78] Schon 1872 hatte *Goldschmidt*, aaO., S. 480, darauf hingewiesen, daß man nicht den Gefahrübergang beim Kauf regeln und die Frage, wann das Eigentum übergehe, unbeantwortet lassen könne.

[79] Drucksache BR. Nr. 53, aaO., S. 177—78.

[80] Drucksache BR Nr. 53, aaO., S. 191.

[81] Drucksache BR Nr. 53, aaO., S. 175—76.

[82] Drucksache BR Nr. 78, aaO., S. 201.

für das BGB abgeben. Die Auswahl und Angleichung dieses Rechtsstoffes überließ die Vorkommission der Hauptkommission, da sich in einem kurzen Gutachten schwerlich detaillierte Vorschläge machen ließen. Dennoch sollte das neue Gesetzbuch nach Auffassung des Ausschusses keine bloß kompilatorische, sondern eine neue und eigenständige Arbeit sein[83]. Im übrigen beschränkten sich die Gutachten fast ausschließlich auf die technischen Probleme der Gesetzgebung und enthielten keine Hinweise darüber, welche materiell-rechtlichen Grundsätze dem künftigen Gesetzbuch zugrunde zu legen seien und nach welchen sozialen Leitbildern das Gesetzbuch ausgestaltet werden sollte. Gerade das letztere wirkte sich später bei der Arbeit der 1. Kommission, die die Abfassung des BGB weitgehend als ein technisches Problem ansah, nachteilig aus.

Die Ausarbeitung des BGB sollte sich nach Auffassung der Vorkommission folgendermaßen vollziehen[84]: Der Bundesrat sollte eine Kommission von 9 Juristen aus Theorie und Praxis wählen. Diese Kommission sollte 5 Mitglieder mit der Abfassung von 5 Teilentwürfen beauftragen. Die einzelnen Teilentwürfe sollten das Obligationenrecht, das Vormundschafts- und Familienrecht mit Ausschluß des ehelichen Güterrechts, das Erbrecht einschließlich des ehelichen Güterrechts, das Immobilienrecht einschließlich des gesamten Pfandrechts und endlich die übrigen sachenrechtlichen Institute und das Besitzrecht umfassen. Die einzelnen Redaktoren sollten sehr eng zusammenarbeiten und über die wichtigen Grundprinzipien ihres Teilgebietes die Entscheidung der Gesamtkommission einholen. Die Teilentwürfe sollten nach ihrer Fertigstellung von der Kommission beraten und danach von einem Hauptreferenten zu einem einheitlichen Ganzen zusammengefaßt werden. Zugleich sollte der Hauptreferent unter Mitwirkung der früheren Redaktoren einen Entwurf des Allgemeinen Teils aufstellen. Danach sollte der Entwurf von der gesamten Kommission in erster Lesung endgültig festgestellt und nebst Motiven veröffentlicht werden. Die Kritiken zu diesem Entwurf sollten von einem von der Kommission dazu bestimmten Referenten zusammengestellt und geprüft werden und Grundlage für eine erneute Beratung des Entwurfs durch dieselbe Kommission sein. Der Entwurf der zweiten Lesung sollte dann dem Bundesrat vorgelegt werden. — Der Bundesratsausschuß schloß sich diesen Vorschlägen weitgehend an[85], erhöhte aber die Zahl der Kommissionsmitglieder von 9 auf 11, wahrscheinlich damit die Interessen der Bundesstaaten und die einzelnen deutschen Rechtsgebiete bei der Ausarbeitung des 1. Entwurfs besser berücksichtigt werden konnten.

---

[83] Drucksache BR Nr. 78, aaO., S. 201, 207.
[84] Vgl. Drucksache BR Nr. 53, aaO., S. 184—93.
[85] Drucksache BR Nr. 78, aaO., S. 213.

Das Wichtigste an diesen Vorschlägen war, daß man die Ausarbeitung des BGB nicht einem einzelnen Juristen, sondern einer Kommission übertragen wollte, wofür wohl, wie bei der Beratung des ADHGB und des Dresdner Entwurfs, vor allen die Rücksichtnahme auf die Interessen der einzelnen Bundesstaaten maßgebend war. Die größeren deutschen Länder sollten von Anfang an wenigstens durch Kommissionsmitglieder an der Abfassung des BGB beteiligt sein. Zum anderen war die Vorkommission der Ansicht, daß die Redigierung des Entwurfs durch einen einzelnen Rechtsgelehrten über dessen Kräfte gehen und zu lange Zeit in Anspruch nehmen würde[86]. Demgegenüber hielt sie eine straffe Kombination von Einzel- und Kommissionsarbeit unter der Führung eines Hauptreferenten für zweckmäßiger. — Da die 1. Kommission einen solchen Referenten niemals bestellt hatte, fehlte ihr, besonders im Anfang der Beratungen, die von der Vorkommission erwartete straffe Koordination bei der Ausarbeitung der Teilentwürfe.

Die Gutachten enthielten auch nähere Vorschläge über die Form des Entwurfs[87], welche die 1. Kommission allerdings kaum beachtet hat. Die Rechtssätze sollten sich gleichmäßig von einer gelehrten Geheimsprache wie von einer die technische Bestimmtheit und Genauigkeit verwischenden Popularisierung fern halten. Gedrungene Kürze und Gemeinverständlichkeit, aber auch eine konsequent durchgeführte Rechtssprache sollten den Entwurf auszeichnen. Diese Forderungen stellten, sofern sie überhaupt ausführbar waren, hohe Anforderungen an die Formulierungskunst der Kommissionsmitglieder. — Noch ausschlaggebender war die Frage, nach welcher Methode der Gesetzgebungstechnik die Kommission den Entwurf ausarbeiten sollte. Die Vorkommission lehnte die kasuistische Methode des ALR ab und schlug stattdessen vor, daß das BGB, nach dem Beispiel des Code civil und des sächs. BGB, nur die leitenden Prinzipien mit den wichtigsten Folgesätzen enthalten sollte[88]. Das Gutachten des Bundesratsausschusses wies aber ergänzend sehr deutlich auf den Unterschied zwischen Gesetz und Lehrbuch hin[89]. Die Gesetzgebung sei eine wissenschaftliche, systematische und sogar künstlerische Aufgabe. Es sei nicht Vollständigkeit in dem Sinne zu erstreben, daß jeder einzelne Fall im Gesetz berücksichtigt werden müsse. Hauptaufgabe des Gesetzgebers sei es vielmehr, die Rechtsinstitute scharf herauszustellen und die leitenden Prinzipien zu geben, die Anwendung dieser Prinzipien aber der Wissenschaft und Praxis zu überlassen. —

---

86 Drucksache BR Nr. 78, aaO., S. 212; BR Drucksache Nr. 53, aaO., S. 183—84.

87 Drucksache BR Nr. 53, aaO., S. 175—176; Drucksache BR, aaO., Nr. 78, S. 205—206.

88 Drucksache BR Nr. 53, aaO., S. 183.

Die 1. Kommission hat diese Grundsätze nur sehr unvollkommen befolgt und stattdessen versucht, unter Vernachlässigung der äußeren Form und der Allgemeinverständlichkeit ein möglichst lückenloses und einem Lehrbuch angenähertes Gesetzbuch zu schaffen, in dem Bestimmungen von der Länge fast einer Buchseite keine Seltenheit waren.

Obwohl sich die 1. Kommission in manchen wichtigen Einzelheiten nicht an die Gutachten gehalten hat, wurden diese doch für ihre Arbeit entscheidend. Wie die Vorkommission faßte auch die 1. Kommission die Schaffung des BGB vornehmlich als ein technisches Problem[90] auf und übersah unter weitgehender Ausklammerung gesetzespolitischer Erwägungen die gesellschaftliche Bedeutung eines so wichtigen Gesetzes wie der Zivilrechtskodifikation fast völlig.

Drittes Kapitel

Die Einsetzung der 1. Kommission und deren Beratungen bis zur Fertigstellung der Teilentwürfe (1874—1880)

In der Sitzung vom 2. 7. 1874[91] wählte der Bundesrat, auf Vorschlag des Justizausschusses, folgende Persönlichkeiten zu Mitgliedern der 1. Kommission, die den 1. Entwurf des BGB ausarbeiten sollte: den Appellationsgerichts- und späteren Reichsgerichtsrat *Derscheid* aus Kolmar, den Ministerialdirektor und späteren Professor *Gebhard* aus Karlsruhe, den Obertribunals- und späteren Kammergerichtsrat *Johow* aus Berlin, den Obertribunalsdirektor und späteren Senatspräsidenten beim Oberlandesgericht *von Kübel* aus Stuttgart, den vortragenden Rat beim preußischen Justizministerium *Kurlbaum II* aus Berlin, den Präsidenten des ROHG *Pape* aus Leipzig, den Oberappellationsgerichtsrat *Planck* aus Celle, den ordentlichen Professor *von Roth* aus München, den bayerischen Ministerialrat und späteren Oberlandesgerichtspräsidenten *von Schmitt* aus München, den sächsischen Apellationsgerichtspräsidenten *von Weber* aus Dresden und den ordentlichen Professor *Windscheid*, der damals in Heidelberg lehrte. Die Zusammensetzung der 1. Kommission änderte sich bis zum Ende der Arbeiten am ersten Entwurf nur geringfügig. Im Oktober 1883 schied Windscheid ersatzlos aus der 1. Kommission aus, während für den 1884 verstorbenen von Kübel der

---

[89] Drucksache BR Nr. 78, aaO., S. 206—209.

[90] *Thieme*, Vorgeschichte, S. 970.

[91] Vgl. Prot BR 1874, S. 243—244 (§ 346). Mißverständlich insoweit *Wieacker* Privatrechtsgeschichte, S. 279—280: Die 1. Kommission ist bereits 1874 und nicht erst 1881 gewählt worden. Eine Teilung in eine Vor- und Hauptkommission gab es nicht.

Professor für römisches Recht *von Mandry* aus Tübingen in die 1. Kommission eintrat.

Die Kommissionsmitglieder waren mit Rücksicht auf die größeren deutschen Staaten und Rechtsgebiete ausgewählt worden: *Johow, Kurlbaum, Pape* und *Planck* stammten aus Preußen, während *von Roth* und *von Schmitt* aus Bayern, *Gebhard* und *Windscheid* aus Baden, *von Kübel* aus Württemberg, *von Weber* aus Sachsen und *Derscheid* aus Elsaß-Lothringen kamen. Aus dem Gebiete des gemeinen Rechts stammten von Schmitt, von Kübel und Planck, dem des ALR Pape, Kurlbaum und Johow, dem des französischen Rechts Derscheid und Gebhard, während von Weber das sächsische Recht vertrat. Von den beiden Professoren waren Windscheid Romanist und von Roth Germanist. Weitere Professoren, etwa die von der Vorkommission vorgeschlagenen *Beseler, Bruns* oder *Ihering*[92], hat der Bundesrat in die erste Kommission zunächst nicht aufgenommen. Demnach bestand die 1. Kommission in ihrer ursprünglichen Zusammensetzung aus 6 Richtern, 3 Ministerialbeamten und 2 Professoren. Eine noch weitere Berücksichtigung der einzelnen deutschen Rechtsgebiete wurde durch die Hilfsarbeiter der 1. Kommission erreicht[93].

Zum Vorsitzenden der 1. Kommission ernannte der Reichskanzler den Präsidenten des ROHG *Pape*, der zusammen mit *Windscheid* und *Planck* die endgültige Gestalt des ersten Entwurfs am maßgeblichsten beeinflußt hat. *Heinrich Eduard Pape*[94] wurde am 13. 9. 1816 als Sohn des Stadtrichters in Brilon (Westfalen) geboren. Nach Besuch des dortigen humanistischen Gymnasiums und sehr guten juristischen Examina war er zunächst Assessor im preußischen Justizdienst und ab 1850 Richter in Stettin und danach in Königsberg, bis er 1858 zu vortragenden Rat im preußischen Justizministerium ernannt wurde. Reiche Erfahrungen auf dem Gebiete der Zivilgesetzgebung erwarb er sich als Mitglied der Seerechtskonferenz in Hamburg (26. 4. 1858 bis 22. 8. 1860)[95], deren Berichterstatter er war. Ferner nahm er als preußischer Bevollmächtigter noch an der dritten Lesung des ADHGB in Nürnberg teil. In der Folgezeit machte er sich vor allem um die Einfüh-

---

[92] Auf diesen Vorschlag erwiderte der damalige preußische Justizminister Leonhardt (1815—80) nach einer Mitteilung Dernburgs „Wollen Sie lauter Professoren?" (Vgl. *Dernburg*, Allg. Lehren, S. 6 Anm. 3). Im übrigen dürfte der Einfluß Leonhardts, der Vorsitzender des Justizausschusses des Bundesrats war, auf die Zusammensetzung der 1. Kommission nicht gering gewesen sein (über Leonhardt vgl. *Wippermann*, ADB Bd. 18, S. 301—307).

[93] Vgl. im einzelnen Mot., Bd. 1, S. IV—V.

[94] Vgl. zum folgenden *Neubauer*, Pape, S. 750—756.

[95] Auf dieser Konferenz wurde das Seehandelsrecht des ADHGB entworfen (vgl. S. 10).

rung des ADHGB in Preußen verdient. Ab 1861 war er gleichzeitig Mitglied einer preußischen Kommission zur Revision des Zivil- und Strafprozeßrechts. Von 1866 an oblag ihm auch die Aufgabe, den Rechtszustand in den neugewonnenen Gebieten Preußens dem Preußens anzugleichen. Zugleich wirkte er maßgebend an den Vorbereitungen der Justizgesetzgebung mit, und zwar besonders als Mitglied der Kommission zur Ausarbeitung des „Entwurfs einer Prozeßordnung in bürgerlichen Rechtsstreitigkeiten" für den Norddeutschen Bund[96]. Am 2. 1. 1870 wurde er Präsident des Bundes- und späteren Reichsoberhandelsgerichts in Leipzig, das 1879 mit dem neugeschaffenen Reichsgericht verschmolzen wurde. Pape starb, noch bevor die 1. Kommission ihre Arbeiten beendet, aber nachdem sie den ersten Entwurf immerhin fertiggestellt hatte, am 8. 9. 1888 in Berlin. Er galt wegen seiner hervorragenden Leistungen im preußischen Justizdienst und in mehreren Gesetzgebungskommissionen sowie wegen seiner vorbildlichen Leitung des ROHG als einer der fähigsten Praktiker der damaligen Zeit. Er hat, wie im einzelnen noch zu zeigen sein wird, die Arbeitsweise der 1. Kommission sowie vor allem die Form des ersten Entwurfs maßgeblich beeinflußt.

Ein weiteres einflußreiches Mitglied der 1. und noch mehr der 2. Kommission war *Gottlieb Planck*, Obertribunalsrat[97] aus Celle. Planck[98] wurde am 24. 6. 1824 in Göttingen als Sohn des im hannoverschen Justizdienst stehenden Richters *Wilhelm Planck* geboren[99]. Nach Bestehen des Abiturs am humanistischen Gymnasium in Celle studierte er ab 1842 in Göttingen und Berlin Rechtswissenschaft. Im Mittelpunkt seines Studiums stand das gemeine römische Recht, das im größten Teil des Königreichs Hannover geltendes Recht war. Mit dem ALR befaßte er sich später gezwungenermaßen, als er als Richter in ein Gebiet versetzt wurde, in dem das ALR[100] galt. Anfang 1846 trat er nach erfolgreichem Studienabschluß in den hannoverschen Justizdienst ein. Sein unerschrockenes Eintreten für die Reichsverfassung von 1848—49 und seine Tätigkeit als Abgeordneter in der 2. hannoverschen Kammer, in die er vom Wahlkreis Osnabrück für die Demokra-

---

[96] Diese Kommission tagte vom 2. 1. 1868 bis zum 20. 7. 1870.

[97] Planck war also entgegen *Wieacker*, Privatrechtsgeschichte, S. 280, nicht Theoretiker, sondern ausschließlich Praktiker.

[98] Vgl. zum folgenden die ausführliche, wenn auch mitunter etwas unkritische Biographie Plancks von Frensdorff (Berlin 1914).

[99] Vgl. *Frensdorff*, Planck, S. 37, 39. Plancks Großvater Jakob Planck (1751 bis 1833) stammte aus Nürtingen und war schon früh nach Göttingen übergesiedelt., wo er jahrelang als einflußreicher Professor für evangelische Theologie wirkte.

[100] Und zwar in Aurich, das deswegen bei den hannoverschen Richtern sehr unbeliebt war (vgl. *Frensdorff*, Planck, S. 128).

tische Partei gewählt worden war, brachte ihn in ein sehr gespanntes Verhältnis zu der reaktionären hannoverschen Regierung, die ihm auch bald seine Abgeordnetentätigkeit verbot. — Die Folge seiner politischen Betätigung waren mehrere Strafversetzungen. Als 1859 das Gericht in Dannenberg, wohin er zuletzt versetzt worden war, aufgelöst wurde, beurlaubte ihn die hannoversche Regierung auf unbestimmte Zeit und versagte ihm wegen seiner liberalen Einstellung auch die Niederlassung als Rechtsanwalt in Göttingen. 1859 wurde er Mitglied des Nationalvereins, aus dem später die Nationalliberale Partei hervorging. Erst 1863 erhielt er eine Stelle als Obergerichtsrat in Meppen. Nach der Annexion Hannovers durch Preußen im Jahre 1866 setzte er sich sofort für eine loyale Mitarbeit im preußischen Staat ein. Als Abgeordneter der Nationalliberalen Partei trat er schon früh im Reichstag des Norddeutschen Bundes, im ersten gesamtdeutschen Reichstag sowie im preußischen Landtag für ein gesamtdeutsches Recht ein[101], obgleich er noch 1869 eine sofortige Kodifikation des gesamten Zivilrechts ablehnte[102]. Praktische Erfahrungen auf dem Gebiete der Gesetzgebung erwarb er sich vor allem als Mitglied der Kommission für die Reichszivilprozeßordnung in den Jahren 1871—72[103]. Wegen seiner erfolgreichen Mitarbeit in dieser Kommission schlug ihn der preußische Justizminister *Leonhardt* dem Bundesrat als Mitglied für die 1. Kommission vor[104].

Die anderen Mitglieder der 1. Kommission hatten ihre juristische Ausbildung ebenfalls, wie es damals allgemein üblich war, meist auf der Grundlage des römischen Rechts erhalten und waren, bis auf die Professoren *von Roth* und *Windscheid*, hervorragende Praktiker. Die meisten von ihnen waren zudem, wie *Planck* und *Pape*, von früheren Gesetzgebungsarbeiten mit den Problemen der Gesetzestechnik vertraut, verfügten aber über nur geringe schöpferische Fähigkeiten. Gerade deshalb dürften sie auch dem Bundesrat zur Abfassung des BGB besonders gut geeignet erschienen sein, da das BGB nur das bestehende Recht wiedergeben, nicht aber größere, den veränderten sozialen Verhältnissen besser angepaßte rechtliche Neuerungen bringen sollte.

---

[101] Vgl. *Frensdorff*, Planck, S. 257—286.

[102] Protokolle NDB 1869, S. 650.

[103] Den Vorsitz dieser Kommission, der u. a. auch die späteren Mitglieder der 1. Kommission Gebhard und von Schmitt angehörten, hatte der preußische Justizminister Leonhardt (vgl. Frensdorff, Planck, S. 302).

[104] Planck, der 1873 vollständig erblindete, zog sich zu dieser Zeit weitgehend aus dem politischen Leben zurück und widmete sich fast ausschließlich der Abfassung des BGB. 1896 kehrte er in seine Heimatstadt Göttingen zurück, wo er als Honorarprofessor bis zu seinem Tode im Jahre 1910 eine sehr fruchtbare Lehrtätigkeit ausübte und einen umfangreichen Kommentar zum BGB herausgab.

Das gemeine römische Recht wurde in der 1. Kommission außer von *Planck* mit sehr großem Erfolg von *Windscheid,* der allerdings schon 1883 die 1. Kommission verließ, um seinen Lehrverpflichtungen in Leipzig nachkommen zu können[105], und von dem badischen Ministerialrat und späteren Professor *Albert Gebhard*[106] vertreten. Eine noch stärkere Position errang das römische Recht dadurch, daß 1884 anstelle des damals verstorbenen Praktikers *von Kübel* der aus dem württembergischen Justizdienst hervorgegangene Professor für römisches Recht *Gustav von Mandry* (1832—1902) in sie eintrat. Von Mandrys Tätigkeit ist zwar nur wenig hervorgetreten; indessen hat das BGB ihr sehr viel zu verdanken[107].

Das deutsche Recht war in der 1. Kommission einzig durch den Professor *Rudolf von Roth* vertreten. Von Roth[108] stammte aus einer angesehenen Juristenfamilie aus Nürnberg und war nach Abschluß des Jurastudiums bis 1848 im Justizdienst Bayerns tätig gewesen. Seine ersten wissenschaftlichen Arbeiten befaßten sich mit verfassungsrechtlichen Fragen der fränkischen Zeit und des frühen Mittelalters[109]. Etwa ab 1855 widmete er sich fast ausschließlich der systematischen Bestandsaufnahme der Landesrechte. So bearbeitete er das kurhessische Privatrecht, das mecklenburgische Lehnsrecht und vor allem das sehr unübersichtliche bayerische Zivilrecht. Den Abschluß seiner wissenschaftlichen Arbeiten bildete das „System des deutschen Privatrechts" (1880—86), das das geltende Recht, ohne dogmatische Durcharbeitung, referierend wiedergab[110]. Obwohl von Roth an fast allen Kommissionssitzungen teilnahm, war seine Beteiligung an den Kommissionsarbeiten sehr gering. Nur selten griff er in die Debatte ein, da ihn neue konstruktive Probleme wenig interessierten[111]. Die geringe Mitarbeit von Roths ist sehr bedauerlich, da der 1. Entwurf und damit auch das BGB möglicherweise weniger doktrinär und romanisch ausgefallen wäre, wenn ein Germanist in der 1. Kommission das deutsche Recht so klar und entschieden vertreten hätte wie *Windscheid* das römische Recht und dessen Dogmatik. Auch die Kommissionsmitglieder, die aus dem Gebiete des viel-

---

[105] Vgl. *Planck*, Windscheid, S. 953.

[106] Über diesen vgl. *Planck*, Gebhard, S. 119—120.

[107] Vgl. *Planck*, v. Mandry, S. 287.

[108] Über diesen vgl. die sehr kritische Biographie *von Amiras* in ADB, Bd. 53, S. 538—549.

[109] Sein Hauptwerk aus dieser Zeit, die „Geschichte des Beneficialwesens von den ältesten Zeiten bis ins 10. Jahrh." (Erlangen 1850), das besonders der Verfassungshistoriker Georg Waitz äußerst scharf bekämpfte, war bahnbrechend für die juristische Behandlungsweise der Verfassungsgeschichte (vgl. *Landsberg*, Geschichte, S. 886—888).

[110] v. *Roth*, System, Bd. 1, S. VIII, 9.

[111] Vgl. *v. Amira*, v. Roth, S. 545, 547—548; *Frensdorff*, Planck, S. 317.

fach dem deutschen Recht nahestehenden ALR stammten, konnten sich in der 1. Kommission mit ihren Vorschlägen nur selten durchsetzen, da sich das ALR noch zu Beginn der Kommissionsberatungen keines sonderlich großen wissenschaftlichen Ansehens erfreute[112]. Ebenso wenig wie das ALR schätzte man damals den Code civil, den man als fremdländisches und wissenschaftlich wenig durchgearbeitetes Gesetzbuch für keine geeignete Grundlage für die deutsche Zivilrechtskodifikation ansah[113].

Die 1. Kommission hielt vom 17. 9. bis 28. 9. 1874 vorbereitende Sitzungen ab, in denen sie Beschlüsse über den Umfang des Entwurfs sowie über den technischen Ablauf der Kommissionsarbeiten faßte[114]. Sie war, wie die Vorkommission, der Ansicht, daß das BGB aus einem Allgemeinen Teil und einem Besonderen Teil, nämlich dem Sachen-, Schuld-, Familien- und Erbrecht, bestehen sollte. Entsprechend den Anregungen der Vorkommission beschloß sie, kein bestehendes Gesetzbuch und keinen Entwurf zur Grundlage der Beratungen zu machen, sondern durch Kommissionsmitglieder Teilentwürfe ausarbeiten zu lassen. Die Abfassung der Teilentwürfe wurde den Kommissionsmitgliedern *Gebhard* (Allgemeiner Teil), *von Kübel* (Obligationenrecht), *Johow* (Sachenrecht), *Planck* (Familienrecht)[115] und *von Schmitt* (Erbrecht) übertragen[116]. Bezeichnend ist, daß auch die Redaktoren nach bundesstaatlichen Gesichtspunkten ausgewählt worden waren. Preußen als größter Bundesstaat stellte 2 Redaktoren, Johow und Planck, während die anderen drei größten Bundesstaaten, Bayern, Württemberg und Baden, durch je einen Redaktor vertreten waren. In Abweichung von dem Vorschlag der Vorkommission, die zwei Redaktoren für das Sachenrecht für erforderlich gehalten hatte, ließ die 1. Kommission den Teilentwurf des Sachenrechts durch einen einzigen Redaktor ausarbeiten. Ferner sollte der Teilentwurf des Allgemeinen Teils sofort und nicht erst nach Fertigstellung der anderen Teilentwürfe abgefaßt werden. Die Hauptberatungen sollten erst beginnen, wenn sämtliche Teilentwürfe fertig waren und nicht schon, wie es die Vorkommission vorgeschlagen hatte, nach Fertigstellung eines oder mehrerer Teilentwürfe.

Die Aufgabe der Redaktoren war es, jeweils für den ihnen zugewiesenen

---

[112] Vor allem erst durch Dernburgs „Lehrbuch des Preußischen Privatrechts" (1. Aufl., 1870—79) erfuhr das ALR die ihm gebührende wissenschaftliche Bearbeitung.

[113] Drucksache BR. 1874 Nr. 53, aaO., S. 177.

[114] Diese Beschlüsse sind abgedruckt bei *Rassow*, Verhandlungen, S. 218—224.

[115] Ursprünglich sollte, gemäß dem Wunsch Leonhardts, die Abfassung des Sachenrechtsteilentwurfs Planck übertragen werden (vgl. *Frensdorff*, Planck, S. 310).

[116] Rassow, Verhandlungen, S. 223—224.

Bereich einen Teilentwurf zu entwerfen und entsprechende Motive dazu auszuarbeiten. Während ihrer Arbeit sollten sie untereinander in einem ständigen Gedankenaustausch stehen[117] und versuchen, einen möglichst einheitlichen Gesamtentwurf zustande zu bringen. Besonderes Gewicht sollte auf eine einheitliche Form und Sprache gelegt werden, die kurz und frei von Kasuistik sein sollte[118]. Die Redaktoren trafen sich regelmäßig jede Woche unter dem Vorsitz *Johows,* ohne daß diese Sitzungen einen greifbaren Erfolg hatten, da die Redaktoren keine bindenden Beschlüsse fassen konnten[119]. Die mangelnde Zusammenarbeit der Redaktoren untereinander zeigte sich deutlich in der sehr unterschiedlichen Fassung der Teilentwürfe. Diese waren sogar in sich selbst nicht immer einheitlich und ließen mehrfach die Beiträge der Hilfsarbeiter erkennen, die den Redaktoren zur Unterstützung ihrer Arbeiten zur Verfügung standen. Später, bei den Hauptberatungen, wurden die Vorschläge der Redaktoren von der gesamten Kommission zu einem großen Teil abgelehnt. Besonders die sprachliche Fassung der Teilentwürfe fand bei der Mehrheit wenig Anklang[120]. Daß aus den unterschiedlichen Teilentwürfen dennoch ein verhältnismäßig einheitliches Werk geworden ist, ist letztlich *Pape* und dem Redaktionsausschuß zu verdanken.

Die Redaktoren waren nach den Beschlüssen der Gesamtkommission verpflichtet, über die maßgeblichen Gesichtspunkte sowie über die Prinzipien, die die einzelnen Teilentwürfe beherrschen sollten, eine Entscheidung der gesamten Kommission herbeizuführen. Deren Sitzungen in den Jahren 1875—79[121] dienten ausschließlich dazu, diese Prinzipien, allerdings ohne verbindliche Kraft für die späteren Hauptberatungen, festzulegen. Im Sachenrecht wurden vornehmlich die Grundzüge des Eigentumsübertragungs-, Hypotheken- und Besitzrechts für den Redaktor Johow verbindlich festgelegt. Als Beratungsgrundlage dienten zum Teil eingehend begründete Vorlagen der jeweiligen Redaktoren. Die Zusammenarbeit zwischen der gesamten Kommission, die nur jeweils einen Monat im Jahr tagte, und den Redaktoren war nicht besonders gut, da die übrigen Kommissionsmitglieder sich während der restlichen Zeit des Jahres meist außerhalb Berlins aufhielten und durch ihre eigenen Dienstgeschäfte voll in Anspruch genommen waren. Eine zweckmäßige Verbindung von Einzel- und Gruppenarbeit, wie sie die Vorkommission auch schon für das vorbereitende Stadium gefordert hatte, fehlte fast völlig.

---

[117] Vgl. *Rassow,* Verhandlungen, S. 221—222.

[118] Vgl. *Rassow,* Verhandlungen, S. 221.

[119] Vgl. *Frensdorff,* Planck, S. 310—311.

[120] Vgl. vor allem die sprachliche Fassung des sachenrechtlichen Teilentwurfs mit der des von der 1. Kommission beschlossenen Sachenrechts.

[121] Die Kommissionssitzungen fanden meist im Oktober statt.

Die Teilentwürfe des Sachen- und Familienrechts wurden in den Jahren 1879—1880 fertig, während der Schuldrechtsteilentwurf wegen dauernder Krankheit des Redaktors *von Kübel* nie vollendet wurde. Auch die Arbeiten des Redaktors *Gebhard* am Allgemeinen Teil waren Ende 1880 noch nicht abgeschlossen. Dennoch beschloß die 1. Kommission in den Sitzungen vom 28. und 29. 12. 1880, die Hauptberatungen im Oktober 1881 aufzunehmen[122].

Viertes Kapitel

Der Teilentwurf des Sachenrechts

Da der Besondere Teil dieser Arbeit die Entstehungsgeschichte der wichtigsten sachenrechtlichen Vorschriften behandelt, soll nur der Entstehungsgeschichte des sachenrechtlichen Teilentwurfs näher nachgegangen werden. Die anderen Teilentwürfe sind auf ähnliche Weise entstanden, wenn auch ihre Qualität im einzelnen sehr unterschiedlich war. Die Ausarbeitung des sachenrechtlichen Teilentwurfs, welche die 1. Kommission dem Obertribunalsrat *Johow* (1823—1904) übertragen hatte, nahm volle 6 Jahre in Anspruch. Als Hilfsarbeiter standen Johow ab Oktober 1874 der Oberlandesgerichts- und spätere Reichsgerichtsrat *Achilles*[123], von Februar 1875 bis Oktober 1877 der mecklenburgische Kanzleirat *Martini* und ab Juli 1877 der braunschweigische Oberlandesgerichts- und spätere Reichsgerichtsrat *von Liebe*[124] zur Verfügung. Wie auch die anderen Redaktoren betrachteten *Johow* und seine Hilfsarbeiter, entsprechend den Vorschlägen der Vorkommission, nach denen das BGB im wesentlichen den damaligen Rechtszustand wiedergeben sollte, es als ihre erste Hauptaufgabe, den Gesamtbestand der im Deutschen Reich geltenden sachenrechtlichen Vorschriften festzustellen[125]. Bei der Sammlung des Gesetzesmaterials, das besonders für das Mobiliarpfandrecht sowie das gesamte Immobiliarrecht sehr umfangreich war, waren die Bundesregierungen behilflich.

An Hand dieses Materials arbeitete *Johow* zunächst mehrere Vorlagen aus, die genaue Vorschläge über die wichtigsten Gebiete des Sachenrechts enthielten. Diese Vorlagen bildeten die Grundlage für die Beratungen der

---

[122] Vgl. Prot. vom 28. 12. 1880, S. 5. Der Teilentwurf des Erbrechts wurde ebenfalls bis zu Beginn der Hauptberatung fertiggestellt.

[123] Über Alexander Achilles (1833—1900), der hauptsächlich an der Abfassung des Immobiliarrechts beteiligt war, vgl. *Gebhard*, Achilles, S. 474.

[124] Von Liebe bearbeitete hauptsächlich das Besitz- und Mobiliarsachenrecht sowie den Eigentumsanspruch.

[125] Vgl. Mot TE, S. 11.

1. Kommission, in denen die Grundsätze des Sachenrechts für den Redaktor verbindlich festgelegt wurden. So beschloß die 1. Kommission bereits 1875, den Eigentumserwerb an Grundstücken auf der Grundlage des Grundbuchsystems nach dem Konsens- und Eintragungsprinzip auszugestalten[126]. Ebenfalls billigte sie das Publizitätsprinzip und ließ damit den gutgläubigen Erwerb des Grundstückseigentums zu, während sie in Übereinstimmung mit dem damaligen Recht einen gutgläubigen Erwerb an beweglichen Sachen ablehnte[127]. Für die Eigentumsübertragung beweglicher Sachen sollte außer einem dinglichen Vertrag die Übergabe der Sache erforderlich sein. Ein Gegenvorschlag *von Kübels*, nach dem das Eigentum an beweglichen Sachen schon mit Abschluß des obligatorischen Veräußerungsvertrages auf den Erwerber übergehen sollte, hatte in der 1. Kommission keine Mehrheit gefunden, obwohl man die Vorteile einer solchen Regelung durchaus anerkannte[128]. Im übrigen sollte sich der Eigentumserwerb unabhängig vom Bestehen einer Übereignungsverpflichtung vollziehen. — 1876 lehnte die 1. Kommission einen Vorschlag *Johows* ab, beim Verlust des Grundstücksbesitzes nur noch petitorisch ausgestaltete Besitzklagen zuzulassen[129]. Ferner konnte sich Johow gegenüber der 1. Kommission mit seinem Vorschlage, nur noch ein einziges Grundpfandrecht, nämlich eine von der Forderung unabhängige Briefhypothek zuzulassen, nicht durchsetzen[130]. Zwar waren diese ersten Beschlüsse zum Sachenrecht noch keineswegs endgültig. Sie lassen aber bereits deutlich erkennen, daß die 1. Kommission im wesentlichen nur das im größten Teil Deutschlands geltende Recht kodifizieren wollte und selbst kleinen, aber doch mitunter sinnvollen Änderungen und Vereinfachungen ablehnend gegenüberstand.

Unter Berücksichtigung dieser Kommissionsbeschlüsse arbeitete *Johow* gemeinsam mit den Hilfsarbeitern den Teilentwurf des Sachenrechts aus, der aus 491 Paragraphen bestand. Seine Sprache war einfach und ziemlich leicht verständlich, wenn auch nicht besonders elegant und originell. Im ganzen gesehen stand der Teilentwurf dem damals geltenden Recht noch näher als der 1. Entwurf, der sich mit seinen sehr doktrinären Regelungen mitunter von ihm entfernt hatte. Andererseits war er begrifflich und dogmatisch nicht annähernd so genau durchdacht wie der erste Entwurf. Beispielsweise fehlte noch die scharfe Unterscheidung zwischen Besitz und Inhabung, die dem gesamten Sachenrecht des ersten Entwurfs zugrunde lag.

[126] Vgl. Prot. vom 15. u. 16. 10. 1875 u. die Vorlagen Nr. 6, 7, 9, 10 von 1875.
[127] Prot. vom 18. 10. 1875 u. Vorlagen Nr. 11—13 von 1875.
[128] Vgl. Prot. vom 18. 10. 1875, S. 1—2.
[129] Vgl. Prot. vom 16. u. 18. 10. 1876 und Vorlage Nr. 3 v. 1876.
[130] Vgl. Prot. vom 7. u. 9. 10. 1876 und Vorlage Nr. 8 v. 1876.

Ferner war dem Grundstücksrecht des Teilentwurfs, für das Johow das preuß. EEG von 1872 maßgeblich als Vorlage benutzte, noch jene scharfe Trennung von formellem und materiellem Grundbuchrecht fremd, wie sie später die 1. und noch konsequenter die 2. Kommission durchführten. Im übrigen beachtete Johow bei der Ausarbeitung des Teilentwurfs den Unterschied zwischen den Aufgaben der Gesetzgebung und der Rechtswissenschaft. Er begnügte sich, besonders im Immobiliarrecht, mit der Aufstellung einfacher Rechtssätze, ohne zugleich deren dogmatische Konstruktion mitzuentscheiden oder alle oder möglichst viele Folgerungen aus einem Rechtssatz im Gesetz selbst zu regeln. — Obwohl Johow viele Fehler vermieden hat, welche die erste Kommission später beging, war der Teilentwurf des Sachenrechts im ganzen gesehen nur ein ziemlich unvollkommenes und zudem uneinheitliches Werk. Ihm war eine genaue dogmatische Durcharbeitung des Rechtsstoffes fremd, wenn er auch die Prinzipien des Grundstücksrechts klarer als sämtliche bestehenden Grundstücksrechte herausstellte. Dennoch stand der Teilentwurf des Sachenrechts dem Sachenrecht der damaligen Gesetze und Gesetzentwürfe, auch dem des sächs. BGB, nicht nach[131].

Zum Teilentwurf arbeitete *Johow* Motive aus, die mit ihren 2200 Seiten fast dreimal so umfangreich waren wie die Motive zum Sachenrecht des ersten Entwurfs. Sie lassen hinreichend das Verfahren und die Grundsätze erkennen, nach denen Johow den Teilentwurf ausarbeitete. Der Aufstellung jedes Rechtssatzes ging eine genaue Feststellung des in ganz Deutschland geltenden Rechts voraus, das die Motive zu Beginn jedes größeren Abschnitts und meist auch bei den Begründungen zu den einzelnen Bestimmungen ziemlich vollständig wiedergaben. Auf die Materialsammlung folgte das Abwägen der meist sehr unterschiedlichen Regelungen. Die sehr zeitraubende Sammlung des bestehenden Rechts hatte allerdings den Nachteil, daß nur noch verhältnismäßig wenig Zeit für eine selbständige Erfassung und kritische Wertung der gesammelten Rechtssätze übrig blieb[132]. Zudem erschwerte diese Materialsammlung die Berücksichtigung der damaligen Zeitbedürfnisse. Deshalb ist es nicht verwunderlich, daß für die Aufnahme einer bestimmten Regelung in den Teilentwurf deren größere räumliche

---

131 Hedemann bewertet den Teilentwurf zu positiv, wenn er die „mustergültige Klarheit" und „scharfe Formulierung" besonders der Immobiliarrechtsbestimmungen hervorhebt (vgl. *Hedemann*, Fortschritte Bd. 2, 2. Teil, S. 271—273).

132 Bereits *Christ*, Verwirklichung, S. 93—96, hatte 1850 vor einer umfangreichen Materialsammlung gewarnt. Ferner wies Hedemann auch auf den „Fluch des Übermaßes an Material" bei der Ausarbeitung des Dresdner Entwurfs hin (vgl. *Hedemann*, Dresdner Entwurf, S. 23).

Verbreitung und erst in zweiter Linie deren Zweckmäßigkeit und juristische Folgerichtigkeit ausschlaggebend war. Immerhin bemühte sich Johow, seine Entscheidungen auch nach Zweckmäßigkeitsgesichtspunkten, obwohl mitunter wenig überzeugend, zu rechtfertigen.

Wie die Motive zeigen, lag *Johow* eine selbständige und kritische Überprüfung zumindest der damaligen sachenrechtlichen Grundsätze, mit denen er sich im Anfangsteil beschäftigte[133], völlig fern. Dieser Teil ist besonders wichtig, weil er die Grundlage zum Einleitungskapitel der Motive zum Sachenrecht des 1. Entwurfs bildete. Nicht zuletzt beruhte das negative Urteil vieler Kritiker über das Sachenrecht des 1. Entwurfs auf diesem Kapitel, das indessen, wie die gesamten Motive zum 1. Entwurf, von der 1. Kommission niemals gebilligt worden ist[134].

Wie der Anfangsteil der Motive zum Teilentwurf ergibt, übernahm *Johow* beispielsweise ohne nähere Begründung die Selbständigkeit des Sachenrechts gegenüber dem Obligationenrecht[135], welche die Pandektenwissenschaft im Gegensatz zur Naturrechtswissenschaft des 17. und 18. Jahrhunderts besonders scharf herausgearbeitet hatte, und lehnte Rechtsgestaltungen wie das Recht zur Sache (ius ad rem) oder eine Verdinglichung der Miete und Pacht als völlig abwegig ab[136]. Für das dingliche Recht, das er als das vollendete Vermögensrecht ansah, verlangte er neben dem Subjekt und der Sache als Gegenstand des Rechts ein bestimmtes Rechtsverhältnis, welches zwischen dem Subjekt und dem Gegenstand des Rechts bestehen sollte[137]. Die Kritiker des 1. Entwurfs lehnten diese Ansicht Johows, die nicht dem gemeinen Recht entsprach[138], aber dennoch in die Motive zum 1. Entwurf übernommen wurde[139], als völlig abwegig ab und wiesen mit Recht darauf hin, daß Rechtsverhältnisse nur zwischen Personen, nicht aber zwischen einer Person und einer Sache bestehen können[140]. Obwohl Johow aus jener Ansicht keine praktischen Folgerungen gezogen hat, bringt sie doch deutlich zum Ausdruck, wie sehr er das Sachenrecht gegenüber den anderen Rechtsgebieten, besonders dem Schuldrecht, als selbständiges Rechtsgebiet behandelte. Diese isolierte Betrachtungsweise ist nicht zuletzt darauf zurückzuführen, daß die 1. Kommission jeweils verschiedene Kommissionsmit-

---

133 Vgl. Mot. TE, S. 1 ff.

134 Vgl. S. 34—35.

135 Vgl. Mot. TE, S. 1—2.

136 Vgl. Mot. TE, S. 3, 7—8.

137 Mot. TE, S. 3—4.

138 Vgl. *Windscheid*, Pandekten, Bd. 1, S. 91.

139 Mot., Bd. 3, S. 2, 257 ff.

140 Vgl. u. a. *Gierke*, Entwurf, S. 282; *Staub*, Konstruktion, S. 13, 19—20.

glieder mit der Ausarbeitung von Teilentwürfen beauftragt hat, statt einen einzigen Vorentwurf durch einen einzelnen abfassen zu lassen.

Als Quellen für den Teilentwurf benutzten *Johow* und seine Hilfsarbeiter, wie die Motive ergeben, außer den zahlreichen Grundbuch- und Pfandgesetzen der deutschen Staaten vornehmlich das ALR, das sächs. BGB, den hess. und bay. Entwurf. Seltener berücksichtigten sie den schon etwas veralteten Cod. Max. von 1756 und den Code civil, dessen sachenrechtliche Institute sich allerdings nur schwer mit dem im größten Teil Deutschlands geltenden Recht verbinden ließen. Von ausländischen Gesetzen zogen sie vornehmlich das ABGB, das privatrechtliche Gesetzbuch des Kantons Zürich von 1853—1856, den Entwurf eines schweizerischen Obligationen- und Handelsrechts von 1879, aber auch andere, weniger bedeutende Gesetze wie beispielsweise das niederländische Zivilgesetzbuch von 1838 oder das des Kantons Bern von 1824—1830[141] zum Vergleich heran. Für das gemeine Recht stützten sie sich vorzugsweise auf das Pandektenlehrbuch *Windscheids* und für das deutsche Recht vornehmlich auf das umfassende Lehrbuch des deutschen Privatrechts von *Stobbe*. Sie ließen auch die umfangreichen Monographien über sachenrechtliche Institute, besonders den Besitz, nicht außer acht, während sie die Rechtsprechung nur in geringem Umfang verwerteten[142]. Es finden sich keine Hinweise darauf, daß sie auch nichtjuristische Literatur, insbesondere Werke volkswirtschaftlichen oder soziologischen Inhalts, oder statistische Unterlagen herangezogen hätten. Sie benutzten also als Quellen ausschließlich das geltende Recht, dessen Grundlagen auf das Ende des 18. und die erste Hälfte des 19. Jahrhunderts zurückgingen[143]. So war auch das verhältnismäßig neue preußische Grundstücksrecht von 1872 nichts anderes als eine konsequente, vom Pandektenrecht beeinflußte Weiterentwicklung des überkommenen Rechts. Auch überprüften *Johow* und seine Mitarbeiter das geltende Recht, das weitgehend noch auf die Bedürfnisse der vorindustriellen, teils liberal-bürgerlichen, teils adelig-patriarchalischen Gesellschaft zugeschnitten war, nicht daraufhin, ob es auch den neuen, auf die Industrialisierung zurückgehenden sozialen und wirtschaftlichen Verhältnissen gerecht wurde. Sie beschränkten sich, wie später auch die Gesamtkommission, im allgemeinen darauf, das geltende Recht des Deutschen Reiches zu einem möglichst widerspruchsfreien Privatrechtssystem zusammenzufassen.

---

141 Vgl. hierzu zuletzt *Gmür*, Bernische Gerichtssatzung, S. 194.

142 Die Rechtsprechung des erst 1879 geschaffenen Reichsgerichts konnte Johow noch nicht berücksichtigen.

143 Auch die Vorarbeiten am sächs. BGB, der jüngsten Zivilrechtskodifikation, reichen bis zur Zeit vor 1850 zurück.

Fünftes Kapitel

Die Hauptberatungen der 1. Kommission (1881—1889)

Am 4. 10. 1881 begann die 1. Kommission mit den Hauptberatungen, obwohl die Teilentwürfe des Allgemeinen Teils und des Schuldrechts noch nicht fertiggestellt waren. Während der Teilentwurf des Allgemeinen Teils noch im Laufe der Beratungen von dem Redaktor beendet werden konnte, legte die 1. Kommission für die nicht vollendeten Abschnitte des Schuldrechtsteilentwurfs den Beratungen die entsprechenden Bestimmungen des Dresdner Entwurfs zugrunde.

Der Gang der Verhandlungen richtete sich im wesentlichen nach der Geschäftsordnung, die sich die 1. Kommission in der Sitzung vom 4. 10. 1881 gegeben hatte[144]. Nach § 1 GeschO sollte die Lesung des 1. Entwurfs in zwei Beratungen zerfallen. Die erste Beratung sollte der vorläufigen Feststellung der einzelnen Teilentwürfe dienen und sich vornehmlich auf das materielle Recht beschränken. Danach sollte ein Hauptreferent die Teilentwürfe nach Inhalt und Form zu einem harmonischen Gesamtentwurf zusammenfassen, der dann in einer zweiten Lesung sprachlich wie formell endgültig festgestellt werden sollte. Die 1. Kommission hat sich jedoch nur zum Teil an diesen Beschluß gehalten und auf die Wahl eines Hauptreferenten verzichtet. Die diesem zugedachten Aufgaben nahm weitgehend eine Redaktionskommission wahr, deren Vorsitzender *Pape* war und der außerdem *von Weber* sowie der Redaktor des gerade zur Beratung anstehenden Teilentwurfs angehörten[145]. Dieser Redaktor war gleichzeitig auch Referent der Hauptberatungen und hatte nach § 7 GeschO die Kommissionssitzungen durch einen Vortrag über die zu beratenden Vorschriften einzuleiten.

Auf diesen Vortrag folgten die eigentlichen Beratungen, in denen jedes Mitglied das Wort ergreifen durfte, während die Hilfsarbeiter lediglich das Recht hatten, bei den Sitzungen anwesend zu sein. Alle Kommissionsmitglieder konnten Anträge stellen, die genau formulierte Gegenvorschläge zu den Bestimmungen der Teilentwürfe enthalten und spätestens am Tage vor der Beratung in schriftlicher Form eingereicht werden mußten. Grundlage der Beratungen waren die Teilentwürfe, deren Bestimmungen die 1. Kommission nacheinander zusammen mit den Abänderungsanträgen beriet. Nach Abschluß der Beratungen fand die Abstimmung über die Vorschläge statt. Bei Stimmengleichheit entschied die Stimme des Vorsit-

---

[144] Vgl. Prot. I, S. 1—6 vor S. 1. Eine ähnliche Geschäftsordnung hatte sich auch die 2. Kommission gegeben (vgl. Prot. II, S. 5—8).

[145] Diese Kommission war gleichzeitig auch Protokollausschuß (vgl. § 14 GeschO.).

zenden[146]. Eine Motivierung des Votums war ausdrücklich ausgeschlossen. Die 1. Kommission war sich ferner darüber einig, daß mit der Annahme eines Vorschlags zwar die legislativ-politischen Gründe als gebilligt angesehen werden könnten, welche der Antragsteller oder andere Kommissionsmitglieder geltend gemacht hatten, nicht aber die von ihnen vorgebrachten rechtswissenschaftlichen oder rechtsphilosophischen Begründungen[147]. Daran haben sich später die Verfasser der Motive zum 1. Entwurf nicht gehalten, da sie in diese Motive auch rechtswissenschaftliche, meist aus den Motiven zu den Teilentwürfen stammende Begründungen aufnahmen, obwohl diese nur selten von der Gesamtkommission beraten, niemals aber gebilligt worden waren[148].

Die Sitzungen der 1. Kommission fanden jeweils am Montag, Mittwoch und Freitag jeder Woche, meist von 11 bis gegen 16 Uhr, zunächst im Reichsamt des Innern und später im Reichsjustizamt in Berlin statt. Über diese Sitzungen fertigten die Hilfsarbeiter Protokolle an, die nach § 16 GeschO die Namen der anwesenden Kommissionsmitglieder, geschäftliche Mitteilungen, den Gang der Verhandlungen im allgemeinen, den Wortlaut der Anträge sowie das Ergebnis der Abstimmungen enthalten sollten. Die Namen der Antragsteller, Redner und Abstimmenden sollten im Protokoll nicht genannt werden. Lediglich das Stimmenverhältnis konnte auf Antrag protokolliert werden[149], was aber nur höchst selten geschah. Der Gang der Verhandlungen sollte in „thunlichster Kürze"[150] wiedergegeben, aber immerhin der wesentliche Inhalt der Beratungen insoweit dargelegt werden, als es zum Verständnis der Beschlüsse erforderlich war.

Die tatsächlich geführten Protokolle waren etwa nach folgendem Schema aufgebaut[151]: An der Spitze des einzelnen Sitzungsprotokolls standen meist die nach Nummern geordneten Anträge. Diesen folgten, soweit es notwendig war, eine kurze Kennzeichnung der Anträge, die Abstimmungsergebnisse sowie eine zusammenfassende Wiedergabe der Gründe, die die Kommissionsmitglieder für und gegen die gestellten Anträge vorgebracht haben. An Hand der Protokolle lassen sich also der genaue Verlauf der Sitzungen, die Namen der Antragsteller und Redner sowie der Wortlaut der Reden

---

146 Vgl. § 10 GeschO; diese Vorschrift war von besonderer Bedeutung, da die 1. Kommission nach dem Ausscheiden Windscheids nur noch 10 Mitglieder hatte.

147 Prot. I, S. 4.

148 Typisch ist hierfür das Einleitungskapitel in Mot., Bd. 3, S. 1—24 (vgl. S. 28—29).

149 Vgl. § 12 Abs. 2 GeschO.

150 Vgl. § 13 GeschO.

151 Entsprechendes gilt auch für die Protokolle der 2. Kommission; allerdings waren diese meist etwas ausführlicher.

und Diskussionsbeiträge der einzelnen Mitglieder nicht mehr feststellen[152]. — Die Protokolle wurden von einem Protokollausschuß, dem drei Mitglieder angehörten, durchgesehen und in einer Sondersitzung der gesamten Kommission am Samstag jeder Beratungswoche genehmigt[153].

Nähere Aufschlüsse über den tatsächlichen Verlauf der Sitzungen und den Einfluß der einzelnen Kommissionsmitglieder auf den Gang der Verhandlungen und die Gestaltung des 1. Entwurfs erhält man nur, wenn man auf die allerdings recht spärlichen Äußerungen einzelner Kommissionsmitglieder und Hilfsarbeiter zurückgreift[154]. Nach den Mitteilungen *Plancks* und *Neubauers*, eines Hilfsarbeiters der 1. Kommission, war das einflußreichste Kommissionsmitglied der Vorsitzende *Pape*, der weitgehend die Aufgaben eines Hauptreferenten wahrgenommen und die Fassung des 1. Entwurfs maßgeblich mitbestimmt hat[155]. Pape[156] hielt meist die einleitenden Vorträge, sonderte die Streitfragen aus und faßte das Ergebnis der Abstimmungen zusammen. Häufig unterbrach er sogar die Sitzungen, um Vorschläge zur Verbesserung widersprüchlicher Mehrheitsentscheidungen auszuarbeiten. Meist noch am Sitzungstage selbst entwarf er die Fassungen der Vorschriften nach Maßgabe der Kommissionsbeschlüsse[157] und beriet diese von ihm ausgearbeiteten Fassungen später eingehend mit der Redaktionskommission. Um eine einheitliche Ausdrucksweise zu erreichen, ließ er während der gesamten Beratungen Wortregister führen.

Nach einer Mitteilung *Neubauers* pflegte er sich häufig über die „zu reiche juristische Phantasie" mehrerer Kommissionsmitglieder zu beklagen[158], die durch Berücksichtigung seltener und weit abgelegener Fälle eine ursprünglich vorgeschlagene Vorschrift mit lebensfremden juristischen Konstruktionen und Verallgemeinerungen belasteten[159].

---

[152] In dieser anonymen Form waren bereits die Protokolle der Dresdner Kommission abgefaßt worden (vgl. *Hedemann*, Dresdner Entwurf, S. 24).

[153] Vgl. § 15 GeschO. Die Auflage der bislang wissenschaftlich noch nicht ausgewerteten Protokolle, die 14763 Seiten umfassen, dürfte sich höchstens auf 50 Exemplare belaufen haben.

[154] Vgl. *Neubauer*, Pape, S. 750—756; *Planck*, Windscheid, S. 951—956; *Frensdorff*, Planck, S. 318—325.

[155] Vgl. *Neubauer*, Pape, S. 753—754; *Frensdorff*, Planck S. 322 und ferner einen anonymen Hinweis in DJZ 1909, S. 954.

[156] Vgl. zum folgenden *Neubauer*, Pape, S. 753 ff.

[157] Nicht selten nahm die 1. Kommission keinen der genau formulierten Anträge an, sondern faßte nur Beschlüsse über den materiell-rechtlichen Inhalt einer Vorschrift und überlies deren Formulierung dem Redaktionsausschuß.

[158] Vgl. *Neubauer*, Pape, S. 754.

[159] Ein typisches Beispiel hierfür ist § 874 II/III EI.

Neben *Pape* dürfte *Windscheid* den größten Einfluß auf die Arbeiten und Beschlüsse der 1. Kommission gehabt haben[160]. Er verstand es, seine Ansichten klar und eindringlich darzustellen und legte großen Wert darauf, daß der 1. Entwurf nach der von der gemeinrechtlichen Wissenschaft entwickelten Rechtstechnik ausgestaltet wurde. Sein Bestreben ging dahin, die allgemeinen Rechtsgedanken in einfachen und klaren Rechtssätzen, die sich zu einem widerspruchsfreien Ganzen zusammenschließen sollten, auszudrücken. Dennoch hatte er durchaus Verständnis für die Bedürfnisse der Gegenwart und widersprach niemals einem Antrag nur deshalb, weil dessen Inhalt nicht dem römischen Recht entsprach oder seinem Wesen fremd war. Er sorgte aber auch in diesem Fall dafür, daß die dem römischen Recht fremden Rechtssätze in technisch korrekter Form in das System der übrigen Rechtssätze eingegliedert wurden. Im übrigen aber hatte er, worauf *Planck* hinwies[161], nur eine geringe Phantasie und achtete zudem mehr auf die juristische Korrektheit und Genauigkeit als auf eine ansprechende und leichtverständliche Fassung der beschlossenen Bestimmungen. Wohl zu Unrecht aber sprach Planck Windscheid die Schuld an den Fehlern, die die Kritiker dem 1. Entwurf vorwarfen, ab. Gerade den Grundcharakter des 1. Entwurfs, der vor allem Gegenstand der Kritik gewesen war, dürfte Windscheid in nicht unerheblichem, wenn auch heute nicht mehr genau feststellbarem Umfang mitbestimmt haben. Wie stark Windscheids Einfluß tatsächlich war, geht aus einer Äußerung Plancks hervor, daß die 1. Kommission auch nach dem Ausscheiden Windscheids im Oktober 1883 an der von ihm vertretenen Methode in der Behandlung des Rechtsstoffes festgehalten und dessen Geist fortgewirkt habe[162].

Über den Einfluß *Plancks* auf die Arbeiten der 1. Kommission ist nur wenig bekannt geworden. Nach einer Mitteilung seines Biographen *Frensdorff* hat er, vor allem bei widersprüchlichen Meinungen, ausgleichend gewirkt[163]. Im übrigen gehörte Planck, im Gegensatz zu *Pape*, zu den Mitgliedern, die möglichst viele Schlußfolgerungen aus einem Rechtssatz im Gesetz selbst regeln wollten und auf diese Weise die Lehrbuchhaftigkeit und Unübersichtlichkeit des 1. Entwurfs erheblich förderten[164].

---

160 Vgl. zum folgenden *Planck*, Windscheid, S. 951—954. Windscheid hatte von 1880 bis Oktober 1883 seine Lehrtätigkeit unterbrochen. Im übrigen hat er, nach einer Mitteilung Oertmanns (Lebensgang, S. XVIII), eine „Geschichte des 1. Entw. zum BGB" hinterlassen, die aber, soweit ersichtlich, nicht veröffentlicht worden ist.

161 *Planck*, Windscheid, S. 953.

162 *Planck*, Windscheid, S. 953—55.

163 *Frensdorff*, Planck, S. 324.

164 Vgl. *Frensdorff*, Planck, S. 320.

Bereits diese nur spärlichen Mitteilungen über den Einfluß der wichtigsten Kommissionsmitglieder lassen erkennen[165], daß in der 1. Kommission ein Mitglied mit überragenden gesetzgeberischen Fähigkeiten nicht vorhanden war. Zwar hatten mehrere Kommissionsmitglieder schon vorher an anderen Gesetzgebungsarbeiten erfolgreich mitgewirkt. Anders aber als die Abfassung von Prozeß- und Spezialgesetzen verlangte die Kodifizierung des Zivilrechts nicht nur gute juristische Kenntnisse, die sämtliche Kommissionsmitglieder zweifellos besaßen. Dafür wären vor allem auch ein Vertrautsein mit den gesellschaftlichen und wirtschaftlichen Problemen der eigenen Zeit und die Fähigkeit, die Rechtssätze in eine über das Technisch-Korrekte hinausgehende sprachliche Form zu bringen, erforderlich gewesen. Vor allem diese letztere Fähigkeit fehlte zumindest der Mehrheit der Kommissionsmitglieder.

Die Beratungen der Teilentwürfe dauerten vom 4. 10. 1881 bis Ende September 1887[166]. Alsdann, vom 30. 9. bis 16. 12. 1887, revidierte die 1. Kommission den als Kommissionsentwurf bezeichneten Entwurf, zu dem die einzelnen Teilentwürfe inzwischen zusammengefaßt worden waren, und änderte ihn, vornehmlich in stilistischer Hinsicht, ab. Nach Fertigstellung des 1. Entwurfs arbeitete sie noch den Entwurf eines Einführungsgesetzes, einer Grundbuchordnung sowie eines Gesetzes über die Zwangsversteigerung und Zwangsverwaltung aus. Nachdem der Kommissionsvorsitzende *Pape* am 8. 9. 1888 gestorben war, übernahm *Johow* den Vorsitz der 1. Kommission, die ihre letzte Sitzung, die 873., am 30. 3. 1889 abhielt.

Der 1. Entwurf kam zusammen mit einem Begleitschreiben *Papes* vom 27. 12. 1887 am 12. 1. 1888 vor den Bundesrat, der ihn sofort dem Justizausschuß überwies[167]. Dieser schlug dem Plenum am 24. 1. 1888 vor, den 1. Entwurf nebst Motiven zu veröffentlichen[168]. Nachdem der Bundesrat diesen Vorschlag in seiner Sitzung vom 31. 1. 1888[169] gebilligt hatte, erschienen noch in demselben Jahr der 1. Entwurf und fünfbändige Motive[170]. Der Entwurf des Einführungsgesetzes wurde, ebenfalls mit entsprechenden Motiven, noch 1888 herausgegeben. Die von der 1. Kommission niemals genehmigten[171] Motive sind von den jeweiligen Hilfsarbeitern der Redak-

---

[165] Über den Einfluß einiger anderer Mitglieder vgl. S. 21—23.

[166] Die Beratungen des Sachenrechts fanden vom 11. 2. 1883 bis zum 17. 3. 1884, 21. 3. 1884—27. 3. 1885 und 10.—19. 6. 1885 statt.

[167] Prot. BR 1888, S. 2 (§ 6).

[168] Vgl. Drucksache BR Nr. 11 von 1888.

[169] Prot. BR 1888, S. 27 (§ 56).

[170] Entgegen den Angaben *Wieackers,* Privatrechtsgeschichte, S. 280, ist also der 1. Entwurf nicht 1887, sondern erst 1888 veröffentlicht worden.

[171] Vgl. Entwurf I, S. VI.

toren, teilweise unter deren Aufsicht sowie unter Benutzung der Sitzungsprotokolle und der Motive zu den Teilentwürfen, zusammengestellt worden. Sie gaben häufig einzelne Abschnitte aus den Protokollen wörtlich wieder, ohne diese Zitate näher kenntlich zu machen. Die von der ersten Kommission ebenfalls nie gebilligten rechtsdogmatischen Ausführungen der Motive waren den Motiven zu den Teilentwürfen entnommen.

Da dies aber in den Motiven nicht ausdrücklich vermerkt war, ist bei den Kritikern des 1. Entwurfs später der Eindruck entstanden, als habe die 1. Kommission auch über dogmatische Grundsätze und Konstruktionen als solche Beschlüsse gefaßt. — Der Wert der Motive, die einen nicht unerheblichen Einfluß auf die Praxis und in geringerem Maße auch auf die Wissenschaft ausgeübt haben[172], bestand und besteht noch darin, daß sie einen raschen Überblick über den Sinn und Zweck der Bestimmungen des 1. Entwurfs und, da dieser die Grundlage des 2. Entwurfs bildete, auch des BGB verschaffen. Sofern man die Motive jedoch zur Auslegung des BGB heranzieht, ist immer zu berücksichtigen, daß die Vorschriften des 1. Entwurfs von der 2. Kommission erheblich abgeändert worden sind. Auch ist der historische Quellenwert der Motive nur sehr begrenzt, da sie über die eigentliche Entstehungsgeschichte des 1. Entwurfs keinen Aufschluß geben. Deshalb muß eine Abhandlung, die sich mit der Entstehungsgeschichte des 1. Entwurfs und des BGB oder deren Teilen befaßt, notwendig auf die Teilentwürfe, die Motive zu diesen und auf die Sitzungsprotokolle zurückgreifen.

Sechstes Kapitel

Die Beurteilung des 1. Entwurfs in der Öffentlichkeit

Schon bald nach der Veröffentlichung des 1. Entwurfs erschien eine heute nur noch schwer überschaubare Fülle kritischer Schriften und Aufsätze über ihn. Diese stammten meist von Professoren, Rechtsanwälten oder Richtern. Doch beteiligten sich gerade die bedeutendsten Rechtslehrer der damaligen Zeit, *Windscheid, Ihering* und *Dernburg*, nur sehr wenig an der Diskussion um den 1. Entwurf und veröffentlichten keine so ausführliche Kritik wie beispielsweise *Gierke*. Ferner ließen die Deutschen Juristentage von 1888, 1889, 1891 und 1893 ausführliche Gutachten zu wichtigen Einzelfragen, wie etwa zur Ausgestaltung des Grundpfandrechts, ausarbeiten und nahmen

---

[172] Allerdings lehnten schon damals einige Professoren die Motive sehr scharf ab (vgl. *Bekker*, Sprache, S. 77—78; Besitz, S. 73; *Pappenheim*, Vorarbeiten, S. 298—303).

zu diesen Fragen durch Empfehlungen an den Gesetzgeber Stellung[173]. Außerdem befaßten sich alle Bundesregierungen[174], sämtliche größeren Tageszeitungen sowie zahlreiche Vereinigungen des Handels, der Industrie und der Landwirtschaft mit dem 1. Entwurf. Auch diese nichtjuristischen Vereinigungen beauftragten meist Juristen mit der Ausarbeitung von Gutachten, und ebenso stammten die Zeitungsartikel meist von Juristen. Dagegen war die Zahl der Nichtjuristen, die sich mit dem 1. Entwurf beschäftigten, nur sehr gering. — Die meisten Kritiker beurteilten den 1. Entwurf äußerst negativ[175]. Trotzdem hielten sie ihn fast ausnahmslos[176] für eine brauchbare, jedoch einer größeren Umarbeitung bedürftige Grundlage für ein deutsches bürgerliches Gesetzbuch, zumal der Wunsch nach einem solchen sehr groß war. Die seit der Reichsgründung erreichte Rechtseinheit besonders auf dem Gebiete des Prozeß-, Handels- und Strafrechts hatte die Verschiedenheiten des bürgerlichen Rechts in den einzelnen deutschen Staaten, die zudem noch wie Preußen, Hessen und Bayern kein einheitliches Zivilrecht hatten, schärfer als früher hervortreten lassen[177]. Die Kritiker befürchteten allgemein, daß ein deutsches Zivilgesetzbuch erst in mehreren Jahren oder sogar Jahrzehnten zustande kommen werde, wenn sie den 1. Entwurf gänzlich verwerfen würden und die Ausarbeitung eines völlig neuen Entwurfs verlangten. Außer der Beseitigung der Rechtszersplitterung war für viele Kritiker auch der politische Gesichtspunkt maßgebend, daß ein so großer Nationalstaat wie das Deutsche Reich unbedingt ein einheitliches Zivilrecht haben mußte. Bezeichnend hierfür ist *Zitelmanns* Äußerung, daß es ein nationales Unglück wäre, wenn in absehbarer Zeit kein deutsches Zivilgesetzbuch zustande komme[178].

Auf die Nachwirkungen der Kodifikationsfeindlichkeit *Savignys* dürfte es zurückzuführen sein, daß einige wenige Kritiker die Festlegung des Rechts in einer Kodifikation für ein Übel hielten, das aber zur Abschaffung eines

---

[173] Vgl. hierzu die Vhdl. des 19.—22. DJT.

[174] Der Reichskanzler hatte die Bundesregierungen aufgefordert, sich vornehmlich zu bestimmten Fragen zu äußern (vgl. die Übersicht über diese insgesamt 68 Fragen in Zst. BR., Bd. 1, S. VII—XXI).

[175] Vgl. die Übersicht in Zst., Bd. 1, S. 1—2; Bd. 6, S. 1—2.

[176] Völlig abgelehnt wurde der 1. Entwurf u. a. von *Gierke*, Entwurf, S. 14, 15, 584, 592, *Menger*, Recht, S. 2, 14—16, 18—20 und *Dahn* (Schlesische Zeitung vom 27. 11. 1888, vgl. Zst., Bd. 1, S. 1). Vgl. auch *Bähr*, Zukunft, S. 8, 14, 19, und „Gegenentwurf", S. IV, der für Einzelgesetzgebung eintrat, aber später durch zahlreiche Aufsätze und einen Gegenentwurf die Kritik am 1. Entwurf wesentlich förderte. Hingegen nahm *Dernburg* zu diesen Fragen keine Stellung (vgl. Pandekten, Bd. 1, S. V (Vorrede zur 2. Aufl.) und Zst., Bd. 6, S. 1 Anm. 1).

[177] Vgl. *Stolterfoth*, Beiträge, S. 54, 59—61, 65.

[178] *Zitelmann*, Rechtsgeschäfte, Bd. 1, S. 1.

noch größeren Übels, nämlich der Rechtszersplitterung, notwendig in Kauf genommen werden müsse[179]. Ihrer Ansicht nach war vor allem im Interesse der Rechtssicherheit die Rechtseinheit erforderlich, da nur so die Kluft zwischen Theorie und Praxis überwunden werden und der deutsche Jurist einen Rechtsfall sicher lösen könne. Andererseits wiesen sie aber darauf hin, daß sich das Recht nicht ganz in Schablonen pressen lasse, eine Kodifikation aber zumindest den Eindruck erwecke, als ob es ausschließlich kodifiziertes Recht gebe[180]. Diese Kritiker befürchteten, daß eine Kodifikation das juristische Denken und die freie geistige Tätigkeit beeinträchtigen könne. *Bähr* lobte dieser Gefahr gegenüber die gemeinrechtliche Wissenschaft, die vor allem das Recht am Leben erhalten und weiterentwickelt habe, während die Zivilrechtskodifikationen im allgemeinen nur eine verknöchernde Wirkung ausgeübt hätten[181].

Da die Notwendigkeit einer Zivilrechtskodifikation von keiner Seite bestritten wurde, beschäftigten sich die Kritiker vornehmlich mit der Frage, wie eine solche Kodifikation beschaffen sein sollte. Vor dieses Problem sah sich die gesamte deutsche Zivilrechtswissenschaft, welche die früheren Kodifikationen und Entwürfe nur wenig beachtet hatte[182], durch den 1. Entwurf erstmals in voller Schärfe gestellt. Vor allem die Professoren nahmen in ihren Kritiken zu den Fragen der Gesetzgebungstechnik, die man bislang sehr vernachlässigt hatte, ausführlich Stellung. Je nachdem ob der 1. Entwurf die Ansprüche, welche die einzelnen Kritiker an eine Zivilrechtskodifikation stellten, erfüllte oder nicht, fielen auch die Urteile über diesen aus. Während eine Gruppe von Kritikern das Bestreben der 1. Kommission billigte, ein möglichst lückenloses und deshalb notwendig schwerverständliches Gesetzbuch zu schaffen, und den 1. Entwurf nur in zahlreichen Einzelheiten beanstandete, lehnte eine andere Gruppe den 1. Entwurf vor allem deshalb ab, weil er ihren Vorstellungen von einem Gesetzbuch völlig widersprach. *Zitelmann* und *Gierke* haben diese entgegengesetzten Standpunkte am klarsten formuliert, weshalb auf ihre Ansichten näher eingegangen werden soll.

Otto *Gierke,* der bekannteste und schärfste Kritiker des 1. Entwurfs, lehnte diesen vornehmlich deswegen ab, weil er seiner Ansicht nach weder volkstümlich noch schöpferisch, noch deutsch war und die 1. Kommission

---

179 Vgl. *Hölder,* Entwurf, S. 6, 8—9, 14; *Pfizer,* Wort, S. 15—17.

180 Vgl. *Hölder,* Entwurf, S. 19; *Bähr,* Zukunft, S. 12—13. Noch 1896 hielt Zitelmann einen Vortrag unter dem bezeichnenden Titel „Die Gefahren des BGB für die Rechtswissenschaft".

181 Vgl. *Bähr,* Zukunft, S. 16—17.

182 Beispielsweise hatte der Dresdner Entwurf überhaupt keine Besprechungen gefunden (vgl. *Hedemann,* Dresdner Entwurf, S. 32).

den sittlich-sozialen Beruf der Zivilgesetzgebung nicht erkannt habe[183]. Eine Kodifikation sollte nach seinen Vorschlägen ein originales, elementares Kunstwerk sein, das im Volkstum wurzelt und dem das individualistische, auf dem römischen Recht beruhende weltbürgerliche Juriristenrecht fremd ist[184]. Sie sollte ein Volksbuch wie die Bibel sein, das verständlich ist und sich mit der Aufstellung leitender Rechtssätze begnügt, die komplizierten Fragen der juristischen Konstruktion aber der Rechtswissenschaft überläßt[185]. Gierke wünschte, daß sie soziales Recht enthält, das besonders den Gemeinschaftsgedanken des deutschen Rechts berücksichtigt und die schwächeren und ärmeren Bevölkerungsteile vor Ausbeutung und Übervorteilung schützt[186]. Schließlich erwartete er, daß sie die wahren Bedürfnisse des Gesamtvolks und des einzelnen Staatsbürgers gleichermaßen befriedigt und eine gerechtere Rechtsordnung als die bestehende anstrebt. Die Gesetzgebung war für ihn eine schöpferische und künstlerische Tätigkeit und nicht nur eine Zusammenfassung des geltenden Rechts. Vor allem erhoffte er sich von einer deutschen Zivilrechtskodifikation eine Erneuerung des deutschen Rechts und eine Überwindung des Zwiespalts zwischen den Juristen und dem Volk, der seit der Rezeption bestand.

Demgegenüber billigte *Zitelmann*[187] die Grundsätze, die der Abfassung des 1. Entwurfs zugrunde lagen, und lehnte ein kurzes, „in volksthümlicher Fassung und mit lutherischer Kraft geschriebenes"[188] Gesetzbuch, das zudem keine Vollständigkeit erstrebte, ab. Er sah deutlich, daß ein kurzes und leicht verständliches Gesetzbuch nur über die Tatsache hinwegtäuschen würde, daß das Recht in seiner Anwendung verwickelt und schwierig ist. Er hielt ein Gesetzbuch, das nur allgemeine Rechtssätze brachte, für ein bedenkliches Unterfangen, weil auf diese Weise allzuviel der Analogie und dem Rechtsgefühl des Richters überlassen bliebe. Er mißtraute also einer zu weitgehenden richterlichen Freiheit und einem Präjudizienrecht und bekannte sich zu einem Gesetzbuch, das den vollen Reichtum der möglichen rechtlichen Vorkommnisse geistig vorauszubestimmen vermochte. Zugleich räumte er ein, daß ein solches Gesetzbuch notwendig abstrakt, schwerverständlich, wenig anschaulich und unvolkstümlich ausfallen müsse, bedauerte es aber in gewisser Hinsicht, daß Gesetzeslücken nie ganz zu vermeiden seien.

---

183 *Gierke,* Entwurf, S. 2.
184 Vgl. *Gierke,* Aufgabe, S. 3, und „Entwurf", S. 574, 580.
185 Vgl. *Gierke,* Entwurf, S. 23, 28.
186 Vgl. *Gierke,* Aufgabe, S. 13, 17.
187 Vgl. zum folgenden *Zitelmann,* Rechtsgeschäfte, Bd. 1, S. 1—13.
188 *Zitelmann,* aaO., S. 1.

Diese Ansichten *Gierkes* und *Zitelmanns* geben ziemlich genau die beiden Extreme wieder, zwischen denen sich damals die Anforderungen an eine Zivilrechtskodifikation bewegten. Die große Mehrzahl der Kritiker nahm allerdings eine Mittelstellung ein, indem sie zwar den Doktrinarismus und die unverständliche und unvolkstümliche Sprache des 1. Entwurfs ablehnte, der Gesetzgebung aber andererseits eine bestimmte soziale Aufgabe absprach und den Streit zwischen römischem und deutschem Recht für unerheblich hielt.

Ziemlich überwiegend waren die Kritiker der Ansicht, daß die 1. Kommission die Aufgaben des Gesetzgebers überschritten habe[189]. Sie wiesen darauf hin, daß dieser sich darauf zu beschränken habe, bestimmte Tatbestände des Lebens durch einfache Rechtssätze zu regeln, während es Aufgabe der Wissenschaft sei, die den einzelnen Rechtssätzen zugrunde liegenden Rechtsprinzipien und -anschauungen herauszuarbeiten. Der Gesetzgeber habe die Rechtssätze nicht aus bestimmten Prinzipien abzuleiten, sondern sich bei der Aufstellung eines Rechtssatzes allein nach den Bedürfnissen des Lebens zu richten. Zudem hielten sie es für eine unzulässige Bevormundung und Beschränkung der Rechtswissenschaft, daß der 1. Entwurf in seinem Streben nach Vollständigkeit möglichst alle Konsequenzen, Einschränkungen und Ausnahmen eines Rechtssatzes selbst regelte. Weil der 1. Entwurf auf diese Weise einem Lehrbuch sehr nahe kam, nicht aber weil er mehr dem römischen als dem deutschen Recht gefolgt war, wurde er verschiedentlich, nicht mit Unrecht, als „Pandektenkompendium" oder „kleiner Windscheid" bezeichnet[190].

Auf noch schärfere Ablehnung als der Doktrinarismus, der immerhin Verteidiger gefunden hatte, stieß die sprachliche Fassung des 1. Entwurfs[191]. Selbst die Kritiker, die wie *Zitelmann* ein volkstümliches Gesetzbuch wegen der Kompliziertheit der Lebensverhältnisse für unerreichbar oder auch im Hinblick auf die Rechtssicherheit für unzweckmäßig hielten, waren der Ansicht, daß der 1. Entwurf im ganzen hätte verständlicher ausfallen kön-

---

189 Vgl. u. a. *Bernhöft*, Kauf, S. 4—7; *Bekker*, Sprache, S. 51 ff.; *Gierke*, Entwurf, S. 23, 58—62; *Goldschmidt*, Ludwig, Erörterungen, S. 13—14, 40—41, 54—55; *Hölder*, Entwurf, S. 17—20; *Kindel*, Recht an der Sache, S. XI bis XIII; *Ring*, Entwurf, S. 197; *Strohal*, Streifzüge II, S. 186; *Wendt*, Rechtssatz, S. 30 bis 31, 34—36; *Zrodlowski*, Codifikationsfragen, S. 4—6, 37—38.

Die Methode des 1. Entwurfs billigten u. a. *Zitelmann*, Rechtsgeschäfte, Bd. 1, S. 4—12; *Hachenburg*, Recht, S. 7—9; *Planck*, Kritik, S. 420—422; *Stolterfoth*, Beiträge, S. 9—14, 19—22; Nationalzeitung vom 28. 4. u. 4. 8. 1888 (vgl. Zst., Bd. 1, S. 20). Weitere Nachweise in Zst. Bd. 1, S. 19—24; Bd. 6, S. 11—13.

190 Vgl. *Bähr*, Besprechung, S. 327; *Gierke*, Entwurf, S. 2.

191 Vgl. die umfassende Übersicht in Zst., Bd. 1, S. 24—27; Bd. 6, S. 13—16.

nen[192]. Am ausführlichsten haben sich die Professoren *Bekker, Gierke* und *Ludwig Goldschmidt* mit der sprachlichen Fassung des 1. Entwurfs befaßt. *Bekker*[193] wies darauf hin, daß die Sprache dem Geist des 1. Entwurfs entspreche: es fehle ihr der gesunde und natürliche Fluß sowie das Bild der Schaffensfreudigkeit. Sie sei das genaue Gegenteil der Anschaulichkeit der Digesten. — Die Kritiker führten die Unverständlichkeit und Schwerfälligkeit vieler Bestimmungen darauf zurück, daß die 1. Kommission einen Rechtssatz mit dessen sämtlichen Modifikationen in einer einzigen Vorschrift regeln wollte. *Gierke* sprach in diesem Zusammenhang zu Recht von einer abstrakten Kasuistik und verurteilte die Absicht der 1. Kommission, den Rechtssatz der Genauigkeit einer mathematischen Formel anzunähern[194]. Ferner erschienen ihm viele Ausdrücke des 1. Entwurfs, obwohl dieser keine Fremdworte enthielt, nicht aus dem Leben geschöpft, sondern nur blasse und blutleere Übersetzungen lateinischer Rechtsausdrücke[195]. Er rügte, daß der 1. Entwurf keine klaren und einfachen Definitionen enthalte, sondern diese in die einzelnen Rechtssätze kunstvoll hineinverwoben habe[196]. — Außerdem wurde mehrfach beanstandet[197], daß die 1. Kommission allzu selten knappe Ausdrücke mit bestimmten technischen Bedeutungen geschaffen habe und umgekehrt häufig zu längeren, nur schwer verständlichen Wendungen gegriffen habe, die die Fassung der Vorschriften schwerfällig und weitschweifig machten. Die Unverständlichkeit vieler Bestimmungen wurde noch durch die zahlreichen, häufig mehrfachen Verweisungen gesteigert[198]. Deshalb war der 1. Entwurf für viele Kritiker das Gegenteil von gedrungener Kürze[199], und es ist deshalb durchaus verständlich, daß er ihrer Ansicht nach mit seinem abstrakten Juristendeutsch in sprachlicher Hinsicht hinter allen deutschen Gesetzen sowie dem Code civil zurückblieb.

Einige Kritiker waren ferner der Meinung, daß der 1. Entwurf un- oder

---

[192] Vgl. *Zitelmann*, Rechtsgeschäfte, Bd. 1, S. 13 und ferner *Bähr*, Besprechung, S. 323, 324; *Rümelin*, Theilung, S. 461—462; *Planck*, Kritik, S. 424—425; *Stolterfoth*, Beiträge, S. 8.

[193] Sprache, S. 50—51.

[194] Vgl. *Gierke*, Entwurf, S. 28, 58 u. *Goldschmidt*, Ludwig: Erörterungen, S. 13—14.

[195] *Gierke*, Entwurf, S. 37—38.

[196] *Gierke*, Entwurf, S. 56.

[197] Vgl. zum folgenden vor allem *Goldschmidt*, Ludwig: Erörterungen, S. 15—16 u. 42—44.

[198] Vgl. z. B. die teilweise mehrfachen Verweisungen in den §§ 67, 298, 398, 744, 1429, 1454 E I. Eine sechsfache Verweisung enthält § 1115 E I (Nachweise über die einzelnen Kritiker in Zst. Bd. 1, S. 27; Bd. 6, S. 15—16).

[199] Bestimmungen von der Länge einer halben Seite und mehr waren keine Seltenheit (§§ 1069, 1218, 1258, 1297, 1395, 1396, 1400, 1426 E I).

sogar antisozial sei[200]. *Gierke*[201] vermißte im 1. Entwurf, den er für durch und durch individualistisch hielt, die Berücksichtigung des Gemeinschaftsgedankens, der das gesamte Privatrecht durchdringen müsse. Ein Privatrecht, das seinen sozialen Beruf begreife, müsse beispielsweise auf die Stetigkeit des Grundbesitzes hinwirken und ihn vor Zerstörung durch Verschuldung und Zersplitterung schützen. Auch wandte sich Gierke gegen eine Unterbewertung der begrenzten dinglichen Rechte gegenüber dem Eigentum, die für ihn ebenso gute und schutzwürdige Rechte waren, wie das Eigentum selbst. Er verurteilte ferner den „atomistischen und materialistischen[202] Sachbegriff des 1. Entwurfs, der nur das Eigentum an einzelnen körperlichen Sachen, nicht aber an Sachgesamtheiten und Rechten kannte.

Während *Gierke* den 1. Entwurf von deutschrechtlichen und konservativ-patriarchalischen Gesichtspunkten aus kritisierte, untersuchte der Sozialist *Anton Menger* in seiner bekannten Schrift „Das bürgerliche Recht und die besitzlosen Volksklassen[203]" den 1. Entwurf daraufhin, ob dieser die Interessen der ärmeren Bevölkerungsschichten hinreichend berücksichtigt. In Übereinstimmung mit der Lehre von *Marx* war für ihn das damalige Zivilrecht, das der 1. Entwurf kodifiziert hatte, aus einem Sieg der Mächtigen gegen die Schwachen hervorgegangen und deshalb nur ein Produkt der besitzenden Volksklasse[204]. Am eingehendsten befaßte er sich mit dem Familien- und Schuldrecht, das ihm einseitig auf die Interessen der herrschenden Klasse zugeschnitten erschien. Dagegen behandelte er das Sachenrecht nur knapp, weil bei diesem die Besitzenden unter sich selbst seien. Doch rügte er, daß der 1. Entwurf, vor allem durch den Abstraktionsgrundsatz und die Möglichkeit des gutgläubigen Erwerbs, die Eigentumserhaltungs- weitgehend den Verkehrsinteressen geopfert und, wie schon im Schuldrecht, auch im Sachenrecht der Händlergeist gesiegt habe[205]. Menger sah in dieser Benachteiligung des Eigentümers eine Gefährdung der eigenen Interessen der besitzenden Bevölkerungsschicht. Seine Angriffe richteten sich aber nicht nur gegen den 1. Entwurf, sondern auch gegen die damalige Rechtspraxis, die den Armen seiner Ansicht nach die Rechtsverfolgung wegen der Unverständlichkeit vieler Gesetze und des Parteibetriebs im Zivilprozeß erheblich erschwerte.

---

[200] Übersicht über diese Kritiker in Zst., Bd. 1, S. 6—12, Bd. 2, S. 4—7.
[201] Vgl. zum folgenden *Gierke,* Aufgabe, S. 22—25, 27, 29—30, 36—42.
[202] *Gierke,* Aufgabe, S. 27.
[203] Diese 1890 erstmals erschienene Schrift ist eine Sammlung von Aufsätzen, die Menger zunächst im „Archiv für soziale Gesetzgebung und Statistik" veröffentlicht hat (vgl. 2. Jg. (1889), S. 1—73, 419—482; 3. Jg. (1890), S. 57—74.).
[204] *Menger,* Recht, S. 6—7.
[205] *Menger,* aaO., S. 124, 125, 127.

Die Vorschläge *Mengers* stießen, auch soweit sie berechtigt waren, in der damaligen Literatur auf fast einhellige Ablehnung[206]. Hingegen fand *Gierke* mit seiner Kritik bei einigen Germanisten und in konservativen Kreisen Zustimmung[207], zumal ihm eine Veränderung der damaligen gesellschaftlichen Verhältnisse durch eine Zivilrechtskodifikation fern lag; er erwartete von dieser vielmehr nur einen gerechten Ausgleich der Interessen aller Volkskreise, insbesondere auch der ärmeren Bevölkerungsschichten, auf der Grundlage des deutschen Rechts. Die große Mehrheit der Kritiker nahm indessen den 1. Entwurf vor den Angriffen Gierkes und Mengers in Schutz, obgleich sie zugestand, daß die 1. Kommission in einzelnen Fällen eine sozialere Regelung hätte treffen können. Beispielsweise wurde im Interesse des Mieterschutzes allgemein die Annahme des Grundsatzes „Kauf bricht nicht Miete" gefordert[209]. Im übrigen aber waren die Kritiker der Ansicht, daß die Zivilrechtskodifikation weitgehend dem Wechsel der Zeiten entrückt sein müsse und nicht den tagespolitischen Forderungen sozialer Programme nachgeben dürfe. Stattdessen hielten sie das bisherige Verfahren, die neu auftauchenden sozialen Probleme in Einzelgesetzen zu regeln, für wesentlich zweckmäßiger. *Baron* sprach dem Zivilrecht sogar jegliche soziale Aufgabe ab[210]. Dieses sollte seiner Ansicht nach nur dem einzelnen seine Freiheitssphäre zuweisen. Die wirtschaftlich Schwachen hielt er vor Unterdrückung und Ausbeutung durch den allgemeinen Grundsatz, daß niemand in der Ausübung seiner Rechte gegen die guten Sitten verstoßen dürfe, für hinreichend gesichert. Auch *Planck* wies darauf hin, daß das Zivilrecht nicht einseitig die Interessen der ärmeren Bevölkerungsschichten berücksichtigen dürfe, und betonte, daß es keine bestimmte soziale Aufgabe habe[211].

Vor allem *Gierke* warf der 1. Kommission ferner vor, daß sie sogar die Rechtsinstitute, die im deutschen Recht verwurzelt waren, vollständig in

---

[206] Vgl. *Loening*, Rezension Menger, S. 393—394; *Jacoby*, Rezension: Menger, S. 279—286; vgl. auch *Fuld*, Sozialpolitik, S. 639, 641—643.

[207] Vgl. *Brunner*, Vhdl. 19 DJT, Bd. 3, S. 302; *Beseler* (vgl. *Gierke*, Beseler, S. 22—23); *Hinschius*, Suarez, S. 297; *Fuld*, Entwurf, S. 402—404; Sozialpolitik, S. 637—38; Kreuzzeitung vom 6. 6. 1890 (vgl. Zst., Bd. 6, S. 4—5). Weitere Nachweise Zst. Bd. 1, S. 6—7; Bd. 6, S. 4—5.

[208] Vgl. u. a. *von Bar*, Entwurf, S. 399—403; *Bähr*, Schriften, S. 190; *Baron*, Vermögensrecht, S. 231—233, 237—238, 248; *Hartmann*, Entwurf, S. 1228—30; *Heusler*, Rezension Gierke, S. 185—187; *Stolterfoth*, Beiträge, S. 48—53; *Vierhaus*, wirtschaftliche Bedeutung, S. 254, 266.

[209] Vgl. Zst. Bd. 2, S. 244—264; Bd. 6, S. 381—392.

[210] Vgl. *Baron*, Vermögensrecht, S. 247 ff.

[211] Vgl. *Planck*, Kritik, S. 405—411.

die gemeinrechtliche Dogmatik gepreßt habe[212]. Nach seinen Vorschlägen sollte das Zivilgesetzbuch vornehmlich „das erneuerte, das wiedergeborene, aus todesähnlichem Schlummer erwachte deutsche Recht, nicht in seiner mittelalterlichen Gewandung, sondern in seinem unsterblichen Gedankengehalt[213]“, enthalten. Demgegenüber war für die überwiegende Mehrzahl der Kritiker der Streit, ob die Zivilrechtskodifikation deutsches oder römisches Recht enthalten solle, völlig unerheblich. Deutsch sei auch, so erklärte *Zitelmann*[215], was die Römer für die ganze Welt gedacht und die Deutschen sich im Laufe der Jahrhunderte zu eigen gemacht hätten. *Bekker*[216] und viele andere Kritiker wiesen darauf hin, daß es völlig gleichgültig sei, woher ein Rechtssatz stamme, wenn er nur den heutigen Anschauungen und Bedürfnissen entspreche. Zudem hielten die meisten Kritiker das deutsche Recht in seiner Gesamtheit für noch zu wenig erforscht und geklärt, als daß es eine brauchbare Grundlage für eine die Jahrhunderte überdauernde Zivilrechtskodifikation abgeben dürfe[217]. Sie billigten es deshalb, daß der 1. Entwurf im wesentlichen das geltende Recht wiedergab. Auch daß die 1. Kommission die dem deutschen Recht entstammenden Rechtsinstitute der gemeinrechtlichen Dogmatik unterworfen hatte, beanstandeten sie, um der Einheitlichkeit des Gesetzbuchs willen, nicht. Wie schwach im übrigen die Position des deutschen Rechts damals war, kam deutlich darin zum Ausdruck, daß kein Germanist einen Teil- oder Gesamtgegenentwurf auf rein oder überwiegend deutschrechtlicher Grundlage aufgestellt hat, während zahlreiche Kritiker, für die der Streit zwischen deutschem und römischem Recht unerheblich war, Teil- oder Gesamtgegenentwürfe veröffentlicht haben[218].

Als Ergebnis kann festgehalten werden, daß sich die meisten Kritiker weithin darauf beschränkten, die doktrinäre, lehrbuchhafte Methode, nach der der erste Entwurf abgefaßt worden war, und die sprachliche Fassung

---

212 Vgl. *Gierke*, Entwurf, S. 2, 3, 8, 14, 23; vgl. ferner: *v. Liszt*, Grenzgebiete, S. 1—3, und *Dahn* in der Schlesischen Zeitung v. 27. 11. 1888 und die Kreuzzeitung v. 5. 4. 1888 (vgl. Zst. Bd. 1, S. 3).

213 *Gierke*, Aufgabe, S. 14.

214 Vgl. u. a. *Bähr*, Schriften, S. 190—191; Gegenentwurf, S. IV; *Bekker*, Sprache, S. 61—65; *Hartmann*, Entwurf, S. 1228—29; *Opitz*, Gutachten, S. 7; *Planck*, Kritik, S. 330—334; *Rümelin*, Theilung, S. 462—463; *Stolterfoth*, Beiträge, S. 41 bis 43; *Gneist*, Verhandlungen, 20. DJT. Bd. 4, S. 7—10.

215 Rechtsgeschäfte, Bd. 1, S. 13.

216 Sprache, S. 65.

217 Vgl. *Heusler*, Rezension Gierke, S. 177—185.

218 Vollständige Gegenentwürfe stellten nur Bähr und Zrodlowski auf. Da diese Entwürfe jedoch erst 1892—93 erschienen, konnten sie bei der Umarbeitung des 1. Entwurfs nur noch in geringem Umfang berücksichtigt werden. — 1894 bis 96 erschien ferner ein anonymer Gegenentwurf zum 2. Entwurf.

seiner Bestimmungen zu kritisieren. Die zahlreichen Gegenvorschläge und die oft schonungslose Kritik dürfen nicht darüber hinwegtäuschen, daß die meisten Kritiker mit dem materiell-rechtlichen Inhalt des 1. Entwurfs, besonders mit dessen leitenden Grundsätzen, einverstanden waren. Sie wollten kein wesentlich anderes, sondern nur ein von den dogmatischen Fesseln und Überspitztheiten des 1. Entwurfs gereinigtes Gesetzbuch, das weniger doktrinär und leichter verständlich war als der 1. Entwurf und der Rechtswissenschaft einen größeren Spielraum zur Entfaltung und Entwicklung des Rechts zugestand, als es der 1. Entwurf gewährleistet hätte. Kennzeichnend für diese Erwartungen war auch, daß die meisten Kritiker nicht etwa den ganzen Entwurf oder ganze Bücher behandelten, sondern sich weitgehend auf die Kritik kleiner, ihrer Ansicht nach besonders verbesserungsbedürftiger Teile beschränkten und hierzu auch Änderungsvorschläge machten. Die Kritiken zum 1. Entwurf sind für dessen Beurteilung allerdings nur mit einer gewissen Vorsicht zu verwerten, da es das Bestreben vieler Autoren war, seine Schwächen möglichst deutlich aufzuzeigen und an Hand von überspitzten Grenzfällen die Unhaltbarkeit der von ihnen beanstandeten Bestimmungen nachzuweisen. Es ist deshalb sehr oft fraglich, ob die von ihnen gefundenen Ergebnisse einer verständigen Auslegung des 1. Entwurfs entsprachen.

Die brauchbarsten und durchdachtesten Detailkritiken und Gegenvorschläge, die bei der Umarbeitung des 1. Entwurfs auch am meisten berücksichtigt wurden, stammten von Professoren. Anders als diese maßen die meisten Richter und Rechtsanwälte den formalen Mängeln des 1. Entwurfs nur wenig Gewicht bei und beschränkten sich darauf, dessen Vorschriften auf ihre Zweckmäßigkeit hin zu untersuchen, ohne ihre dogmatischen Grundlagen weiter anzutasten. Immerhin verteidigten einige preußische Richter[219] das ALR, vor allem dessen Sachenrechtssystem, gegenüber dem 1. Entwurf.

Im Gegensatz zu fast allen Kritikern hat *Gierke* alle Teile des ersten Entwurfs eingehend beurteilt und ein Gegenbild zum 1. Entwurf aufzustellen versucht. Doch fand seine Kritik bei der Umarbeitung des 1. Entwurfs nur wenig Berücksichtigung, da er keinen Gegenentwurf oder genau formulierte Änderungsvorschläge ausgearbeitet hatte und auch weil seine Vorschläge nicht allgemein gebilligt worden waren.

Weil die Mehrzahl der Kritiker den 1. Entwurf dem Inhalt nach zumindest in den Grundzügen billigte, ist es verständlich, daß sie sich nicht, wie

---

[219] Vgl. *Kindel*, Recht an der Sache, S. XVII ff.; *Rocholl*, Vertrag, S. 442.

Gierke[220], für eine Ausarbeitung eines gänzlich neuen Entwurfs, sondern nur für eine gründliche Umarbeitung des vorhandenen aussprach[221]. Sie empfahl dem Bundesrat, zu diesem Zweck eine neue Kommission einzuberufen, die auch mit Laien besetzt sein sollte, ja in der die Juristen sogar durchaus in der Minderzahl sein sollten.

Siebentes Kapitel

Die 2. Kommission

Bereits Mitte 1890 fanden im Reichsjustizamt mehrere Besprechungen über die Revision des 1. Entwurfs, u. a. mit *Planck* und *Miquel* statt[222]. Miquel[223] schlug vor, zur Umarbeitung des 1. Entwurfs eine neue, nach anderen Grundsätzen als die 1. gebildete 2. Kommission einzusetzen, deren Vorsitz er selbst übernehmen wollte. Da er jedoch im Juni 1890 preußischer Finanzminister wurde, mußte er sein Anerbieten bald widerrufen. Dennoch hielt das Reichsjustizamt an Miquels Vorschlägen fest und bereitete die Einsetzung einer neuen Kommission vor, zu deren Vorarbeiten man vor allem Planck heranzog, dem man die Stellung eines Generalreferenten in der 2. Kommission in Aussicht stellte[224].

Wie es bereits die Vorkommission 1874 vorgeschlagen hatte, beschloß der Bundesrat am 4. 12. 1890[225], daß eine zweite Lesung des 1. Entwurfs stattfinden sollte, und setzte zu diesem Zweck eine Kommission, die sogenannte 2. Kommission, mit zunächst 22 und später 24 Mitgliedern ein[226].

---

220 Vgl. „Entwurf", S. 583—590, wo er von einer Umschmelzung des 1. Entwurfs sprach. Ähnlich *Pfizer*, Wort, S. 23, 94, 102—108.

221 Vgl. *Bekker*, Sprache, S. 80. *Coith*, Bemerkungen, S. 205—207; *Goldschmidt*, Ludwig: Erörterungen S. 201; *Fischer*, Rechtsschutz, S. 141; *Hölder*, Zum allg. Theil, S.2—3; *v. Liszt*, Grenzgebiete, S. 3; *Reinhold*, Entwurf, S. 517; *Stolterfoth*, Beiträge, S. 70—93; *Zitelmann*, Rechtsgeschäfte, Bd. 1, S. 1. — Der Vorwurf *Wieackers*, Privatrechtsgeschichte, S. 281, die Reichsregierung (RJA) habe insoweit die Kritiken nur in ihrem Sinne ausgelegt, ist unbegründet.

222 Vgl. *Frensdorff*, Planck, S. 348—349. Bestrebungen, die Prof. H. Dernburg, Gierke u. Kohler für die Revision des 1. Entwurfs zu gewinnen, sind niemals über den Rahmen privater Initiative gelangt (vgl. *Frensdorff*, Planck, S. 349—350; *Sachse*, Althoff, S. 300).

223 Vgl. *Herzfeld*, Miquel, Bd. 2, S. 144; *Frensdorff*, Planck, S. 348—349. Der nationalliberale Miquel (1828—1901) war bereits Vorsitzender der Kommission für die Prozeßgesetzgebung von 1874—76 gewesen.

224 Vgl. *Frensdorff*, Planck, S. 349.

225 Vgl. Prot. BR. 1890, S. 305—307 (§ 612).

226 Entgegen *Wieacker*, Privatrechtsgeschichte, S. 281, ist die 2. Kom. also vom Bundesrat und nicht vom Reichsjustizamt eingesetzt worden, obgleich dieses einen Großteil der Kommissionsmitglieder ausgewählt hat.

Zwar enthielt dieser Beschluß keine nähere Bestimmung darüber, in welchem Umfang und nach welchen Grundsätzen der 1. Entwurf umgearbeitet werden sollte. Während sich aber die 1. Kommission ihren Geschäftsgang völlig frei hatte wählen können, verpflichtete der Bundesrat den Vorsitzenden der 2. Kommission, den der Reichskanzler bestimmen sollte, einen General- und mehrere Spezialreferenten zu ernennen. Ferner sollte der Vorsitzende einen Redaktionsausschuß bilden, dem der stellvertretende Vorsitzende, der Generalreferent und der jeweilige Spezialreferent anzugehören hatten. Der Generalreferent sollte vor allem die beschlossenen Vorschriften redaktionell überarbeiten, und auf seinen Vorschlag hin sollte die definitive Feststellung der Redaktion durch den Redaktionsausschuß erfolgen. Der 2. Kommission sollten Juristen aus Theorie und Praxis der größten deutschen Rechtsgebiete, Rechtsanwälte und Vertreter der Landwirtschaft, des Handels, des Gewerbes und der Theorie der Volkswirtschaft angehören. Ferner sollten nach dem Beschluß des Bundesrates an den Kommissionssitzungen auch Kommissare des Reichskanzlers und der Bundesregierungen mit begrenzten Mitwirkungsbefugnissen teilnehmen dürfen.

Die am 4. 12. 1894 gewählte 2. Kommission bestand aus 11 ständigen und 13 nichtständigen Mitgliedern[227]. Die letzteren brauchten nur auf besondere Anordnung des Vorsitzenden an den Sitzungen teilzunehmen. Zu den ständigen Mitgliedern gehörten außer dem Vorsitzenden der hessische Ministerialrat *Dittmar*, der preußische Oberjustizrat *Eichholz*, der Direktor des Reichsjustizamtes *Hanauer*, der bayerische Oberregierungs- und spätere Ministerialrat *Jacubezki*, der preußische Oberregierungsrat *Küntzel*, der vortragende Rat im sächsischen Justizministerium *Rüger*[228], der Rechtsanwalt *Wolffson sen.* aus Hamburg sowie die Professoren *Gebhard*, von *Mandry* und *Planck*, die bereits der 1. Kommission angehört hatten[229]. Kommissare der Reichsregierung waren der Kammergerichtsrat *Achilles*, der vortragende Rat im sächsischen Justizministerium *Boerner* und der vortragende Rat im Reichsjustizamt *Struckmann*, die sämtlich bereits an den Arbeiten der 1. Kommission als Hilfsarbeiter mitgewirkt hatten. Anstelle des Ende März 1892 aus der Kommission ausgeschiedenen Vorsitzenden *Bosse* gelangte am 15. 5. 1892 *Struckmann* und anstelle *Rügers* am 31. 3.

[227] Vgl. Prot. BR. 1890, S. 30—37 (§ 612); Prot. II, Bd. 1, S. VI.

[228] *Rüger* war bereits von 1888 bis 1889 seit dem Tode Webers am 8. 1. 1888 Mitglied der 1. Kommission gewesen (über Rüger vgl. *Zeitgenossenlexikon*, S. 1219—1220).

[229] Ungenau sind insoweit die Angaben *Wieackers*, Privatrechtsgeschichte, S. 282 Anm. 3, über die Zusammensetzung der 2. Kommission. Ferner gab es keine „unständige Fachkommission".

1895 *Boerner* in die 2. Kommission[230]. Vorsitzende der 2. Kommission waren bis Mitte 1893 die jeweiligen Staatssekretäre des Reichsjustizamtes, und zwar in der Sitzung vom 15. 12. 1890 von *Oelschläger*, von April 1891 bis Ende März 1892 *Bosse*, von April 1892 bis Ende April 1893 *Hanauer*[231]. Mitte 1893 trennte der Reichskanzler die Führung des Vorsitzes vom Amt des Staatssekretärs und ernannte den bisherigen stellvertretenden Vorsitzenden *Küntzel* zum Vorsitzenden der 2. Kommission.

Zu den nichtständigen Mitgliedern der 2. Kommission gehörten die Professoren *von Cuny, Sohm* und *Conrad*, die preußischen Richter *Hoffmann* und *Spahn*, der Rechtsanwalt *Wilke*, die Rittergutsbesitzer *von Gagern, von Helldorf* und *von Manteuffel-Crossen*, der Oberbergrat und Hüttendirektor *Leuschner*, der Brauereidirektor *Goldschmidt*, der Landforstmeister *Danckelmann* und der Präsident der Berliner Discontogesellschaft *Russel*[232]. Einige nichtständige Mitglieder waren Abgeordnete des Reichstags und nach parteipolitischen Gesichtspunkten ausgewählt worden. So waren Abgeordnete der Konservativen Partei *von Manteuffel* und *von Helldorf*, Abgeordneter des Zentrums war *von Gagern*, der Nationalliberalen Partei *von Cuny*, der Deutschen Freisinnigen Volkspartei *Goldschmidt* und der Reichspartei *Leuschner*. Von den nichtständigen Mitgliedern nahmen an den Sitzungen immer *von Cuny, Hoffmann, Spahn* und *Wilke* und meist *Conrad, Danckelmann, Goldschmidt* und *von Gagern* sowie *Spahn* teil, während die restlichen 4 Mitglieder nur sehr vereinzelt zu den Sitzungen erschienen[233].

Die Zusammensetzung der 2. Kommission läßt einige Veränderungen gegenüber der 1. erkennen. Während in dieser die Richter die stärkste Mitgliedergruppe gebildet hatten, gehörte der neuen Kommission kein amtierender Richter als ständiges Mitglied mehr an. Der maßgebliche Einfluß auf die Kommissionsarbeiten lag weitgehend in den Händen der Ministerialbürokratie, die sieben von den elf ständigen Mitgliedern stellte. Zudem war durch den Vorsitz, den ausschließlich Beamte des Reichsjustizamts führten, eine sehr enge Verbindung der 2. Kommission mit diesem Amt und dem Reichskanzler gewährleistet[234]. Der 2. Kommission gehörten ferner im Gegensatz zur 1. auch Vertreter aus nichtjuristischen Berufen an, die meist von den politischen Parteien gestellt worden waren. Doch entstammten sie ausschließlich der adeligen Großgrundbesitzerschicht oder dem Groß-

---

[230] Vgl. Prot. II, Bd. 1, S. VI.

[231] Vgl. Prot. II, Bd. 1, S. VII.

[232] Vgl. Prot. BR. 1890, S. 305—307. (§ 612).

[233] Vgl. die Anwesenheitslisten in den metallographierten Protok. II und *Planck*, Kommentar, Bd. 1, S. XXXIII.

[234] Das RJA hatte zudem eine umfangreiche, streng neutrale Zusammenstellung der Kritiken über den 1. Entwurf angefertigt (8 Bände, Berlin 1890—91).

bürgertum, so daß die Interessen des Mittelstandes und der Arbeiterschaft nicht vertreten waren. Aber auch jene nichtjuristischen Mitglieder aus der damaligen Oberschicht nahmen nur einen geringen Einfluß auf die Kommissionsarbeiten, zumal nur drei von ihnen die Sitzungen regelmäßig besuchten. Diese geringe Beteiligung von Laien an dem Zustandekommen des 2. Entwurfs entsprach nur wenig den Vorschlägen vieler Kritiker, die zum Teil sogar eine Kommission mit Juristen in der Minderzahl und eine umfassende Berücksichtigung aller Volksschichten gefordert hatten[235].

In der vorbereitenden Sitzung vom 15. 12. 1890 ernannte der Vorsitzende *Planck* zum Generalreferenten und zu Spezialreferenten die ständigen Mitglieder *Gebhard* für den Allgemeinen Teil, *Jacubezky* für das Schuldrecht, *Küntzel* für das Sachenrecht, *von Mandry* für das Familienrecht und von *Rüger* für das Erbrecht. Ferner gab sich die 2. Kommission in dieser Sitzung eine Geschäftsordnung[236], die weitgehend mit der der 1. Kommission übereinstimmte. Nach § 3 GeschO sollten die Sitzungen durch Vorträge des Spezial- und Generalreferenten eingeleitet werden. In der anschließenden Debatte konnten dann alle Mitglieder und zum Schluß noch einmal die beiden Referenten das Wort ergreifen. Üblicherweise faßte zumindest der Generalreferent Planck das Ergebnis durch einen kurzen Vortrag zusammen. Die Abstimmung erfolgte, ebenso wie in der 1. Kommission, getrennt von der Debatte ohne Motivierung des Votums (§ 6 GeschO). Über die jeweils am Montag, Dienstag und Mittwoch jeder Woche stattfindenden Sitzungen wurden vom Redaktionsausschuß genehmigte Protokolle geführt, die in ihrem Aufbau und ihrer völligen Anonymität denen der 1. Kommission entsprachen[237]. Der Redaktionsausschuß bestand, in Übereinstimmung mit den Beschlüssen des Bundesrats vom 4. 12. 1890, aus dem stellvertretenden Vorsitzenden Hanauer und, nach dessen Ernennung zum Kommissionsvorsitzenden, aus *Küntzel*, *Planck* und dem jeweiligen Spezialreferenten[238]. Die Hauptaufgabe dieses Redaktionsausschusses war es, die endgültige Fassung der beschlossenen Vorschriften aufzustellen.

Die 2. Kommission begann die sachlichen Beratungen[239], denen Vorberatungen des Vorsitzenden mit den Referenten vorausgegangen waren, am 1. 4. 1891 und beendete die eigentliche Umarbeitung des 1. Entwurfs am 27. 3. 1895. Vom 6. 5. bis 19. 6. 1895 revidierte sie das Ergebnis ihrer bis-

---

[235] Vgl. S. 44—45.

[236] Vgl. Prot. II, S. 1—2. Die Geschäftsordnung selbst ist in Prot. II, S. 5—8, wiedergegeben.

[237] Vgl. §§ 7—9 GeschO und ferner S. 40/41.

[238] Vgl. Prot. II, Bd. 1, S. IX. Zeitweilig waren auch noch andere Kommissionsmitglieder Mitglieder des Redaktionsausschusses.

[239] Vgl. zum folgenden Prot. II, Bd. 1, S. X—XI.

herigen Beratungen, den sogenannten 2. Entwurf. Nachdem die Redaktionskommission diesen revidierten Entwurf (Entwurf II a) durchgesehen hatte, stellte die Gesamtkommission am 21. 10. 1895 die Schlußredaktion des neuen Entwurfs fest, den der Vorsitzende am 22. 10. 1895 dem Reichskanzler überreichte. Vom 14. 10. 1895 bis 8. 2. 1896 beriet die 2. Kommission noch das Einführungsgesetz sowie die wegen der Einführung des BGB notwendigen Änderungen und Ergänzungen der ZPO und KO.

Die 2. Kommission hat niemals die prinzipielle Frage behandelt, nach welchen Grundsätzen und in welchem Umfang der 1. Entwurf umgearbeitet werden sollte. Von Anfang an faßte sie ihre Aufgabe weitgehend als eine Revisionsarbeit auf, bei der sie vor allem die umfangreichen Kritiken am 1. Entwurf prüfte und weitgehend auch berücksichtigte. Der zweite Vorsitzende der 2. Kommission, *Bosse*, faßte die Aufgabe dieser Kommission dahin zusammen, daß diese den 1. Entwurf „volksthümlicher, einfacher, durchsichtiger, gemeinverständlicher in der Sprache und auch in der Construktion der einzelnen Rechtsinstitute zu gestalten" habe[240]. Die neue Kommission knüpfte unmittelbar an den 1. Entwurf an und beriet nacheinander dessen einzelne Bestimmungen zusammen mit den von den Kommissionsmitgliedern gestellten Abänderungsanträgen. Nur selten bildete sie Subkommissionen, die gänzlich neue Vorlagen für ein eng begrenztes Teilgebiet auszuarbeiten hatten. Während sie noch zu Beginn der Beratungen mit einem schnellen Ende der Revisionsarbeiten rechnete, stellte sich allerdings bald die Notwendigkeit einer tiefgreifenden Umgestaltung des 1. Entwurfs heraus[241], die mehrere Jahre in Anspruch nehmen sollte. Vor allem vereinfachte und verbesserte sie die Fassung des 1. Entwurfs und strich die rein lehrhaften Bestimmungen. Hingegen tastete sie bis auf wenige Ausnahmen die dogmatischen Grundlagen des 1. Entwurfs nicht an, sondern begnügte sich mit zahlreichen kleinen materiell-rechtlichen Änderungen.

Wegen der anonymen Fassung der nach einem einheitlichen Schema angefertigten Protokolle läßt sich, wie bei der 1. Kommission, nicht mehr feststellen, welche Mitglieder die Kommissionsarbeiten am nachhaltigsten beeinflußt haben. Den größten Einfluß auf die Arbeiten der 2. Kommission dürfte der Generalreferent *Planck* gehabt haben[242], der schon in der 1. Kommission durch seine umfassenden Rechtskenntnisse hervorgetreten war. Obwohl er den 1. Entwurf für juristisch genauer als die zahlreichen Änderungsanträge hielt, verschloß er sich den Forderungen nach einer Umgestaltung des 1. Entwurfs nicht und prüfte sehr eingehend die zahlreichen Kritiken.

---

[240] Vgl. *Bosse*, Rede, S. 42.
[241] Vgl. *Frensdorff*, Planck, S. 355—356.
[242] Vgl. *Frensdorff*, Planck, S. 356—357; *Sohm*, Planck, S. 612.

Seine dogmatisch sehr klaren und überzeugenden Ausführungen sowie die Schlußvorträge am Ende der Debatte hatten eine nicht zu unterschätzende Wirkung auf viele Kommissionsmitglieder. Zudem hatte er als Generalreferent großen Einfluß auf die sprachliche Fassung des 2. Entwurfs.

Außer *Planck* förderte vor allem der bayerische Ministerialrat *Jacubezky* die Arbeiten der 2. Kommission[243]. Jacubezky[244] (1845—1910) war seit 1871 fast ausschließlich im bayerischen Justizministerium beschäftigt gewesen und hatte an der bayerischen Gesetzgebung, seit 1877 besonders an den Ausführungsgesetzen zur ZPO und KO, entscheidend mitgewirkt. Ferner hatte ihn der bayerische Justizminister mit der Beurteilung des 1. Entwurfs beauftragt. Nach einer Mitteilung *Plancks* hat er, vor allem durch seine zahlreichen und wohldurchdachten Abänderungsanträge, die man anfangs als unwillkommene Verzögerung der Arbeit ansah, eine wesentlich gründlichere Revision des 1. Entwurfs veranlaßt, als es die 2. Kommission ursprünglich beabsichtigt hatte[245]. Um die Berücksichtigung deutschrechtlicher Gedanken machte sich vor allem der Kommissar der Reichsregierung und das spätere Kommissionsmitglied *Struckmann* verdient[246], während *Boerner*, der als Kommissar der Reichsregierung von Anfang an an den Sitzungen des Redaktionsausschusses teilgenommen hatte, sehr viel zur sprachlichen Verbesserung des 2. Entwurfs beigetragen hat.

Wieweit sich die nichtständigen Mitglieder an den Arbeiten der 2. Kommission beteiligt haben, läßt sich heute nur noch schwer feststellen. Mehrere Mitglieder beschränkten sich von vornherein auf eine passive Teilnahme oder suchten Anschluß an ständige Mitglieder, während andere häufig in die Debatte eingriffen[247]. Einige nicht unerhebliche Anregungen dürften von Professor *L. von Cuny* ausgegangen sein[248]. Dieser war bis 1874 im preußischen und später im elsaß-lothringischen Justizdienst tätig gewesen und galt als ausgezeichneter Kenner des französischen Rechts und des Erbrechts. Seit 1874 war er Abgeordneter der Nationalliberalen Partei im Reichstag. Während der Kommissionsberatungen stand er in enger Verbindung mit seinem Parteifreund *Bähr*, einem der meistbeachteten Kritiker des 1. Entwurfs, dessen Anregungen er durch entsprechende Anträge zu den seinen machte[249]. Der Präsident der Berliner Diskontogesellschaft, *Russell*, wirkte

---

[243] Vgl. *Frensdorff*, Planck, S. 355—356.

[244] Über Jacubezky vgl. *v. Henle*, Jacubezky, S. 56—58 u. Zeitgenossenlexikon, S. 667.

[245] *Frensdorff*, Planck, S. 356.

[246] Vgl. *Sohm*, Entstehung, S. 7.

[247] *Frensdorff*, Planck, S. 355.

[248] Über von Cuny vgl. *v. Spahn*, von Cuny, S. 575—580.

[249] *v. Spahn*, aaO., S. 578.

maßgeblich bei der Revision der Vorschriften über das Hypotheken-, Pfand- und Inhaberpapierrecht[250] mit. Über den Einfluß der anderen nichtständigen Kommissionsmitglieder, insbesondere *Sohms* und des Nationalökonomen *J. Conrad,* ist nichts Näheres bekannt geworden.

In der Zeit, in der die 2. Kommission Sitzungen abhielt, erschienen im Reichsanzeiger wöchentlich kurze Mitteilungen über das Ergebnis der Kommissionsberatungen[251]. Ferner wurden die neuen Teilentwürfe sofort nach ihrer Fertigstellung veröffentlicht. Der Allgemeine Teil kam bereits 1892, das Schuldrecht 1892—93, das Sachen- und das Familienrecht 1894 und das Erbrecht 1895 heraus[252]. Eine halbamtliche Ausgabe des 2. Entwurfs erschien 1894—95, während der 2. Entwurf in seiner endgültigen Fassung. der revidierte 2. Entwurf, erst 1898 der Öffentlichkeit zugänglich gemacht wurde.

In der Öffentlichkeit fand der 2. Entwurf wesentlich weniger Beachtung als der erste. Nur als Anfang 1896 die Beratungen des Reichstages über den neuen Entwurf bevorstanden, nahm eine größere Anzahl von Kritikern zu der Frage Stellung, nach welchem Verfahren und nach welchen Grundsätzen der Reichstag den Entwurf behandeln sollte[253]. *Gierke,* einer der wenigen Kritiker, die sich näher mit dem 2. Entwurf beschäftigten, anerkannte zwar, daß dieser Entwurf den ersten vor allem sprachlich stark verbessert habe, und bezeichnete ihn als weniger doktrinär, romanistisch und individualistisch[254]. Dennoch war für ihn der neue Entwurf mit seiner abstrakten Kasuistik und romanistischen Technik doktrinär geblieben und entsprach nicht seinem Ideal eines Gesetzbuches mit klaren, kernigen und entwicklungsfähigen Rechtssätzen[255]. Deshalb schlug er dem Reichstag vor[256], den 2. Entwurf dem Reichsjustizamt zur Umarbeitung zurückzugeben, die durch einen einzigen Juristen erfolgen sollte[257].

Hingegen sprach sich *Sohm,* Mitglied der 2. Kommission, 1895 in einem vielbeachteten Vortrag vor der Juristischen Gesellschaft in Berlin dafür aus, daß der 2. Entwurf Gesetz werde[258]. Er wies darauf hin, daß die gesamte

---

250 *Frensdorff,* Planck, S. 355.

251 Nähere Nachweise bei *Maas,* Bibliographie, S. 30—31.

252 Hingegen sind die Protokolle der 2. Kommission entgegen *Wieacker,* Privatrechtsgeschichte, S. 281, nicht schon 1895, sondern erst 1897—99 veröffentlicht worden.

253 Vgl. die Übersicht in J. L. Bl. 1896, S. 53—59, 81—87.

254 Vgl. *Gierke,* Reichstag, S. 6, 11; Privatrecht, Bd. 1, S. VI u. 60.

255 *Gierke,* Reichstag, S. 7, 9, 11—14, 21.

256 *Gierke,* Reichstag, S. 55—56.

257 Wegen der scharfen Kritik *Dernburgs* am 2. Entwurf im preußischen Herrenhaus vgl. *Frensdorff,* Planck, S. 359—362.

258 *Sohm,* Entwurf, S. 738, 740, 747—748.

deutsche Juristenwelt durch ihre zahlreichen Kritiken den 2. Entwurf mitgeschaffen habe und auch der soziale Gedanke im neuen Entwurf berücksichtigt worden sei. Ähnlich positiv urteilten die ehemals sehr scharfen Kritiker des 1. Entwurfs *Bekker*[259] und *Strohal*[260]. *Bekker* anerkannte, daß die 2. Kommission bei ihren Entscheidungen nicht von doktrinären, sondern von praktischen Erwägungen ausgegangen sei. Die Reform des Besitzrechts bezeichnete er beispielsweise als „vielleicht die kühnste und hoffentlich erfolgreichste That der neuen Kommission"[261]. *Strohal* lobte die erhebliche Verbesserung des Allgemeinen Teils, des Schuld- und des Sachenrechts, dessen Umarbeitung er für besonders gut gelungen hielt[262]. Allerdings befürwortete er noch eine Revision des 2. Entwurfs. — Auch der 23. DJT von 1895 forderte nahezu einstimmig, daß der 2. Entwurf möglichst bald zum Gesetz erhoben werde[263], und regte im übrigen nur noch kleine Änderungen des Vereinsrechts an.

Achtes Kapitel

Die Beratungen über den 2. Entwurf im Bundesrat und Reichstag

Der neue Entwurf kam bereits am 24. 10. 1895 vor den Bundesrat, der ihn sofort dem Justizausschuß überwies[264]. Dieser beriet, unter dem Vorsitz des Staatssekretärs im Reichsjustizamt, *Nieberding*, mit Vertretern aus Preußen, Bayern, Sachsen, Württemberg, Baden, Hessen und den Hansestädten in verhältnismäßig kurzer Zeit den gesamten Entwurf und änderte ihn mehrfach ab, ohne aber dessen Grundlagen und Gesamtgefüge anzutasten. Die wichtigsten Änderungen betrafen das Vereinsrecht und das internationale Privatrecht[265]. In seiner Sitzung vom 16. 1. 1896 nahm der Bundesrat den 2. Entwurf zusammen mit den vom Justizausschuß vorgeschlagenen Änderungen einstimmig, wenn auch nicht ohne Bedenken der Vertreter Mecklenburgs, an[266].

Bereits am 17. 1. 1896 gelangte der neue Entwurf (3. Entwurf), zusam-

---

259 Vgl. „Besitz", S. 1 ff.

260 Vgl. „Beurtheilung", S. 361—388; „Bemerkungen", S. 325—376. Vgl. auch *Bingner*, Bemerkungen zum 2. Entwurf, S. 271, 386—387.

261 Vgl. *Bekker*, Besitz, S. 23.

262 *Strohal*, Bemerkungen, S. 325—326.

263 Vgl. Vhdl. 23. DJT., Bd. 2, S. 453—461.

264 Prot. BR 1895, S. 453 (§ 560).

265 Zu den Änderungen vgl. *Levy*, Bundesrat, S. 81—85.

266 Prot. BR 1896, S. 13—15 (§ 26).

men mit einer im Reichsjustizamt angefertigten Denkschrift, an den Reichstag. Dieser beriet ihn in der Zeit vom 3. bis 7. 2. 1896 in 1. Lesung, bei der die Vertreter sämtlicher Parteien und Kommissare des Bundesrats zu ihm Stellung nahmen. Die Kommissare *Nieberding, Planck* und *Sohm* hatten die Aufgabe, den Entwurf zu rechtfertigen. *Nieberding*[267] schilderte anschaulich die damalige Rechtszersplitterung im Deutschen Reich und bezeichnete deren Überwindung als einen großen politischen und nationalen Fortschritt, durch den das deutsche Recht endlich ein internationales Kulturelement im geistigen Kampf der Nationen untereinander würde. Anders als Nieberding befaßte sich *Planck*[268] in seiner Rede mehr mit dem Inhalt des 3. Entwurfs; er ging vornehmlich auf den Vorwurf ein, daß auch der neue Entwurf unsozial sei, und versuchte an zahlreiche Bestimmungen dessen sozialen, nicht aber sozialdemokratischen Charakter[269], wie er sich ausdrückte, nachzuweisen. Dennoch waren Planck, Nieberding und auch die zahlreichen anderen Redner weit davon entfernt, den Entwurf als vollkommen zu bezeichnen, sondern erkannten vor allem dessen formale Mängel durchaus an. Da die damalige Zeit aber ihrer Ansicht nach kein wesentlich besseres Gesetzbuch als den 3. Entwurf hätte hervorbringen können, erachteten sie es für zweckmäßiger, diesen zum Gesetz zu erheben und dadurch die Rechtszersplitterung zu beseitigen, als die Rechtsvereinheitlichung nochmals um mehrere Jahre hinauszuschieben[270].

Der Entwurf wurde von den Parteien des Reichstags mit Ausnahme der Sozialdemokraten wohlwollend aufgenommen, obgleich alle Redner zahlreiche einzelne Regelungen für änderungs- oder verbesserungsbedürftig hielten. Sie hoben die nationale, politische und soziale Bedeutung des 3. Entwurfs für das Deutsche Reich hervor. Allerdings konnten sich die Nationalliberale Partei und die Reichspartei mit der Forderung, den Entwurf en-bloc ohne nähere Beratung anzunehmen, nicht durchsetzen[271], da besonders das Zentrum und die Konservative Partei vornehmlich gegen die obligatorische Zivilehe Bedenken äußerten und eine eingehende Beratung des gesamten persönlichen Eherechts erwarteten[272]. Doch ließen die Vertreter dieser Parteien erkennen, daß sie auch bei Beibehaltung der obligatorischen Zivilehe nicht gegen den Entwurf stimmen würden.

---

[267] St. B. R. T., 1895—97, S. 705 B-710 C.

[268] St. B. R. T., 1895—97, S. 736 A-741 B.

[269] St. B. R. T., 1895—97, S. 740 C.

[270] Vgl. vor allem *Nieberding*, St. B. R. T., 1895—97, S. 709 B.

[271] Vgl. *v. Cuny*, St. B. R. T., 1895—97, S. 717 B. *Leuschner*, St. B. R. T., 1895—97, S. 726 A—B.

[272] Vgl. die Reden der Zentrumsabgeordneten in St. B. R. T. 1895—97, *v. Rintelen*, S. 716 A—717 A; *Spahn*, S. 770 C—D. Vgl. *v. Manteuffel* (Konservative Partei) St. B. R. T., 1895—97, S. 781 A—B.

Die Sozialdemokraten lehnten als einzige Partei den Entwurf in seiner Gesamtheit ab, nicht weil er kein sozialistisches Recht enthielt, sondern weil er ihrer Ansicht nach die Interessen der Arbeiterschaft und der wirtschaftlich Schwachen und damit die damaligen gesellschaftlichen Gegebenheiten nicht hinreichend berücksichtigte[273]. Der Abgeordnete *Stadthagen* bezeichnete den Entwurf als „kodifizirtes Unrecht der Ausbeutung“[274], brachte aber keine genaueren Vorschläge darüber, wie das Zivilgesetzbuch nach den Vorstellungen der Sozialdemokraten aussehen sollte. Demgegenüber billigten es die meisten Redner, daß die 2. Kommission bei der Ausarbeitung des 2. Entwurfs keine unausgereiften sozialen Ideen berücksichtigt, sondern sich, wie die 1. Kommission, hauptsächlich auf die Kodifizierung des geltenden Rechts beschränkt habe[275]. Auch hielten sie den Vorwurf, daß der 2. Entwurf zuviel römisches und zu wenig deutsches Recht enthalte, für völlig ungerechtfertigt oder belanglos[276]. Allgemeine Ablehnung fand nur das Vereinsrecht, das der Bundesrat noch obrigkeitsstaatlicher als die 2. Kommission ausgestaltet hatte[277]. Überraschenderweise griffen mehrere Abgeordnete auch die in der Folgezeit für die weitere Entwicklung des BGB so bedeutsamen Generalklauseln[278] an.

Nach Abschluß der Debatte überwies der Reichstag den Entwurf zusammen mit dem Entwurf des Einführungsgesetzes einem Ausschuß von 21 Mitgliedern, der das Recht haben sollte, einzelne Abschnitte des Entwurfs ohne nähere Beratung anzunehmen[279]. Dieser Ausschuß tagte, unter dem Vorsitz des Zentrumsabgeordneten und Kammergerichtsrats *Spahn*, vom 7. 2. bis 12. 6. 1896. Er beschränkte sich auf mehrere kleine Änderungen politischen, religiösen oder sozialpolitischen Charakters. Beispielsweise ge-

---

[273] Vgl. die Reden der Abgeordneten *Stadthagen* und *Frohme* in St. B. R. T., 1895—97, S. 741 B—749 C, 789—793 B, S. 781 D—788 A. Vgl. auch die Reden der Abgeordneten *von Rintelen*, aaO., S. 713—715 C und Förster (D. S. Reformpartei), St. B. R. T., 1895—97, S. 764 D—767 B.

[274] Vgl. St. B. R. T., 1895—97, S. 741 C—D.

[275] Vgl. u. a. die Rede *von Cunys* i. St. B. R. T., 1895—97, S. 718 A.

[276] Vgl. in St. B. R. T., 1895—97, die Reden der Abgeordneten *Kaufmann*, S. 730 B—731 D; *Schröder*, S. 724 A—724 C; *v. Cuny*, S. 717 C—D; *Buchka*, S. 721 B; *v. Dziembowski-Pomian*, S. 727 C; vgl. ferner *Sohm*, S. 756 B—C.

[277] Vgl. in St. B. R. T., 1895—97, die Reden der Abgeordneten *v. Dziembowski-Pomian*, S. 728 A—B, *Förster*, S. 767 D—768 A; *Frohme*, S. 785 B—D; *Kaufmann*, S. 732 C—733 C; *v. Rintelen*, S. 715 A—B; *Schröder*, S. 725 B—C. Einzig *Planck*, St. B. R. T., 1895—97, S. 736 C—737 B hat das Vereinsrecht verteidigt.

[278] Vgl. in St. B. R. T., 1895—97 die Reden der Abgeordneten *v. Dziembowski-Pomian*, S. 728 B; *Kaufmann*, S. 734 C—735 A; *v. Rintelen*, S. 712 D—713 A; *Stadthagen*, S. 743 C—D. Hingegen haben die Generalklauseln u. a. verteidigt: *Förster*, S. 765 B; *Schröder*, S. 724 D—725 A; *Spahn*, S. 772.

[279] Vgl. St. B. R. T., 1895—97, S. 793 B.

staltete er das Vereinsrecht zwar etwas liberaler aus, behielt aber das Einspruchsrecht der Verwaltungsbehörden gegen Vereine mit politischem, sozialpolitischem oder religiösem Zweck bei, da eine andere Regelung beim Bundesrat keine Mehrheit gefunden hätte[280]. Ferner verzichteten das Zentrum und die Konservative Partei auf die Abschaffung der obligatorischen Zivilehe, da eine andere Regelung unter den damaligen politischen Verhältnissen nicht durchsetzbar gewesen wäre. Als wichtigste Änderungen sind die Einführung des allgemeinen Schikaneverbots in § 226 BGB, die Schriftform für das Bürgschaftsversprechen und das holographische Testament hervorzuheben[281].

Die 2. Lesung des vom Ausschuß abgeänderten Entwurfs fand im Reichstag vom 19. bis 27. 6. 1896 statt[282]. In dieser Lesung befaßte sich der Reichstag meist mit Fragen, die nur von untergeordneter Bedeutung waren. Ausführlich kamen nur das Wildschadensersatz-, das persönliche Ehe- und das Ehescheidungsrecht zur Sprache[283]. Das Interesse vieler Abgeordneter an diesen Beratungen war allerdings so gering, daß der Reichstag meistens nur gerade beschlußfähig war. Vom. 30. 6. bis 1. 7. 1896 fand die 3. Beratung[284] und am 1. 7. 1896 zugleich die Schlußabstimmung über den Entwurf statt. Bei dieser stimmten von den 288 anwesenden Abgeordneten[285] 222 für den Entwurf, 48 lehnten ihn ab, während sich 18 der Stimme enthielten[286]. Die ablehnenden Stimmen stammten von 42 Sozialdemokraten, 3 Konservativen und 3 Abgeordneten aus dem Wahlkreis Hannover[867]. Der Stimme enthielten sich 7 Abgeordnete der Deutsch-Sozialen Reformpartei, 2 Abgeordnete der Konservativen Partei sowie 9 fraktionslose Abgeordnete, von denen 7 aus dem Wahlkreis Hannover[287] kamen. Die Mehrheitsentscheidung ist also in erster Linie dem Zentrum und der Nationalliberalen Partei zu verdanken, die zusammen 150 Abgeordnete im Reichstag hatten.

---

280 Vgl. RT. Drucksache Nr. 440 (Session 1895—97), S. 1937 ff.

281 Wegen weiterer Änderung vgl. *Buchka*, BGB, S. 307—310.

282 Vgl. St.B.R.T., 1895—97, S. 2717—3038.

283 Vgl. St.B.R.T., 1895—97, S. 2821—2853, 3064—3065; 2870—2909, 1933 bis 2968, 3073—3087. — Nicht zutreffend ist *Wieackers* Bemerkung (Privatrechtsgeschichte, S. 281), erst der Reichstag habe die Bestimmungen des Bienenrechts eingeführt. Das Bienenrecht war vielmehr schon im 1. und 2. Entwurf geregelt (vgl. §§ 906—909 E I, 876—879 E II). Der Reichstag hat diese Vorschriften mit einer nur ganz unerheblichen Änderung des § 876 E II durch den Ausschuß ohne Debatte angenommen (vgl. St.B.R.T. 1895—97, S. 2788 C und 3069).

284 St.B.R.T., 1895—97, S. 3040—3106.

285 Der gesamte Reichstag bestand aus 393 Abgeordneten.

286 St.B.R.T., 1895—97, S. 3104 D—3106 D.

287 Diese sehr föderalistisch eingestellten Abgeordneten bestritten, wie früher schon Windthorst, die Notwendigkeit einer gesamtdeutschen Zivilrechtskodifikation (vgl. *v. Hodenberg*, St.B.R.T. 1895—97, S. 751 B—754 B.).

Dem Entwurf in der vom Reichstag abgeänderten Form erteilte der Bundesrat in der Sitzung vom 14. 7. 1896 gegen die Stimme des Vertreters von Reuß ä. L., der die obligatorische Zivilehe ablehnte, die verfassungsmäßige Zustimmung[288]. Nachdem Kaiser *Wilhelm II.* am 18. 8. 1896 das Gesetz vollzogen hatte, wurde dieses als „Bürgerliches Gesetzbuch“ im Reichsgesetzblatt vom 24. 8. 1896 veröffentlicht[289] und trat am 1. 1. 1900 in Kraft.

---

[288] Prot. BR. 1896, S. 309 (§ 478).
[289] Vgl. RGBl. 1896, S. 195 ff.

BESONDERER TEIL

Erster Abschnitt:

Der Besitz

Neuntes Kapitel

Besitz und Inhabung im Teilentwurf und 1. Entwurf des BGB

I. Besitzerwerb und Besitzverlust

Kein Rechtsgebiet ist im 19. Jahrhundert so umstritten und so eingehend erforscht und dargestellt worden wie das Besitzrecht[290]. Die umfangreiche Besitzrechtsliteratur des 19. Jahrhunderts wurde eingeleitet durch *Savignys* 1803 erschienenes Werk „Das Recht des Besitzes", das neben dem „Beruf" die einflußreichste Monographie der damaligen Zeit war. Sein Erfolg beruhte vor allem darauf, daß Savigny das römische Besitzrecht, so wie es sich aus den römischen Quellen ergab, darzustellen versucht und die nachrömische Rechtsentwicklung weitgehend außer acht gelassen hatte[291]. Auch das Besitzrecht des 1. Entwurfs beruht noch, obgleich es in mancherlei Hinsicht vom römischen Recht abweicht, auf den Anschauungen Savignys, die während zweier Drittel des 19. Jahrhunderts ohne ernsthaften Widerspruch allgemein als richtig anerkannt gewesen waren[292]. Lediglich die Kenntnisse über die geschichtliche Entwicklung des Besitzrechts waren seit dem Erscheinen von Savignys Besitzrecht, vor allem durch die Forschungen von *Carl Georg Bruns*[293], erweitert und vertieft worden. Erst mit *Iherings* 1868 veröffentlichter Schrift „Ueber den Grund des Besitzschutzes" setzte die Kritik an den dogmatischen Grundlagen der Besitzlehre Savignys in vollem Umfang ein. Iherings Absicht war es, nachzuweisen, daß Savignys Lehre nicht dem römischen Recht entsprach, sondern vielmehr in völligem Gegen-

---

[290] Unter Besitzrecht ist im folgenden nicht das Recht zum Besitz, sondern das gesamte sich auf den Besitz beziehende objektive Recht zu verstehen.

[291] Vgl. *Lenz*, Recht, S. 80—82.

[292] Vgl. *Bekker*, Reform, S. 240—241.

[293] Vgl. vor allem „Das Recht des Besitzes im Mittelalter und in der Gegenwart" (Tübingen 1848); ferner *Landsberg*, Geschichte, S. 751—754.

satz zu dessen Quellen stand[294]. Er führte also die Unvollkommenheit des herrschenden Besitzrechts auf ein falsches Verständnis der römischen Rechts zurück. Ähnlich sah Bruns in seinem 1874 erschienenen Werk „Die Besitzklagen“, obwohl er mit Iherings Ansichten nicht übereinstimmte, die Fehler der Besitzlehre nicht im römischen Recht, sondern in dessen falscher Interpretation[295].

Noch einen Schritt weiter als *Ihering* und *Bruns* ging 1876 *Meischeider* in seinem Werk „Besitz und Besitzschutz“. Er leugnete schlechthin die Möglichkeit, das Wesen des römischen Besitzes und Besitzschutzes einheitlich zu bestimmen, weil seiner Ansicht nach dem römischen Besitzrecht keine einheitliche Idee zugrunde lag[296]. „Gäbe es eine Lösung“, schrieb er, „so müßte sie gefunden sein[297]“. Im übrigen enthielt Meischeiders Werk als erstes ausführliche Vorschläge, wie eine zukünftige Gesetzgebung das Besitzrecht ausgestalten sollte. Wie später kein Kritiker des 1. Entwurfs verneinte er die Notwendigkeit eines besonderen Besitz- und Besitzschutzrechts[298]. Dem Immobiliarbesitz sprach er wegen der allgemeinen Einführung des Grundbuchs jegliche Bedeutung ab[299]; dem Mobiliarbesitz aber kam seiner Ansicht nach nur noch mittelbare Bedeutung, für andere Rechtsverhältnisse, zu, da er rein possessorische Klagen, bei denen auf das Recht zum Besitz nicht eingegangen wird, ganz abschaffen wollte[300]. Folgerichtig sollte deshalb der Besitzerwerb künftig bei der Lehre vom Eigentumserwerb geregelt werden[301]. Der Redaktor des Sachenrechts *Johow* machte sich diese Vorschläge Meischeiders weitgehend zu eigen, konnte sich aber mit ihnen weder in der Vorberatung 1876—77 noch in der Hauptberatung gegenüber der Kommissionsmehrheit durchsetzen.

Ein viertes Werk, das für die Arbeiten der 1. Kommission hätte bedeutsam werden können, war *Bekkers* 1880 erschienenes Buch „Das Recht des Besitzes bei den Römern“. Wie *Meischeider* war *Bekker* der Ansicht, daß der römische Besitz kein einheitliches, nach einer Idee zu konstruierendes Rechtsinstitut sei[302]. Er betrachtete es deshalb als die Aufgabe der damaligen Rechtswissenschaft, die gemeinrechtliche Dogmatik zu zerstören und damit den Boden zu ebnen und das Material zu schaffen, „um das neu

---

294 Vgl. v. *Ihering*, Grund, S. 1, 2, 8, 12, 68—72; ferner Lenz, S. 60, 76.
295 *Bruns*, Besitzklagen, S. V.
296 *Meischeider*, Besitz, S. III—IV; vgl. auch Lenz, Recht, S. 54.
297 Vgl. *Meischeider*, aaO., S. III.
298 *Meischeider*, Besitz, S. 189—191, 196—197, 423—425.
299 *Meischeider*, aaO., S. 368.
300 *Meischeider*, aaO., S. 189.
301 *Meischeider*, aaO., S. 368—369.
302 *Bekker*, Recht des Besitzes, S. 7 ff., S. 354.

Haltbare zu errichten". Auch er machte im Hinblick auf das zukünftige deutsche Zivilgesetzbuch Vorschläge über die Ausgestaltung des Besitzrechts. Um aber den Entscheidungen der 1. Kommission nicht vorzugreifen, beschränkte er sich darauf, die Fragen aufzuzeigen, die der Gesetzgeber zu entscheiden habe[303]. Er drückte die Erwartungen der damaligen Rechtswissenschaft aus, indem er schrieb: „Das neue Besitzrecht muß werden ein in sich konsequentes, was das Römische Besitzrecht zu sein früh aufgehört hat, und das gemeine Recht niemals geworden ist[304]. In den Jahren nach 1880 erschien dann eine Fülle von Schriften und Aufsätzen zum Besitzrecht, die sämtlich eine Revision des überkommenen, auf Savignys Lehren beruhenden Besitzrechts bezweckten, aber nur wenig praktische Vorschläge enthielten[305]. *Windscheid*[306] und *Randa*[307] sowie auch die Praxis hielten demgegenüber am alten Besitzrecht im wesentlichen fest.

Die Hauptstreitfragen des Besitzrechts betrafen die Rechtsnatur des Besitzes, den Grund des Besitzschutzes und die Bestimmung eines einheitlichen Besitzbegriffs. Besonders das letztere stieß auf unüberwindliche Schwierigkeiten, da das römische Recht nach damaliger Auffassung ausschließlich den Eigenbesitz kannte, andererseits aber vor allem dem Pfandgläubiger und Prekaristen Besitzschutzrechte zubilligte. *Savigny* hatte den Besitz dieser Personen als abgeleiteten Besitz bezeichnet[308], und auch die Lehre war bis zur Veröffentlichung des 1. Entwurfs insoweit im wesentlichen nicht über die Anschauungen Savignys hinausgekommen[309]. Die 1. Kommission schenkte den Bestrebungen der Wissenschaft, das Besitzrecht auf neue Grundlagen zu stellen, keine nähere Beachtung. Ihr ist indessen zugute zu halten, daß die Streitfragen damals noch wenig geklärt waren und sich noch keine annähernd einheitliche Meinung über die Gestaltung eines neuen Besitzrechts gebildet hatte. Andererseits hielt es die 1. Kommission auch nicht für ihre Aufgabe, an Stelle der Wissenschaft das Besitzrecht neu zu ordnen, wie es *Bekker* von ihr erwartet hatte. Einzig *Johow* hatte dem römischen Recht insoweit freier gegenübergestanden und sich wenigstens bemüht, in Ansätzen ein neues, den Bedürfnissen der damaligen Zeit gerecht werdendes Besitzrecht zu schaffen. Hingegen beschränkte sich die 1. Kommission wie bei fast allen anderen Rechtsgebieten, so auch hier darauf, das überkommene Recht zu kodifizieren. Allerdings folgte sie nicht ausschließ-

---

303 *Bekker*, Recht des Besitzes, S. 390 ff.
304 *Bekker*, Recht des Besitzes, S. 397.
305 Vgl. die Übersicht von *Bähr*, Besitzlehre I, S. 161—193 und *Hölder*, Besitzliteratur, S. 370—458.
306 Vgl. Pandekten, Bd. 1, S. 418 ff.
307 Besitz, S. 12 ff., 149 ff.
308 Vgl. *v. Savigny*, Besitz, S. 119 ff., 246, 282 ff.

lich dem römischen Besitzrecht, wie es den Vorstellungen Savignys und der älteren Pandekterwissenschaft entsprach, sondern hielt sich in mehrfacher Hinsicht auch an das im Mittelalter unter dem Einfluß des deutschen Rechts weiterentwickelte römische Besitzrecht, das meist auch in die neuen Kodifikationen und Entwürfe Eingang gefunden hatte. Ein direktes Anknüpfen an die deutschrechtliche Gewere schied schon deswegen aus, weil dieses Rechtsinstitut vollständig vom römischen Recht verdrängt worden und in keinem deutschen Staat mehr lebenskräftig war[310].

Das Besitzrecht des 1. Entwurfs zerfiel entsprechend den damaligen Landesgesetzen im Gegensatz zum heutigen BGB deutlich in zwei Teile. Der erste behandelte den Erwerb und Verlust des Besitzes (§§ 797—813 E I), während der zweite den Schutz des Besitzes und der Inhabung (§§ 814 bis 825 E I) regelte. Den Ausgangspunkt des Besitzrechts bildete § 797 E I. Danach wurde der Besitz einer Sache durch die Erlangung der tatsächlichen Gewalt über die Sache (Inhabung) in Verbindung mit dem Willen, die Sache als die seinige zu haben (Besitzwille), erworben. Unter Besitz war also nur der sog. Eigentumsbesitz oder in der Terminologie des BGB der unmittelbare und mittelbare Eigenbesitz zu verstehen. Diese scharfe Trennung des Eigentumsbesitzes von der Inhabung entsprach dem gemeinen römischen Recht[311] und auch der Regelung der damaligen Landesgesetze. Insbesondere verlangten alle diese Gesetze zum vollständigen Besitz den animus domini oder possidendi (possidentis), den sogenannten Aneignungswillen[312]. Deshalb waren nach dem 1. Entwurf die Mieter, Pächter, Pfandgläubiger und Erbbauberechtigten nur Inhaber und nicht etwa Besitzer der ihnen vom Eigentümer übergebenen Sachen, da diese Personen nicht den Willen hatten, diese Sachen als die ihrigen zu haben. Diese Regelung bedeutete insofern eine gewisse Abweichung vom römischen Recht, als nach diesem u. a. auch dem Pfandgläubiger und Erbbauberechtigten Besitz,

---

[309] Vgl. indessen *Dernburg*, Pandekten, Bd. 1 (1. Aufl. 1884), S. 393—394, der den abgeleiteten Besitz als eine „gekünstelte, den Quellen fremde juristische Kontruktion" bezeichnete.

[310] Vgl. *Stobbe*, Privatrecht, Bd. 2, S. 32—33; *Heusler*, Gewere, S. 457—459, der der Ansicht war, daß man insoweit nicht mehr auf die mittelalterlichen Rechtszustände zurückgreifen könne.

[311] Vgl. *v. Savigny*, Besitz, S. 78—79 (1. Aufl.), wo er vom „animus dominii exercendi", und „Besitz" (7. Aufl.), S. 110, wo er vom „animus dominii exercendi (animus sibi habendi)" sprach. Vgl. ferner *Windscheid*, Pandekten, Bd. 1, S. 425 bis 426. Hingegen hielten *Dernburg*, Pandekten, Bd. 1 (1. Aufl. 1884), S. 392—393 u. *Kohler*, Forschungen (1882), S. 167 ff., den Eigenbesitz- bzw. Aneignungswillen für verfehlt. Ähnlich bereits *Lenz*, Besitz, S. 100 ff.

[312] Wegen des Wortlauts der einzelnen Gesetzesbestimmungen vgl. die Übersicht in Mot. TE, S. 354, oder Mot., Bd. 3, S. 82, Anm. 1.

wenn auch nur abgeleiteter oder nach anderer Ansicht Rechtsbesitz, zustand[313]. Diese Abweichung war aber im Ergebnis unerheblich, da nach dem 1. Entwurf der Besitzschutz jedem Inhaber einer Sache und nicht nur, wie im römischen Recht, dem Besitzer und den diesem gleichgestellten Sachinhabern zustand.

Diesem herkömmlichen Besitzbegriff hatte der Teilentwurf wesentlich freier gegenüber gestanden. § 48 TE war wie die meisten Kodifikationen des 19. Jahrhunderts von einer Begriffsbestimmung des Besitzes und der Inhabung ausgegangen. Danach sollte Inhaber sein, „wer eine Sache mit seinem Willen in thatsächlicher Gewalt hat" (§ 48 TE). Hatte der „Inhaber den Willen, die thatsächliche Gewalt für einen Anderen zu üben, dieser Andere aber den hiermit übereinstimmenden Willen", so war „dieser Andere Besitzer" (§ 48 II TE). In allen übrigen Fällen sollte der Inhaber Besitzer sein (§ 48 III TE), insbesondere der Pfandgläubiger, der Sequester, der Nachlaßverwalter und alle die Personen, die ein Retentions- oder veräußerliches Nutzungsrecht an einer Sache hatten[314]. Diese Fälle sollten im Gegensatz zum gemeinen Recht keine Ausnahmefälle sein, woraus sich ergab, daß für den Besitz ein besonderer Aneignungs- oder Eigenbesitzwille nicht erforderlich sein sollte[315]. Im übrigen hatte *Johow* die Frage, ob Mieter und Pächter von ganzen Grundstücken Besitzer oder nur Inhaber sein sollten, offen gelassen[316]. Indessen hielt er in der Hauptberatung nicht am § 48 II TE fest und schlug statt dessen vor, als Inhaber einer Sache denjenigen zu bezeichnen, der „die thatsächliche Gewalt in der Anerkennung" ausübt, „daß die Sache einem Anderen gehöre[317]. Inwieweit er mit diesem Vorschlag den neuen Besitzbegriff aufgeben wollte, wurde nicht recht deutlich, da er den § 48 TE im übrigen unverändert ließ.

Die 1. Kommission indessen lehnte den § 48 TE sowohl in der alten als auch in der neuen Fassung ab und nahm einen dem § 797 E I entsprechenden Antrag[318] an. Sie hielt die Abschaffung des Eigentumsbesitzes für verfehlt, da sich die rechtlichen Folgerungen aus einer derartigen Regelung ihres Erachtens nur schwer überblicken ließen[319]. Entsprechend

---

313 Die h. M. des gemeinen Rechts bezeichnete diesen Besitz als abgeleiteten Besitz ohne Aneignungswillen. Vgl. vor allem *Windscheid,* Pandekten, Bd. 1, S. 428, 443—444.

314 Vgl. Mot. TE, S. 360.

315 Vgl. Mot. TE, S. 363. Johow sprach in diesem Zusammenhang von einem „Abstreifen einer Fessel der juristischen Doktrin".

316 Vgl. Mot. TE, S. 361—362.

317 Vgl. Prot. I, S. 3377.

318 Vgl. Prot. I, S. 3377—3378.

319 Prot. I, S. 3381.

dem gemeinen Recht sollte der Besitzerwerb im übrigen kein Rechtsgeschäft sein, sondern nur eine Rechtshandlung, auf die aber die Vorschriften über die Rechtsgeschäfte entsprechende Anwendung finden sollten[320]. Hingegen überließ die 1. Kommission die Frage, ob und inwieweit zur Begründung der Inhabung an einer Sache ein darauf gerichteter Wille erforderlich sein sollte, der Entscheidung der Wissenschaft und Praxis, wies aber darauf hin[321], daß in mehreren Fällen, etwa hinsichtlich der in einen Briefkasten geworfenen Briefe, zumindest ein konkreter Inhabungswille fehle[322].

Die §§ 798—813 E I enthielten nähere Bestimmungen über den Erwerb und den Verlust des Eigenbesitzes[323], die aber für die auf die Inhabung abgestellten Besitzschutzvorschriften völlig unerheblich waren. Die Motive begegnen dem Bedenken, daß diese Vorschriften eigentlich in den Abschnitt über das Eigentum gehörten[324], damit, daß eine derartige Regelung von den meisten Gesetzgebungen abweichen und außerdem den Zusammenhang von Besitz und Inhabung zerreißen würde[325]. Hingegen hielt die 1. Kommission allgemeine Bestimmungen über redlichen sowie rechtmäßigen und unrechtmäßigen Besitz, wie sie in den meisten Landesgesetzen enthalten waren[326], für nicht erforderlich.

Die wichtigen §§ 803—805 E I regelten den Besitzerwerb durch Übergabe, den sogenannten konsensualen Besitzwechsel[327]. Nach § 803 I E I wurde der Besitz „mittels Übergabe" erworben, wenn der „Besitz von dem bisherigen Besitzer dem Erwerber eingeräumt und von diesem ergriffen wird"[328]. Diese Formulierung läßt deutlich die auf *Savigny* und

---

320 Vgl. § 801 EI; Mot. Bd. 3, S. 83.

321 Vgl. Prot. I, S. 3378—3379.

322 Entsprechend der Regelung des sächs. BGB, des hess. und bay. Entwurfs und des gemeinen Rechts lehnte die 1. Kommission den Rechtsbesitz ab (anders noch I 7 §§ 4—5 ALR, § 311 ARGB). Nur bei Grunddienstbarkeiten u. beschränkten persönlichen Dienstbarkeiten sollten die Besitzschutzvorschriften entsprechende Anwendung finden (vgl. §§ 979, 1048 EI); ähnlich das gemeine Recht, vgl. *v. Savigny*, Besitz, S. 190—196, 472 ff. u. §§ 530, 556—562 sächs. BGB; vgl. auch §§ 255—257 TE, Mot. TE S. 487—488.

323 Wegen der Einzelheiten vgl. den Wortlaut der §§ 798—813 EI. Beispielsweise ließ § 801 E I unter entsprechender Anwendung der Vorschriften des Vertretungsrechts einen Besitzerwerb durch Stellvertreter zu (so im Ergebnis auch die Pandektenwissenschaft, vgl. *Windscheid*, Pandekten, Bd. 1, S. 182—183 445—453). Später wurde diese auf den Eigenbesitz zugeschnittene Vorschrift von der 2. Kommission gestrichen (vgl. S. 90).

324 So bereits schon §§ 426 ABGB.

325 Vgl. Mot. TE, S. 352 Mot. Bd. 3, S. 79.

326 Vgl. u. a. II 5 § 2 Cod. Max.; I 7 §§ 10 ff. ALR; §§ 187—189 sächs. BGB, II 2 Art. 10—12 hess. E.; III Art. 15—19 bay. E.

327 Vgl. Mot. Bd. 3, S. 89.

328 § 803 EI entsprach weitgehend § 67 TE.

die gemeinrechtliche Lehre zurückgehende Anschauung erkennen, daß jeder Besitzerwerb originär und keine eigentliche Singularsukzession in den Besitz des Veräußerers möglich ist[329]. Allerdings hatte die 1. Kommission diese Lehrmeinung erstmalig in der Gesetzesfassung deutlich zum Ausdruck gebracht und von den Landesgesetzen her bekannte Ausdrücke wie „Übertragung"[330] oder „Übergabe des Besitzes"[331] bewußt vermieden. Hingegen war im 1. Entwurf nicht mehr eigens die symbolische Tradition erwähnt, während noch sämtliche damaligen Landesgesetze zumindest die Tradition durch Schlüsselübergabe regelten[332]. Das sächsische BGB verlangte sogar noch, daß sich die Schlüsselübergabe in der Nähe der zu übergebenden Sache vollziehen sollte[333]. Die 1. Kommission wies indessen zu Recht darauf hin, daß bei der symbolischen Tradition meist eine wirkliche Übergabe vorliege[334]. Im übrigen wollte sie wegen der Vielgestaltigkeit der Fälle es der Entscheidung des Richters überlassen, ob ein Besitzerwerb vorliege oder nicht. Ebenfalls enthielt der 1. Entwurf keine Bestimmung mehr über die Frage, wer im Falle der Versendung einer Sache deren Besitzer sein sollte[335]. Ferner nahm die 1. Kommission anders als der Teilentwurf keine ausdrückliche Vorschrift über den Besitzerwerb durch brevi manu traditio auf. Diese Art des Besitzerwerbs sollte sich bereits aus § 803 II EI ergeben, wonach eine tatsächliche Besitzübergabe nicht erforderlich war, wenn der Erwerber in der Lage war, die Gewalt über eine Sache beliebig auszuüben und Besitzer und Erwerber über den Besitzübergang einig waren[336].

Wenn ein Dritter eine Sache für den Besitzer innehatte, konnte die Übergabe nach § 804 E I dadurch erfolgen, daß der bisherige Besitzer den Inhaber anwies, die tatsächliche Gewalt fortan für den Erwerber auszuüben und dieser gegenüber dem bisherigen Besitzer oder dem angewiesenen Inhaber den Besitzwillen erklärte. Ferner war die Zustimmung des

---

[329] Vgl. *v. Savigny*, Besitz, S. 44—45; *Dernburg*, Pandekten, Bd. 1, S. 415; a. M. nur *Brinz*, Pandekten, Bd. 1, S. 508 ff. Aus diesem Grunde hatte die 1. Kommission auch eine Vorschrift über die Kondizierbarkeit des Besitzes aufgenommen (vgl. § 737 III EI, Prot. I, S. 3508—3509).

[330] Vgl. I 7 § 123 ALR; III Art. 4, 5, 12 bay. E.

[331] Vgl. § 201 sächs. BGB.

[332] Vgl. II 3 § 7 Cod. Max; I 7 § 65 ALR; § 427 ABGB; Art. 1606 Cc; § 199 sächs. BGB III, Art. 4 bay. E, II 3 Art. 54 hess. E.

[333] Vgl. § 199 sächs. BGB.

[334] Prot. I, S. 3399 ff.

[335] Vgl. Prot. I, S. 3403—3404. Hingegen ging nach der Regelung einiger Landesgesetze der Besitz schon mit der Übergabe der Sache an die Transportperson auf den Erwerber über, falls dieser die Versendungsart bestimmt hatte (vgl. I 11 §§ 128 ff. ALR, § 429 ABGB, 204 sächs. BGB).

[336] Vgl. Prot. I, S. 3407—3409.

Inhabers erforderlich. Indessen wurde die Zustimmung unwiderleglich vermutet, wenn er nicht unverzüglich der Anweisung widersprach (§ 804 S. 2 E I). Diese mit § 61 TE übereinstimmende Regelung entsprach im allgemeinen dem damaligen Recht[337]. Lediglich die Zustimmung des angewiesenen Inhabers war nach einigen Landesgesetzen nicht erforderlich[338]. Einen Antrag, der diese Zustimmung ebenfalls nicht verlangte, lehnte die 1. Kommission mit der Begründung ab, daß bei einer solchen Regelung Rechte des Inhabers, besonders Retentionsrechte, verletzt werden könnten[339]. Nicht möglich war hingegen nach dem damaligen Recht ein Besitzübergang durch Abtretung des Herausgabeanspruchs, da dieser dem Erwerber nicht den Besitz, sondern nur die Möglichkeit verschaffte, ihn künftig zu erwerben[340]. Einzig *Bähr* setzte sich in einem von der 1. Kommission nicht mehr benutzbaren, weil erst Anfang 1888 erschienenen Aufsatz dafür ein[341], daß mit der Abtretung des Herausgabeanspruchs der Besitz auf den Erwerber übergehen sollte. Aber auch er ließ nicht klar erkennen, ob zum Eigentumserwerb der tatsächliche Inhaber dem Besitzübergang zustimmen mußte oder nicht[342]. Immerhin war eine Besitzübergabe nach damaligem Recht in der Weise möglich, daß der inhabungslose Besitzer mit dem Erwerber ein Besitzkonstitut vereinbarte[343].

Das Besitzkonstitut war in § 805 I E I geregelt[344]. Nach dieser Vorschrift konnte die Übergabe einer Sache an einen Dritten auch dadurch erfolgen, daß der bisherige Besitzer im Einverständnis mit dem Dritten diesem den Willen erklärte, die tatsächliche Gewalt fortan für ihn auszuüben. Zwischen dem Besitzer und dem Erwerber mußte aber ein Rechtsverhältnis wie Auftrag, Hinterlegung oder Dienstvertrag bestehen, das den bisherigen Besitzer das Recht gewährte, die Sache als Inhaber zu behalten. Im damaligen Recht waren die Ansichten darüber, ob ein besonderes Rechtsverhältnis notwendig sei, geteilt[345]. Die 1. Kommission lehnte einen Antrag,

---

337 Vgl. *Exner*, Rechtserwerb, S. 135 ff., 142.

338 Vgl. I 7 §§ 66—67 ALR, § 201 sächs. BGB, III Art. 5 bay. E.

339 Vgl. Prot. I, S. 3409.

340 Vgl. *Windscheid*, Pandekten, Bd. 2, S. 255.

341 *Bähr*, Besitzlehre II, S. 332—333.

342 *Bähr*, Besitzlehre II, S. 334—335.

343 Vgl. *v. Savigny*, Besitz, S. 320 Anm. 1; *Randa*, Besitz, S. 461—462; RGZ, Bd. 11, S. 52 (57—60); RG SeufA., Bd. 37, S. 11—13.

344 Vgl. dazu den sachlich kaum abweichenden § 62 TE. Hingegen ist § 805 II EI erst von der 1. Kommission geschaffen worden (vgl. Prot. I, S. 3419—3420).

345 Vgl. hierzu *Windscheid*, Pandekten, Bd. 1, S. 449, der kein besonderes Rechtsverhältnis verlangte. (Ähnlich auch III Art. 5 bay. E; II 2 Art. hess. E; § 428 ABGB.) Wie der 1. Entwurf II 5 § 2 Cod. Max.; I 7 §§ 71—73 ALR; § 201 sächs. BGB.

der kein besonderes Rechtsverhältnis verlangte, mit der Begründung ab, daß nur bei Vorliegen eines besonderen Rechtsverhältnisses genau festgestellt werden könne, ob die Besitzübergabe ernstlich gewollt oder nur simuliert gewesen sei[346]. Andererseits kam für die 1. Kommission eine Einschränkung oder ein Verbot des Besitzkonstituts zu dem Zweck, Sicherungsgeschäfte ohne tatsächliche Sachübergabe auszuschließen, nicht in Betracht, da sie durch ein derartiges Verbot den Verkehr nicht behindern wollte[346].

Die folgenden Vorschriften regelten in aller Ausführlichkeit die Frage, wann der Besitz verloren ging (§§ 807—813 E I). Entsprechend dem gemeinen Recht unterschied die 1. Kommission die Beendigung des Besitzes durch Willenskundgabe und den Verlust der tatsächlichen Gewalt (animo et corpore)[347]. Nach § 812 E I blieb der Besitz an einem Grundstück erhalten, wenn sich der bisherige Besitzer oder dessen Inhaber, sofort nachdem sie von der Entziehung der tatsächlichen Gewalt Kenntnis erlangt hatten, die Inhabung wiederverschafften. Diese Vorschrift entsprach dem römischen Recht und war dem § 214 sächs. BGB nachgebildet[348]. § 813 II E I behandelte den Fall, daß der Inhaber einer Sache die tatsächliche Gewalt nicht mehr für den Besitzer, sondern für einen anderen oder für sich ausüben will. Im damaligen Recht war umstritten, ob diese Willensänderung dem Besitzer mitgeteilt werden mußte[349] oder nicht[350]. Die 1. Kommission entschied sich, wie schon der Teilentwurf[351], für das erstere und beschloß, daß der Besitzer den Besitz erst dann verlieren sollte, wenn der Inhaber gegenüber dem Besitzer erklärte, „die thatsächliche Gewalt nicht mehr für den Besitzer, sondern für sich oder einen Dritten auszuüben“.

Nicht im Besitz-, sondern im Erbrecht regelte die 1. Kommission die Frage, ob der Erbe im Wege der Erbfolge unmittelbar den Besitz an den Sachen des Erblassers erwerbe oder nicht; sie lehnte auch einen Antrag ab, ins Besitzrecht wenigstens die Vorschrift aufzunehmen, daß der Besitz

---

346 Vgl. Prot. I, S. 3414, 3416—3417; Mot. TE, S. 404; im übrigen ist das Mißtrauen, das die Mot. Bd. 3, S. 97—99, gegen das Besitzkonstitut erkennen lassen, weder nach dem Prot. I (vgl. S. 3416—3417) noch nach dem Mot. TE. (vgl. S. 405) gerechtfertigt.

347 Vgl. *Windscheid,* Pandekten, Bd. 1, S. 454—459; *Papinian,* D. 41, 2, 44, 2. Wegen der Einzelheiten vgl. §§ 808—811 EI.

348 Vgl *Windscheid,* Pandekten, Bd. 1 S. 457; Mot. Bd. 3, S. 105; § 71 TE. fingierte in diesem Fall das Fortbestehen des Besitzes.

349 So für bewegliche Sachen III Art. 29 bay. E, II 2 Art. 27 hess. E.

350 Nach gemeinem Recht reichte jede irgendwie geäußerte Willenserklärung aus (vgl. *Windscheid,* Pandekten, Bd. 1, S. 460—461; ähnlich I 7 §§ 69, 125 ALR).

351 Vgl. § 70 TE.

durch den Tod des Besitzers endigt[352]. Das damalige Recht verneinte überwiegend, entsprechend dem römischen Recht, den Besitzübergang auf den Erben und gewährte diesem auch keine Besitzschutzrechte[353]. Einzig nach der Regelung einiger Partikularrechte, des Code civil und des hessischen Entwurfs ging entsprechend dem alten deutschen Recht der Besitz mit dem Tode des Erblassers auf den Erben über[354]. Die 1. Kommission folgte zwar formell dem römischen Recht, indem sie im Erbrecht im § 2052 E I bestimmte, daß beim Tode des Erblassers der Besitz auf den Erben nicht übergeht[355]. Sie hob aber diese Vorschrift im Ergebnis wieder auf, da sie auch schon vor der tatsächlichen Inbesitznahme der Nachlaßgegenstände dem Erben sämtliche Besitzrechte zugestand und damit weitgehend einen Übergang des Besitzes vom Erblasser auf den Erben fingierte[356]. Dieses Beispiel zeigt recht deutlich, wie wenig sich die 1. Kommission von der gemeinrechtlichen Besitzrechtsdogmatik freimachen konnte. Sie hielt an ihr auch dann noch, und sei es durch schwerfällige Fiktionen, fest, wenn sie sie tatsächlich bereits aufgegeben hatte.

II. Schutz der Inhabung und des Besitzes

Bei der Beratung der Vorschriften über den Besitzschutz ließ die 1. Kommission den hauptsächlich von *Ihering* ausgelösten Streit um den Grund des Besitzschutzes[357] mit Recht unbeachtet, da dieser Streit fast ausschließlich theoretischen Charakter hatte und alle Autoren bis auf *Meischeider* die Besitzschutzklagen als solche nicht abschaffen wollten. Im Gegensatz zum römischen Recht stand der Besitzschutz nach dem 1. Entwurf nicht nur dem Eigenbesitzer und den diesem gleichgestellten Inhabern, sondern schlechthin jedem Inhaber zu. Die 1. Kommission folgte damit teilweise dem im Mittelalter weiterentwickelten römischen Besitzrecht, wie es auch mehr oder weniger den Landesgesetzen zugrunde lag.

Nach § 814 E I lag verbotene Eigenmacht vor, wenn ein anderer dem Inhaber gegen oder ohne dessen Willen eine Sache entzog oder diesen in

---

352 Vgl. Prot. I, S. 3485—3487.

353 Vgl. *Dernburg*, Pandekten, Bd. 1, S. 432—433; *Ulpian*, D. 47, 4, 1, 15; 5 § 9 Nr. 1 Cod. Max.; §§ 2288—2289 sächs. BGB. Wegen des Rechtszustandes in Preußen vgl. 17 § 48 ALR; Pr. O. Tr. E, Bd. 18, S. 3—10.

354 Vgl. *Heusler*, Gewere, S. 68—69; *Plitt*, lübisches Erbrecht, S. 96; Art. 724, 1006 Cc; (vgl. *Zachariä*, Franz. Civilrecht, Bd. 1, 456—457); III 4 Art. 226, 240 hess. E, in dem es heißt „überkommt der Erbe den Besitz an den zur Erbschaft gehörenden Gegenständen".

355 Vgl. Prot. I, S. 3541—3544 und ferner die von Johow ausgearbeitete Vorlage Nr. 13 von 1879.

356 Vgl. §§ 2053—2054 E I.

357 Vgl. S. 72—75.

seiner Inhabung störte[358]. Die 1. Kommission war sich darüber einig, daß die verbotene Eigenmacht kein Verschulden voraussetzen und jede ohne den Willen des Inhabers erfolgende Besitzstörung oder -entziehung umfassen sollte, obwohl dies für einige Kritiker des 1. Entwurfs, vor allem wegen der nicht ganz eindeutigen Begründung der Motive, zweifelhaft war[359]. Nach § 815 I E I war der Inhaber einer Sache berechtigt, sich verbotener Eigenmacht mit Gewalt zu erwehren. In Erweiterung des allgemeinen Selbsthilferechts stand ihm bei Wegnahme einer beweglichen Sache ferner das Recht zu, dem auf frischer Tat betroffenen oder bei sofortiger Nacheile erreichten Täter diese Sache mit Gewalt wieder abzunehmen (§ 815 II E I). — Hatte der Inhaber die tatsächliche Gewalt über ein Grundstück durch verbotene Eigenmacht verloren, so konnte er sich das Grundstück auch dann noch wiederverschaffen, wenn er von diesem Verlust Kenntnis erlangte (§ 815 III E I). Allerdings durfte er in diesem Fall keine Gewalt mehr gegen den neuen Inhaber des Grundstücks anwenden. Diese Regelung ging auf das römische Recht zurück, das bei heimlicher Okkupation eines Grundstücks den Besitzverlust verneinte und dem früheren Grundstücksinhaber das Selbsthilferecht zugestand[360]. Neu gegenüber dem römischen Recht und den diesem folgenden Gesetzesbestimmungen der damaligen Zivilrechtskodifikationen[361] war nur, daß Gewalt gegen die Person nur noch dann angewandt werden durfte, wenn der Inhaber unmittelbar nach dem Verlust der tatsächlichen Gewalt über das Grundstück sich diese wiederverschaffte. Ausschlaggebend für diese Entscheidung war, daß, anders als zu früheren Zeiten innerstaatlicher Friedlosigkeit, damals Gerichtsschutz im allgemeinen schnell zu erlangen war[362].

Die Notwehr- und Selbsthilferechte des § 815 I/III E I sowie auch die Besitzschutzklagen standen nach §§ 815 IV, 819, 820 E I jedem Inhaber einer Sache, und zwar auch gegenüber dem Besitzherrn, zu, während § 72 TE diese Befugnisse nur den Inhabern im eigenen rechtlichen Interesse gewährte. Diese Regelung des Teilentwurfs entsprach im allgemeinen den damaligen Landesgesetzen[363]. Auch die gemeinrechtliche

---

[358] Der TE enthielt noch keine dem § 814 E I entsprechende Bestimmung.

[359] Vgl. Prot. I, S. 3496; Mot., Bd. 3, S. 110. Hingegen war nach § 74 TE eine schuldhaft verbotene Eigenmacht Voraussetzung für eine erfolgreiche Besitzklage (vgl. Prot. I, S. 3514—3515; Mot. TE, S. 451).

[360] Vgl. *Windscheid*, Pandekten, Bd. 1, S. 457.

[361] Vgl. die Übersicht in Mot., Bd. 3, S. 112—113. Eine gewisse Einschränkung kannte nur das ALR I 7 § 145.

[362] Vgl. Prot. I, S. 3497.

[363] Vgl. *Stobbe*, Privatrecht, Bd. 2, S. 46; §§ 208—209 sächs. BGB; I 7 §§ 6, 9, 141, 144—147, 150 ALR; III Art. 40 bay. E (kein Besitzschutz gegenüber dem Besitzherrn).

Wissenschaft stand einer Ausweitung des Besitzschutzes auf jeden Inhaber im eigenen rechtlichen Interesse nicht ablehnend gegenüber[364]. Die 1. Kommission ging indessen noch darüber hinaus, indem sie auch den Inhabern ohne eigenes rechtliches Interesse sämtliche Besitzschutzrechte gegenüber dem Besitzherrn zuerkannte. Sie hielt die Unterscheidung zwischen der Inhabung im eigenen rechtlichen und ohne eigenes rechtliche Interesse für praktisch wertlos, da der Besitzer sein Recht schnell werde durchsetzen können, wenn ihm der Inhaber die Sache völlig grundlos vorenthalte[365]. Vor allem aber wollte sie mit dieser Entscheidung den Besitzschutzprozeß von jeglichen petitorischen Einwendungen freihalten. Denn wäre der Inhaber ohne rechtliches Interesse, z. B. der Dienstbote gegenüber dem Besitzherrn schutzlos gewesen, hätte insoweit im Besitzschutzprozeß unter Umständen über das Recht des Inhabers auf Inhabung entschieden werden müssen. — Diese vom geltenden Recht abweichende Entscheidung läßt bereits deutlich erkennen, wie sehr die 1. Kommission bei der Aufstellung von Rechtssätzen von dogmatischen und weniger von praktischen Gesichtspunkten ausging und wie sehr ihr an einer möglichst ausnahmslosen Durchführung der Rechtsgrundsätze, hier des rein possessorischen Besitzschutzes, gelegen war. Immerhin war sehr fraglich, ob nach dem 1. Entwurf sämtliche Personen, die eine Sache ohne eigenes rechtliches Interesse für einen anderen innehatten und nach dem heutigen Recht als Besitzdiener angesehen werden, auch als selbständige Inhaber i. S. des 1. Entwurfs zu gelten hatten, obgleich die Kritiker des 1. Entwurfs dies ausnahmslos bejahten[366].

Ferner sollten nach dem 1. Entwurf dem inhabungslosen Besitzer und dem Oberinhaber einer Sache die Verteidigungsrechte des § 815 E I auch nicht neben dem unmittelbaren Sachinhaber zustehen, da die 1. Kommission ein Eingreifen eines Unbeteiligten für nicht unbedenklich hielt[367]. § 816 E I dehnte den Besitzschutz auch auf Inhaber eines Sachteils, insbesondere von abgesonderten Wohn- und Wirtschaftsräumen, aus. Nach § 817 E I waren Handlungen des Mitinhabers einer Sache, die über die im Gemeinschaftsrecht in § 765 E I geregelte Gebrauchsbefugnis hinausgingen oder einen anderen Mitinhaber in dieser Gebrauchsbefugnis hinderten, als verbotene Eigenmacht anzusehen. Für den Besitzschutz sollte also im Gegensatz zum sonstigen Besitzschutzrecht nicht das tatsächliche,

---

364 Vgl. *v. Savigny*, Besitz, S. 517—521; *Dernburg*, Pandekten, Bd. 1, S. 446; *Windscheid*, Pandekten, Bd. 1, S. 478.

365 Vgl. Prot. I, S. 3488—3499.

366 Vgl. S. 83—85; Mot., Bd. 3, 86—87, 104, 106—108.

367 Vgl. Prot. I, S. 3499—3500.

sondern das rechtliche Verhältnis der Mitinhaber untereinander entscheidend sein[368]. Nach § 75 TE sollte verbotene Eigenmacht sogar schon dann vorliegen, wenn ein Mitinhaber ohne den Willen der übrigen Mitinhaber Besitzhandlungen an der Sache vornahm.

Entsprechend den Vorschlägen *Meischeiders*[369] wollte *Johow* ursprünglich die in den §§ 818—824 E I geregelten Besitzschutzklagen ganz abschaffen. Nach seiner Vorlage von 1876[370] sollte in einem Prozeß über den verlorenen Besitz eines Grundstücks endgültig über das Recht zum Besitz entschieden werden. Johow hielt einen eigentlichen Besitzschutz nicht mehr für notwendig, da wegen der Grundbucheinrichtung jeder sein Grundstücksrecht und damit auch sein Recht zum Besitz leicht nachweisen könne. Zudem führte er noch an, daß die historischen Gründe für den Besitzschutz wie die ursprüngliche Schutzlosigkeit des bonitarischen Eigentums im römischen Recht oder die frühere innerstaatliche Friedlosigkeit nicht mehr zuträfen. Die 1. Kommission lehnte indessen die Vorschläge Johows ab[371]. Ausschlaggebend dafür war vor allem die Erwägung, daß bei Unrichtigkeit des Grundbuchs der wahre Eigentümer nicht sofort festgestellt werden könne und außerdem in Zukunft trotz der Grundbucheinrichtung zumindest noch Besitzstreitigkeiten über die Grundstücksgrenzen, sogenannte Besitzirrungen, möglich seien. Auf der Grundlage dieses Beschlusses gestaltete Johow im Teilentwurf die Besitzklagen für Grundstücke possessorisch aus. Allerdings schloß er in § 83 II TE bei Streitigkeiten zwischen dem Besitzer und dem Inhaber im eigenen rechtlichen Interesse, also vor allem dem Mieter oder Pächter, die possessorischen Besitzklagen mit der Begründung aus, daß dies auf einen Rechtsbesitzschutz hinauslaufen würde[372].

Hingegen kannte der Teilentwurf, wie der Code civil[373] und entsprechend den Vorschlägen *Meischeiders*, keine Besitzschutzklagen für bewegliche Sachen. Statt dessen aber waren der Besitzer und der Inhaber durch besondere, im Vindikationsrecht geregelte Eigentumsvermutungen und Besitzklagen geschützt. Nach § 199 TE bestand zugunsten des gutgläubigen Erwerbers einer beweglichen Sache die Vermutung, daß die Sache dem Veräußerer gehört hat, während § 200 TE bei unfreiwilligem Besitzverlust oder der Übergabe der Sache an einen anderen ohne Eigentumsübertra-

---

368 Vgl. Prot. I, S. 3502—3504, 3513; Mot. TE, S. 454—455; ferner *Windscheid*, Pandekten, Bd. 1, S. 435—436.
369 Besitz, S. 189, 194, 196—197.
370 Vgl. Vorlage Nr. 3 von 1876, S. 1 ff.
371 Vgl. Prot. vom 16. 10. 1876, S. 2—4; Mot. TE, S. 441—442.
372 Vgl. Mot. TE, S. 472.
373 Vgl. *Zachariä*, Franz. Civilrecht, Bd. 1, S. 467—468.
374 Vgl. Mot. TE, S. 443—444.

gung für den Zeitraum eines Jahres eine Eigentumsvermutung zugunsten des ehemaligen unmittelbaren Besitzers aufstellte. § 203 TE billigte auch dem Inhaber bei unfreiwilligem Verlust einer beweglichen Sache ein Klagerecht auf deren Herausgabe zu. Weil nach diesen Vorschriften der Besitzer wie auch der Inhaber dem Berechtigten die Wiedererlangung einer beweglichen Sache erheblich erschweren konnten, hielt es *Johow* für ungerecht, dem Eigentümer im Prozeß um die Herausgabe der Sache die Berufung auf sein Recht zum Besitz, vor allem auf das Eigentum, auszuschließen[374]. Ferner wies er noch darauf hin, daß anders als bei Grundstücken Besitzirrungen bei beweglichen Sachen nicht vorkämen und rein possessorische Besitzprozesse um bewegliche Sachen zu den großen Seltenheiten der Praxis gehörten.

Die 1. Kommission konnte sich jedoch nicht für eine Aufgabe der Besitzschutzklagen für bewegliche Sachen entscheiden[375]. Die Mehrheit war der Ansicht, daß auch bei beweglichen Sachen ein Bedürfnis für Besitzschutzklagen bestehe, da trotz eventueller Beweiserleichterungen im Vindikationsprozeß Einreden aus dem materiellen Recht zulässig seien. Ferner wollte die 1. Kommission auch nicht den Inhaber beweglicher Sachen, insbesondere von Schiffen, bei bloßen Besitzstörungen schutzlos stellen. Im übrigen strich sie später die mehr dem deutschen Recht entsprechenden Beweiserleichterungsvorschriften des Teilentwurfs und nahm statt dessen nur eine der römischen Publiciana entsprechende Regelung auf[376]. Einen nur unvollständigen Ersatz für diese Eigentumsvermutungen bildete allerdings der das Besitzrecht abschließende § 825 E I, der im wesentlichen mit *Iherings* Theorie von der Eigentumspräsumtion übereinstimmte und auf die römisch-rechtliche condictio furtiva und die actio legis Aquiliae zurückging[377]. Nach der genannten Vorschrift bestand bei Verlust oder Beschädigung einer Sache die Vermutung, daß das Vermögen des Besitzers um den Wert der Sache oder die Verringerung des Sachwertes gemindert worden ist[378]. Diese Vorschrift galt aber nur für den Besitzer i. S. des 1. Entwurfs, also nur für den heutigen Eigenbesitzer, nicht aber für den bloßen Inhaber. *Johow* hatte diese auch einigen damaligen Kodifikationen bekannte Vermutung nicht in den Teilentwurf aufgenommen, weil sie für ihn selbstverständlich war[379], während die Mehrheit der 1. Kommission die Beweis-

375 Vgl. Prot. I, S. 3513—3514.

376 Vgl. Prot. I, S. 4238; §§ 945 E I, 1007 BGB.

377 Vgl. *Kiefner*, Eigentumsvermutung, S. 288 ff., 291 ff., mit weiteren Nachweisen. Vgl. auch S. 94, Anm. 516.

378 Ähnlich § 323 ABGB, Art. 2230 Cc; I 7 § 179 ALR.

379 Vgl. Mot. TE, S. 434—435.

380 Vgl. Prot. I, S. 3510—3511.

erleichterung des § 825 E I aus nicht näher angegebenen Gründen für durchgreifender als die des § 200 TE hielt[380].

Der 1. Entwurf kannte, entsprechend dem prohibitorischen und rekuperatorischen Interdikten[381] des römischen Rechts, Besitzschutzklagen wegen Störung und wegen Entziehung des Besitzes (§§ 819, 820 E I)[382]. Diese standen anders als nach dem römischen Recht jedem Inhaber zu. Die 1. Kommission unterschied auch nicht mehr wie das gemeine Recht zwischen den auf die Interdikte zurückgehenden Besitzschutzklagen des unmittelbaren Eigenbesitzers und der diesem gleichgestellten Inhaber und den auf das kanonische Recht zurückgehenden Spolienklagen[383] wegen Entziehung einer Sache, die von jedem Inhaber, auch den Mietern und Pächtern, erhoben werden konnten. Die 1. Kommission faßte die Interdikte und die Spolienklage zu einer einheitlichen, jedem Inhaber zustehenden Besitzklage zusammen und ging damit über sämtliche Kodifikationen und Kodifikationsentwürfe der damaligen Zeit hinaus, die beispielsweise noch entsprechend dem römischen Recht zwischen der heimlichen und gewaltsamen Besitzentziehung und dem Besitzentzug durch Vorenthaltung des Prekaristenbesitzes unterschieden[384]. Auch die mannigfachen Unterschiede zwischen den Klagen wegen Besitzstörung und -entziehung beseitigte sie und gestaltete diese nach einheitlichen Grundsätzen aus. Im Gegensatz zum gemeinen Recht und fast allen damaligen Gesetzen[385] konnten nach dem 1. Entwurf im Besitzschutzprozeß keine Schadensersatzforderungen mehr geltend gemacht werden. Die 1. Kommission wollte dadurch dem possessorischen Verfahren den pönalen Charakter nehmen[386], den es nach der damaligen Lehre hatte, die in der verbotenen Eigenmacht ein Delikt gegen die Person oder eine Störung der öffentlichen Ordnung erblickte[387].

Nach den §§ 819 II und 820 II E I waren die Besitzschutzklagen ausgeschlossen, wenn der frühere gegenüber dem jetzigen Inhaber eine Sache fehlerhaft innehatte. Diese Bestimmungen gingen auf die römische exceptio

---

381 Vgl. *Windscheid*, Pandekten, Bd. 1, S. 462—463, 468—473.

382 Ähnlich §§ 77, 78 TE wegen Störung und Entziehung des Prekaristenbesitzes.

383 Vgl. *Stobbe*, Privatrecht, Bd. 2, S. 41—48; *Bruns*, Besitzklagen, S. 237—239; *Heusler*, Gewere, S. 297—326.

384 Vgl. die Übersicht in Mot., Bd. 3, S. 118 Anm. 1; vgl. ferner Mot. TE, S. 454, Prot. I, S. 3526.

385 Vgl. *Windscheid*, Pandekten, Bd. 1, S. 463 und die Übersicht in Mot. TE, S. 446—447. Wie der 1. Entwurf nur das preuß. Recht (vgl. I 31 § 17 AGO).

386 Vgl. Prot. I, S. 3545—3546. Wegen der Schwierigkeit der Schadensfeststellung vgl. *Bruns*, Besitzklagen, S. 189—199.

387 Wegen der Ausdehnung der Besitzklagen gegen den conscius spolii vgl. § 818 E I; *Bruns*, Recht des Besitzes, S. 394 (anders das preuß. (vgl. *Koch*, Besitz, S. 281) und des österr. (vgl. *Randa*, Besitz, S. 224) Recht.

vitiosae possessionis zurück, die aber nach gemeinem Recht nur in Prozessen wegen Besitzstörung erhoben werden konnte[388]. Die 1. Kommission hatte diese Einrede des fehlerhaften Besitzes beibehalten und sie entsprechend der Regelung des preußischen Rechts[389] auf alle Besitzschutzklagen ausgedehnt, weil ihrer Ansicht nach damit eine Vereinfachung der Besitzschutzprozesse verbunden war[390]. Hingegen waren Einreden aus dem Recht zum Besitz unzulässig (§ 822 E I). Aus § 824 E I folgte endlich, daß nach Ablauf eines Jahres im Besitzschutzprozeß Handlungen nicht mehr als verbotene Eigenmacht geltend gemacht werden konnten. Die 1. Kommission hat sich in diesem Fall absichtlich für eine mittelbare Präklusivfrist entschieden, weil sie Schwierigkeiten bei der Anwendung der Verjährungsvorschriften ausschließen wollte[391]. Vor allem aber befürchtete sie, mittelbar die Verjährung von Einreden anzuerkennen, wenn sie von einer Verjährung der Besitzklagen spreche. Letztlich waren also für den § 824 E I fast ausschließlich doktrinäre und nicht praktische Gesichtspunkte entscheidend.

III. Zusammenfassung

Kein anderes Rechtsgebiet läßt so deutlich wie das Besitzrecht des 1. Entwurfs die Stellung der 1. Kommission zum überkommenen Recht erkennen. Wie die Ablehnung der Vorschläge *Johows* zeigt, lag der 1. Kommission eine gründliche Reform des überkommenen Besitzrechts fern. Andererseits darf aber die starke Anlehnung des 1. Entwurfs an das gemeinrechtliche Besitzrecht nicht darüber hinwegtäuschen, daß die 1. Kommission die Grundsätze des römischen Besitzrechts in mancherlei Hinsicht bereits aufgegeben hatte. So erkannte sie, was durchaus im Gegensatz zum reinen römischen Recht und auch teilweise zum gemeinen Recht stand, den Inhabern, also auch den Mietern und Pächtern, die Besitzschutzrechte zu und fingierte im Ergebnis einen unmittelbaren Übergang des Besitzes vom Erblasser auf den Erben. Diese und andere Neuerungen, die fast ausnahmslos auf die damaligen Kodifikationen zurückgingen, führten aber nicht zu einer Aufgabe der gemeinrechtlichen Besitzrechtsterminologie und -dogmatik. Dies ist vor allem darauf zurückzuführen, daß die meist aus der Schule des klassischen Pandektenrechts stammenden Mitglieder der

---

[388] Vgl. *Windscheid,* Pandekten, Bd. 1, S. 462—465, 471.

[389] Vgl. I 7 §§ 96, 98, 106 ALR, I 31 § 14 AGO; ähnlich §§ 345—347 ABGB; III Art. 36 bay. E; II 2 Art. 17—19 hess. E.

[390] Vgl. Prot. I, S. 3518; Mot. TE, S. 457.

[391] Vgl. § 82 TE; Mot. TE, S. 466—467; Prot. I, S. 3530—3532. Eine Verjährung der Besitzklagen kannte nur das sächs. BGB (vgl. § 210). Wegen der anderen Gesetze vgl. Mot., Bd. 3, S. 131—132.

1. Kommission sich noch nicht von der auf *Savigny* zurückgehenden Besitzrechtsdogmatik, die auch *Windscheid* noch im wesentlichen beibehalten hatte, freimachen konnte. Sie ließen die Bestrebungen von *Bruns*, *Meischeider*, *Bekker* und zum Teil auch von *Ihering*, die das Besitzrecht auf neue Grundlagen zu stellen versucht, allerdings auch mit ihren neuen Ansichten noch keine allgemeine Billigung gefunden hatten, fast völlig außer Betracht.

Nur in einer Hinsicht ging die 1. Kommission über das in den damaligen Gesetzen und Entwürfen kodifizierte Besitzrecht hinaus. Sie brach weitgehend mit der im Besitzrecht seit jeher üblichen besonders reichen Kasuistik, von der auch der Teilentwurf noch nicht ganz frei gewesen war, und faßte das geltende Besitzrecht zu klaren und einfachen Grundsätzen zusammen, die sie auch im 1. Entwurf zum Ausdruck brachte. Diese Grundsätze waren vor allem die scharfe Trennung von Besitz und Inhabung, die Zuerkennung des Besitzschutzes auch an den Inhaber und der rein possessorische Charakter der Besitzschutzklagen. Indessen führte die 1. Kommission diese Grundsätze überstreng durch und nahm aus diesem Grunde sogar hin und wieder, wie beispielsweise in der Gewährung der Besitzschutzrechte an jeden Inhaber, Abweichungen vom geltenden Recht in Kauf. Ausschließlich dieser dogmatische Purismus ist dafür verantwortlich, daß sie bei ihren Entscheidungen mehr Rücksicht auf dogmatische Gesichtspunkte als auf die Bedürfnisse des Lebens nahm, was im Immobiliarrecht des 1. Entwurfs noch deutlicher als im Besitzrecht zum Ausdruck kam.

Zehntes Kapitel

Die Kritiken am 1. Entwurf

I. Besitzerwerb und Besitzverlust

Kaum ein Teil des 1. Entwurfs ist eingehender beurteilt und schärfer kritisiert worden als sein Abschnitt über den Besitz[392], da dieser seit dem Erscheinen von *Iherings* Schrift „Ueber den Grund des Besitzschutzes" im Jahre 1868 im Mittelpunkt der wissenschaftlichen Diskussion stand, die 1. Kommission diese aber nur wenig berücksichtigt hatte. Das Besitzrecht war eines der ersten wichtigsten Rechtsgebiete gewesen, dessen überkom-

---

[392] Vgl. die Gegenentwürfe von *Bähr*, Beitrag, S. 117 ff.; *Raetz*, Besitz, S. 778—779, 794, 806—807, 817, 821, 824; *Rocholl*, Vertrag, S. 518 ff.; *Strohal*, Besitzrecht I, S. 371—372, 392, 393; Besitzrecht II, S. 3—5; *Zrodlowski*, Entwurf, §§ 174—195; Bem. preuß. Justizminister, S. 146—148; vgl. ferner den Gegenentwurf zum 2. Entwurf in „Ein Reichsgesetzbuch über das Privatrecht", Art. 735—754. 1081—1086.

mene Dogmatik die damalige Rechtswissenschaft zu überwinden trachtete. Außer Ihering hatten zahlreiche Romanisten nachzuweisen versucht, daß das auf Savigny zurückgehende gemeinrechtliche Besitzrecht entweder nicht dem römischen Recht entspreche oder das römische Besitzrecht in sich widersprüchlich und deshalb für eine Kodifikation ungeeignet sei[393]. Die Hoffnung vieler Rechtswissenschaftler und auch Praktiker war deshalb darauf gerichtet gewesen, daß der 1. Entwurf das römische Besitzrecht aufgeben und es auf zeitgemäßere Grundlagen stellen würde. Umso größer war ihre Enttäuschung, als sie sahen, daß die 1. Kommission im wesentlichen nur das überkommene Besitzrecht kodifiziert hatte[394]. Hinzu kam noch, daß die fast einzige Neuerung des 1. Entwurfs gegenüber dem geltenden Recht, die Ausdehnung des Besitzschutzes auch auf den Inhaber ohne eigenes rechtliches Interesse, wegen der mit dieser Regelung verbundenen ungerechten Ergebnisse abgelehnt wurde. Deshalb ist es verständlich, daß die Kritiker das Besitzrecht des 1. Entwurfs allgemein als reaktionär betrachteten, ja vielfach sogar als Rückschritt gegenüber dem ALR empfanden.

Fast noch mehr wegen seines materiell-rechtlichen Inhalts war das Besitzrecht des 1. Entwurfs für die meisten Kritiker wegen seiner doktrinären Form, seiner oft unanschaulichen und schwer verständlichen Sprache und vor allem wegen der scharfen Trennung von Besitz und Inhabung, die das gesamte Sachenrecht in ermüdender Breite durchzog, unannehmbar. *Gierke* bezeichnete diesen Teil des 1. Entwurfs als „ein gänzlich verschrobenes und verkünsteltes, praktisch unbrauchbares Elaborat der blassesten Doktrin"[395]. Vor allem vermißte er die Anknüpfung an den Gedanken der Gewere, machte aber, im Gegensatz zu vielen anderen Kritikern, keine genauen Gegenvorschläge.

Freilich übersahen die Kritiker vielfach, daß die 1. Kommission das römische Besitzrecht bereits in mehrfacher Hinsicht aufgegeben und insoweit nur noch die alten Begriffe beibehalten hatte. Dieses Festhalten an der Dogmatik des römischen Rechts aber zeigte auch andererseits hinreichend, wie wenig sich die 1. Kommission von dem herkömmlichen Recht lösen und zu einer konsequenten Neuregelung durchringen konnte, obwohl gerade der Teilentwurf, der vom Erfordernis des Aneigungswillens bei der Besitzbegründung absah, hierzu brauchbare Ansätze bot. Insofern war die Ansicht *Iherings*[396], daß der 1. Entwurf die geistige Freiheit der Zeit gegenüber dem römischen Recht und der bisherigen römischen Theorie dokumentiere,

---

[393] Vgl. S. 57 ff.
[394] Vgl. u. a. *Bekker*, Reform, S. 243, 244, 246, 255; *Biermann*, Traditio, S. 404.
[395] *Gierke*, Entwurf, S. 294.
[396] Besitzwille, S. 471.

nur mit erheblichen Einschränkungen richtig, da sich die 1. Kommission ebensowenig wie die früheren Kodifikationen von dem engen römischen Besitzbegriff freimachen konnte.

Der Ausgangspunkt der Kritik am Besitzrecht des 1. Entwurfs war die scharfe Trennung von Besitz und Inhabung[397], die der 1. Entwurf strenger als sämtliche bisherigen Gesetze und Gesetzentwürfe durchgeführt hatte. Vor allem rügten mehrere Kritiker[398], daß die Vorschriften über den Besitzerwerb und -verlust fast ausschließlich auf den Besitz als Tatbestandsmerkmal des Eigentumserwerbs und -verlustes abgestellt waren, während der Besitzschutz allein von der Inhabung abhängig war. Diese Trennung der beiden Teile des Besitzrechts war ihrer Ansicht nach nicht erforderlich und sollte dadurch beseitigt werden, daß jedes possessorisch geschützte Inhabungsverhältnis Besitz genannt wurde. Die Beschränkung des Besitzbegriffs auf den Eigenbesitz lehnten viele Kritiker auch deswegen ab, weil sie die Bezeichnung der Mieter und Pächter als Inhaber für eine soziale Herabwürdigung dieses Personenkreises und zudem für unvereinbar mit dem Sprachgebrauch hielten[399]. Nur schwer konnten sie sich vorstellen, daß etwa entsprechend der Definition des § 813 E I ein Mieter die tatsächliche Gewalt über die gemietete Sache für den Besitzer, den Vermieter, ausübte. Hinzu kam noch, daß der 1. Entwurf im Mietrecht den deutschrechtlichen Grundsatz „Kauf bricht nicht Miete" nicht übernommen hatte[400]. Demgegenüber verteidigten manche Kritiker[401] insoweit sogar die Regelung des ALR, nach der die Mieter und Pächter unvollständige Sachbesitzer und zugleich vollständige Rechtsbesitzer waren, und bezeichneten den 1. Entwurf insoweit als Rückschritt. Ebenso heftige Ablehnung wie die Einschränkung des Besitzbegriffs fand andererseits die unterschiedslose Ausdehnung des Besitzschutzes auf jeden Inhaber.

Die Kritiker machten, um den Mängeln des 1. Entwurfs abzuhelfen, eine Fülle von Vorschlägen, wie der Besitz von der besitzschutzlosen Inhabung abgegrenzt werden sollte. *Raetz* unterschied zwischen den Eigenbesitzern, zu denen er unter anderem den Eigentums-, Nießbrauchs-, Miet- und Pacht-

---

[397] *Ihering*, aaO., S. 519, Anm. 1, hielt dieses „Dioskurenpaar" für eine der „mißlungensten Schöpfungen" des 1. Entwurfs.

[398] Vgl. u. a. *Reatz*, Besitz, S. 771; *Bekker*, Sprache, S. 45—46.

[399] Vgl. allerdings *Kuntze*, Besitzlehre, S. 43—44, der darauf hinwies, daß nach allgemeinem Sprachgebrauch unter dem Besitzer meist der Eigentümer verstanden werde (vgl. Mühlen-, Haus-, Gutzbesitzer).

[400] Vgl. § 509 E I; Wegen der Kritik vgl. Zst. Bd. 2, S. 246—264; Bd. 6, S. 381—392.

[401] Vgl. v. *Ihering*, Besitzwille, S. 505; *Rocholl*, Vertrag, S. 516; *Baron*, Lehre, S. 236.

besitzer rechnete, und den fremden Besitzern, den sogenannten Verwaltungsbesitzern, die gegenüber dem Eigenbesitzer keinen Besitz haben sollten[402]. Ähnlich wie Raetz ging *Bähr* in seinem Gegenentwurf[403] vom Eigentums- und Nutzbesitzer und dem Verwaltungsbesitzer aus, der gegenüber dem Besitzherrn keine Besitzschutzrechte haben sollte. Auch *Wendt*[404] und *Ihering*[405] waren der Ansicht, daß jeder possessorisch geschützte Inhaber als Besitzer zu bezeichnen sei, wie auch *Cosack*[406] den Unterschied zwischen Besitz und Inhabung für überflüssig erachtete und für die abhängigen Besitzverhältnisse den Ausdruck Unterbesitz verwenden wollte[407]. — Hingegen enthielten *Strohals* Vorschläge[408] eine etwas kompliziertere Einteilung, die auch in der Terminologie mehr dem heutigen BGB entsprach. Nach § 1 seines Gegenvorschlags war derjenige, „der eine Sache unmittelbar oder mittelbar zu eigenem Vorteil innehat" Besitzer (Sachbesitzer), „und zwar je nach dem Zweck der Inhabung Eigenbesitzer oder Nutzbesitzer (Nießbrauch-, Mieth-, Pacht-, Pfandbesitzer u. dergl.)"[409]. Ferner unterschied er zwischen selbständiger und unselbständiger Inhabung, etwa der Inhabung des Gesindes an den Sachen des Dienstherrn, und stellte den Besitzern die Verwaltungsbesitzer gleich, die, wie der Konkursverwalter, ein willkürlich nicht entziehbares Verwaltungsrecht hatten. Im übrigen aber wollte er den Eigenbesitz beibehalten, da er ihn für die Ersitzung, den Fruchterwerb und das Besitzkonstitut für unentbehrlich hielt[410].

Im Gegensatz zu Strohal wollte *Ihering* den Begriff des Eigenbesitzes, den er auf die seiner Ansicht nach völlig falsche herrschende Lehre vom Besitzwillen zurückführte, ganz abschaffen und widmete dieser Frage eine umfangreiche Monographie[411], deren Schlußkapitel eine überaus scharfe Kritik am Besitzrecht des 1. Entwurfs enthält. Ihering verstand unter Besitz jedes gewollte tatsächliche Herrschaftsverhältnis einer Person über eine Sache[412]. Es sei nicht gerechtfertigt, zusätzlich noch den Eigenbesitzwillen zu verlangen, der allein auf eine verfehlte dogmatische Konstruk-

---

402 Vgl. *Raetz,* Besitz, S. 762, 771.
403 §§ 1, 7, 22 (vgl. *Bähr,* Beitrag, S. 117 ff.).
404 Besitz, S. 158—159.
405 Besitzwille, S. 476, 481, 492, 509.
406 Sachenrecht, S. 8—9.
407 Vgl. auch *Rocholl,* Vertrag, S. 515—517, 518—536.
408 *Strohal,* Besitzrecht I, S. 366—371.
409 *Strohal,* aaO., S. 371.
410 *Strohal,* aaO., S. 366—367; ähnlich auch *Hölder,* Rezension Ihering, S. 235 ff.
411 „Der Besitzwille", Jena 1889.
412 Vgl. *v. Ihering,* Besitzwille, S. 8, 341, 349.

tion des römischen Juristen *Paulus*[413] zurückzuführen und von *Savigny* und der gesamten Pandektenwissenschaft leider übernommen worden sei. Ob nach römischen Recht Besitz oder nur besitzschutzlose Inhabung (Detention) vorliege, richte sich allein nach objektiven, rein praktischen, und nicht nach subjektiven Gesichtspunkten. Detention setze das Bestehen einer gesetzlichen Vorschrift voraus, nach der ausnahmsweise ein possessorisch geschütztes Besitzverhältnis nicht entstehe. Infolgedessen hielt Ihering den Unterschied zwischen Besitz und Inhabung, so wie ihn der 1. Entwurf machte, für völlig verfehlt[414] und schlug vor, jede possessorisch geschützte Inhabung als Besitz zu bezeichnen. Andererseits sprach er sich für die Beibehaltung des Ausdrucks „Inhabung" für den dem Besitzherrn gegenüber schutzlosen Besitz aus. Ferner wandte er sich dagegen, daß der 1. Entwurf in § 797 die Inhabung als „die thatsächliche Gewalt über die Sache" näher umschrieb, da dies seiner Ansicht nach nicht den wirtschaftlichen Zwecken, denen der Besitz zu dienen habe, entsprach. Er regte an, Besitz als „das thatsächliche Verhältnis der Person zur Sache, welches durch den Zweck ihrer wirtschaftlichen Verwendung geboten ist" zu bezeichnen[415]. Gegen Ihering läßt sich allerdings einwenden, daß der Begriff „tatsächliche Gewalt" damals nicht mehr die enge Bedeutung der physischen Gewalt hatte, die er ihr beilegte[416]. Noch weiter als Ihering ging *Bekker*[417], indem er zum Erwerb des Besitzes vom Erfordernis des Willens, und nicht nur wie Ihering vom Eigenbesitzwillen, gänzlich absehen wollte. Nach seinem Vorschlag sollte Besitz an beweglichen Sachen vorliegen, „wenn die Sache mit oder ohne Zutun des Erwerbers in denjenigen Bereich des Erwerbers gelangt, den wir mit dem Namen ‚häusliche Gewalt' oder ‚Gewahrsam' bezeichnen"[418]. Im übrigen setzte er sich, wie schon 1880, für eine Trennung des Besitzrechts für bewegliche und unbewegliche Sachen ein, fand aber mit dieser Forderung keine weitere Unterstützung[419].

Die meisten Kritiker hielten ferner die Unterscheidung zwischen Besitz und Inhabung auch aus praktischen Gründen für unzweckmäßig. *Gierke* wies nicht zu Unrecht auf die „sklavische Abhängigkeit des Entwurfs

---

[413] Vgl. D. 41.2.1.20 und D. 13.7.37. (vgl. hierzu *v. Ihering*, aaO., S. 271—289).

[414] *v. Ihering*, aaO., S. 492—493, S. 503.

[415] *v. Ihering*, Besitzwille, S. 478—481; Besitz S. 79—83.

[416] Den meisten Vorschlägen Iherings widersprach *Kuntze*, Besitzrecht, S. 33, 35, 54, 72, 117—118, 121, der den Besitzbegriff des 1. Entwurfs verteidigte. Hingegen hat sich u. a. Baron mit Iherings neuer Lehre einverstanden erklärt (vgl. Lehre, S. 194 ff.; Besitzwille, S. 198 ff.).

[417] Vgl. zum folgenden *Bekker*, Reform, S. 336—337, 247, 312.

[418] *Bekker*, Reform, S. 311.

[419] *Bekker*, Reform, S. 250.

von seinen eigenen Kunstausdrücken" hin[420]. Diese Abhängigkeit zeigte sich vor allem darin, daß der 1. Entwurf mangels eines Oberbegriffs in ermüdender und oft unverständlicher Breite Besitz und Inhabung auch dann noch auseinanderhielt, wenn im Ergebnis kein Unterschied mehr vorhanden war[421]. Im Gegensatz hierzu hatte der Teilentwurf, obwohl auch er die Ausdrücke Inhabung und Inhaber enthielt, auch diese Gefahren durch eine weniger doktrinäre Fassung der einzelnen Bestimmungen vermieden[422].

Auch die meisten Bundesregierungen lehnten die Unterscheidung zwischen Besitz und Inhabung ab und sprachen sich dafür aus, daß jedes possessorische Inhabungsverhältnis auch Besitz genannt werde[423]. Hingegen sollte den Inhabern, die kein selbständiges rechtliches Interesse an der Inhabung hatten, sondern nur Verwaltungsbesitzer des Besitzherrn waren, diesem gegenüber keine Besitzschutzrechte zustehen. Von besonderer Bedeutung ist in diesem Zusammenhang der Vorschlag des preußischen Justizministers, der zur Abgrenzung dieser Fälle folgende Bestimmung in das Gesetz aufnehmen wollte:

> „Uebt Jemand die thatsächliche Gewalt über eine Sache für einen Anderen in dem Haushalte, dem landwirtschaftlichen Betriebe, dem Erwerbsgeschäfte desselben oder in einem ähnlichen Abhängigkeitsverhältnisse aus, so gilt nur dieser Andere als Besitzer"[424].

Dieser Vorschlag, der später mit kleinen Änderungen von der 2. Kommission angenommen wurde, war besonders brauchbar, weil er die Ausdrücke „Inhabung, Inhaber" vermied, die selbst die meisten Gegenvorschläge noch beibehalten wollten.

Dagegen wurde die in den §§ 979, 1048 E I ausgesprochene Einschränkung des Rechtsbesitzes auf Dienstbarkeiten von fast allen Kritikern gebilligt[425]. Nur *Gierke* und *Strohal* lehnten den 1. Entwurf insoweit ab. *Gierke*[426] war der Ansicht, man könne auch eine Reallast und jede in wiederkehrenden Leistungen sich manifestierende Forderung besitzen. *Strohal*, der sich eingehender als Gierke mit dem Rechtsbesitz befaßte, bemängelte zunächst, daß im 1. Entwurf bei den Miet- und Pachtverhältnissen, die

---

[420] *Gierke*, Entwurf, S. 30.

[421] Vgl. u. a. 874, 929—945, 1147, 2052—2054, EI.

[422] Vgl. z. B. die Fassung von § 178 TE mit der des § 929 EI.

[423] Vgl. Zst. BR., Bd. 1, S. 95—107, Bd. 2, 25—26. Ausdrücklich gebilligt haben den 1. Entwurf insoweit nur Anhalt, Lippe, Coburg-Gotha, Reuß ä. L.

[424] Vgl. Zst. BR., Bd. 1, S. 96.

[425] Vgl. u. a. *Wendt*, Besitz, S. 174; *Cosack*, Sachenrecht, S. 9; *Meischeider*, Streithagen, S. 81, *Raetz*, Besitz, S. 778 Anm. 7.

[426] *Gierke*, Entwurf, S. 297.

nicht mit einer Sachinhabung verbunden seien, ein possessorischer Schutz nicht vorgesehen sei[427]. Er wies in diesem Zusammenhang[428] vor allem auf die Pacht eines Fischereigewässers, bei der der Pächter nicht gleichzeitig Besitzer dieses Gewässers sei, auf die Grasnutzung eines öffentlichen Grundstücks sowie auf die Berechtigung, an einem fremden Hause Geschäftsanzeigen anzubringen, hin. Ferner vermißte er im 1. Entwurf einen possessorischen Schutz von Untersagungsrechten wie z. B. des ausschließlichen Rechts eines Gasbeleuchtungsunternehmens, in einer Gemeinde die Straßen mit Gas zu beleuchten[429]. Anders als Gierke hielt er jedoch einen allgemeinen Schutz von Rechten auf wiederkehrende, positive Leistungen, auch von Reallasten, nicht für erforderlich und beschränkte seine Vorschläge auf den Schutz von negativen und sonstigen Untersagungsrechten[430]. Im übrigen hätte er es begrüßt, wenn der 1. Entwurf auch den possessorischen Schutz auf dem Gebiete des Wasser-, Fischerei- und Bergrechts geregelt und dies nicht den Landesgesetzen überlassen hätte.

Sehr scharf wurden die §§ 798—802 und 806—813 E I, die hauptsächlich den Erwerb und Verlust des Eigenbesitzes regelten, wegen ihres rein doktrinären Inhalts kritisiert[431]. Einhellige Ablehnung fand vor allem § 802 E I, wonach „eine Sache ohne den Willen des bisherigen Besitzers von einem Anderen nur durch solche Handlungen erworben werden kann, durch welche dem bisherigen Besitzer der Besitz entzogen wird"[432], oder § 806 E I, wonach der Besitz „bis zum Eintritte einer Thatsache, welche nach den Vorschriften der §§ 807—813 die Beendigung des Besitzes bewirkt", fortdauern sollte. Die meisten Kritiker wollten diese und ähnliche Bestimmungen streichen, da ihrer Ansicht nach ein Gesetzbuch nicht den Inhalt von Lehrbüchern wiedergeben, sondern sich möglichst auf die Aufstellung von Rechtssätzen beschränken sollte[433].

Cosack hielt die Regelung des § 813 II E I, nach der der inhabungslose Besitzer den Besitz erst durch eine ihm gegenüber erklärte Lossagung des

---

427 *Strohal,* Besitzrecht I, S. 337—347.

428 Vgl. zum folgenden die nicht ganz zutreffenden Ausführungen in den Mot., Bd. 3, S. 120.

429 Vgl. *Strohal,* Besitzrecht I, S. 350—351. Ähnlich § 313 ABGB; I 7 §§ 86—87 ALR.

430 *Strohal,* Besitzrecht I, S. 353—354.

431 Vgl. hierzu die in Zst., 3. Bd., S. 40—43, 50—53 und 6. Bd., S. 547—548 genannten Autoren. Vgl. ferner *Goldschmidt,* Ludwig: Erörterungen, S. 140—142, 150—151 f..

432 Diese Vorschrift bezweckte ein Verbot der compossessio in solidum (vgl. Mot., 3. Bd., S. 89).

433 Vgl. besonders *Zrodlowski,* Codifikationsfragen, S. 4—5.

Inhabers verlieren sollte, für zu eng. Nach seinem Vorschlag[434] sollte bereits der Abschluß eines Besitzkonstituts ausreichen, da sonst das Weiterbestehen des Besitzes trotz des Wegfalls der tatsächlichen Grundlagen, nämlich des Gehorsams des Inhabers, fingiert werde. Andere Kritiker hingegen fanden es unerträglich, daß der Besitzer gegenüber einer Lossagungserklärung machtlos sein sollte, und wollten deshalb den Besitzverlust erst dann eintreten lassen, wenn dem Besitzer der Versuch, die Sache wiederzuerlangen, mißlungen war[435].

Die meisten Kritiker[436] mißbilligten ferner die Regelung des 1. Entwurfs, daß der Besitz und die Inhabung der Erbschaftssachen zwar nicht auf den Erben übergehen (§ 2052 E I), andererseits diesem aber gem. § 2054 E I sämtliche Rechte eines Besitzers zustehen sollten. Völlig zu Recht wiesen sie darauf hin, daß § 2052 E I durch § 2054 E I sowie durch § 882 E I, nach dem die Ersitzungsfrist auch nach dem Tode des Erblassers fortdauern sollte, weitgehend aufgehoben werde. In diesen Vorschriften sahen sie das den gesamten 1. Entwurf kennzeichnende Verfahren der 1. Kommission besonders augenfällig verwirklicht, einen vom römischen Recht herkommenden Rechtssatz beizubehalten, auch wenn sie dessen tatsächliche Grundlagen bereits aufgegeben hatte. Sie forderten deshalb, ins zukünftige Zivilgesetzbuch stattdessen die Bestimmung aufzunehmen, daß der Besitz auf den Erben übergeht oder durch den Tod des Besitzers nicht untergeht[437]. Nach dieser Regelung trafen den Erben auch die Verbindlichkeiten, die den Besitz oder die Inhabung voraussetzten, auch wenn sich der Erbe den tatsächlichen Besitz oder die tatsächliche Inhabung noch nicht verschafft hatte[438]. Indessen wollten einige Kritiker dem Erben das Recht, sich die Erbschaftsgegenstände eigenmächtig zu verschaffen, versagen, um die nackte Gewalt unter Erbprätendenten zu verhindern und die öffentliche Ruhe und Ordnung zu schützen[439].

Ein weiterer Schwerpunkt der Kritik betraf die §§ 803—805 E I, die die

---

[434] Vgl. *Cosack*, Sachenrecht, S. 16—17; wohl auch *v. Liebe*, Erörterungen, S. 14, 544. Gegen Cosack *Bähr*, Schriften, S. 200.

[435] Vgl. *Wendt*, Besitz, S. 165—166; *Raetz*, Besitz, S. 777.

[436] Vgl. u. a. *Bähr*, Besprechung, S. 512—513; *Baron*, Erbrecht, S. 263—265; *Gierke*, Entwurf, S. 306, 342, 552, 553; *Fischer*, Rechtsschutz, S. 65 Anm. 1; *Kühnast*, Erbrecht, S. 51—52; *v. Ihering*, Besitzwille, S. 498—499; *Strützki*, Gutachten, S. 197—198; *Wendt*, Besitz, S. 168—172; *Strohal*, Besitzrecht II, S. 59—64; *Zrodlowski*, Codifikationsfragen, S. 86—93.

[437] Vgl. indessen *Bähr*, Erbrecht, S. 156—158, der seine ursprüngliche Kritik an der Regelung des 1. Entwurfs später nicht aufrecht erhielt.

[438] Vgl. u. a. *Baron*, Erbrecht, S. 264; *Strohal*, Besitzrecht II, S. 61—63.

[439] Vgl. *v. Ihering*, Besitzwille, S .497—498; *Bähr*, Erbrecht, S. 157—158.

Übertragung des Eigenbesitzes regelten. *Gierke* tadelte vor allem die Beschränkung des Ausdrucks „Übergabe" in § 803 I E I auf die Übertragung des Eigenbesitzes[440]. Nur deshalb sei der 1. Entwurf gezwungen, für den konsensualen Inhabungswechsel die Ausdrücke „Einräumung und Ergreifung" der Inhabung zu gebrauchen[441]. Im übrigen wandten sich *Gierke* und *Bähr* gegen die Auffassung der Motive, daß die Übergabe kein Rechtsgeschäft sei[442]. *Wendt, Raetz* und *Ludwig Goldschmidt* wünschten die Streichung des § 803 E I[443], weil sie diese Vorschrift teils für selbstverständlich, teils wegen § 803 II E I, wonach die Übergabe offenliegender Sachen durch bloße Willenseinigung möglich sein sollte, für nicht unbedenklich hielten. Hingegen begrüßte *Bähr*[444] den § 803 II E I, weil dieser ausdrücklich anerkenne, daß die Übergabe offenliegender Sachen nicht in deren Nähe zu erfolgen brauche. Er sah schon in der Auflassung eines Grundstücks dessen Übergabe und wollte dies im Gesetzbuch durch eine entsprechende Vorschrift auch klarstellen[445].

Der die Übergabe durch Anweisung regelnde § 804 E I erregte deshalb Bedenken, weil der Übergang des Besitzes und damit bei beweglichen Sachen des Eigentums von der Zustimmung des Inhabers abhängig sein sollte. Nach den Vorschlägen mehrerer Kritiker sollte der Widerspruch des Inhabers den Besitzübergang nicht verhindern, sondern nur die Wirkung haben, daß die Rechte des Inhabers erhalten blieben[446]. *Bähr* hielt den § 804 E I für gefährlich, da der angewiesene Inhaber durch bloßes Schweigen seine Rechte verlieren könne, ohne daß ihm dies bewußt zu werden brauche[447]. Seiner Ansicht nach sollte der Besitzer sein Besitzrecht und die sich daraus ergebenden Ansprüche auf den Erwerber abtreten können, dem Inhaber sollten aber auf jeden Fall sämtliche Einwendungen, die er gegen den Besitzer hatte, auch gegen den Erwerber zustehen.

---

440 Vgl. *Gierke*, Entwurf, S. 33—34; ähnlich *Cosack*, S. 33—34; *Ring*, Entwurf, 195; *Wendt*, Besitz, S. 155.

441 Vgl. §§ 983, 1147 EI.

442 Vgl. *Bähr*, Besprechung, S. 480—482; *Gierke*, Entwurf, S. 300—301.

443 Vgl. *Goldschmidt*, Erörterungen, S. 132; *Raetz*, Besitz, S. 773; *Wendt*, Besitz, S. 162—164.

444 Besprechung, S. 491—492.

445 Vgl. § 13 des Gegenentwurfs (*Bähr*, Beitrag, S. 117 ff.). Ähnlich *Krech*, Rechte, S. 77.

446 *Binger*, Bemerkungen, S. 99; *Biermann*, Traditio, S. 408; *Rieß*, Sachenrecht, S. 633; *Wolff*, Sachenrecht, S. 623.

447 *Bähr*, Besprechung, S. 498—500; ähnlich *Gierke*, Entwurf, S. 301—302.

Ähnlich wie Bähr wollte Strohal an Stelle der Anweisung die Abtretung des mittelbaren Eigenbesitzes zulassen[448].

Ferner fand das Besitzkonstitut, so wie es in § 805 E I geregelt war, bei den Kritikern wenig Anklang. Sie betrachteten vor allem das Mißtrauen der Motive gegen das Konstitut als nicht gerechtfertigt. Einige Kritiker[449] wandten sich gegen das in § 805 E I für die Wirksamkeit des Konstituts geforderte Rechtsverhältnis, da ihrer Ansicht nach das Nachforschen nach diesen zu sehr nach polizeilichem Geist aussehe und zudem den Richter mit einer inquisitorischen, meist nicht ohne Willkür lösbaren Aufgabe belaste. Sie wiesen darauf hin, daß auch das Erfordernis des besonderen Rechtsverhältnisses eine mißbräuchliche Anwendung des Besitzkonstituts nicht verhindern könne, da sich ein derartiges Rechtsverhältnis jederzeit leicht vortäuschen lasse. Andererseits lehnten einige Kritiker die schrankenlose Zulassung des Besitzkonstituts wegen der damit besonders für die wirtschaftlich Schwachen verbundenen Nachteile ab. Deshalb befürworteten sie die Aufnahme einer Bestimmung in das Zivilgesetzbuch, nach der zumindest Sicherungsübereignungen im Wege des Besitzkonstituts wegen der Umgehung der Vorschriften über das Faustpfandrecht nichtig sein sollten[450]. *Wolff* und *Rocholl* wollten das Konstitut wegen der schlechten Erfahrungen in der Praxis und der Nachteile für Dritte ganz abschaffen[451], während *Gierke* die Sicherungsübereignung ohne unmittelbare Besitzübergabe im beschränkten Umfang zur Befriedigung gewisser Kreditbedürfnisse beibehalten wollte[452]. *Ihering*[453] endlich wollte den Anwendungsbereich der Sicherungsübereignung dadurch erheblich einschränken, daß er als besondere Rechtsverhältnisse nur die Miete, die Pacht, den Nießbrauch und den Depotvertrag zulassen wollte. Andere Vereinbarungen sollten keine dingliche Wirkung haben und nur als Erfüllungsmodalitäten des Kausalgeschäfts behandelt werden[454].

---

[448] *Strohal,* Besitzrecht II, S. 47—48; Strohal sprach im Gegensatz zu Bähr in seinem Gegenvorschlag ausdrücklich von einer Übertragung des Anspruchs auf Herausgabe (vgl. § 3 g).

[449] Vgl. u. a. *Bähr,* Besprechung, S. 494—495; *Biermann,* Traditio, S. 406—407; *Cosack,* Sachenrecht, S. 11—15, 22, 23; *Jacubezky,* Bemerkungen, S. 199; *Strohal,* Besitzrecht II, S. 38—39.

[450] Vgl. *Leist,* Sicherung, S. 43 ff., 104—106; *Bähr,* Besprechung, S. 497; *Cosack,* Sachenrecht, S. 14—15.

[451] Vgl. *Rocholl,* Vertrag, S. 518—519; *Wolff,* Sachenrecht, S. 623—624.

[452] *Gierke,* Entwurf, S. 388, Anm. 2.

[453] Besitzwille, S. 223—226.

[454] Wegen der Kritik an § 805 II EI, vgl. Zst., Bd. 3, S. 50; *Rümelin,* Selbstcontrahiren, S. 280 ff., 293.

II. Schutz des Besitzes und der Inhabung

Die Kritiker nahmen die Vorschriften über den Besitzschutz durchweg günstiger als die über den Erwerb und Verlust des Besitzes auf. Insbesondere wünschten sie keine verschiedenartige Ausgestaltung des Besitzschutzrechts für bewegliche und unbewegliche Sachen, bis auf *Bekker*[455], der aber dazu keine detaillierten Vorschläge machte. Ganz überwiegend hielten sie einen privatrechtlichen Schutz des Besitzes[456], und zwar trotz der Grundbucheinrichtung auch bei Grundstücken, für erforderlich, da sonst vor allem die Mieter und Pächter, die ihre Rechte im Grundbuch nicht eintragen lassen könnten, schutzlos seien. Deshalb wurde auch allgemein begrüßt, daß nach dem 1. Entwurf, anders als im römischen Recht, jedem Inhaber, der an der Inhabung ein eigenes rechtliches Interesse hatte, die Besitzschutzrechte zustanden[457].

Hingegen lehnten alle Kritiker[458] sowie die meisten Bundesregierungen[459] den § 815 IV E I ab, nach dem auch den Inhabern ohne eigenes rechtliches Interesse, den sogenannten prokuratorischen Inhabern, sämtliche Besitzschutzrechte auch gegenüber dem Besitzherrn zustehen sollten. Sie verwarfen die Begründung der Motive, daß eine andere Regelung mit der „prinzipiellen Auffassung der Rechtsstellung des Inhabers" nicht übereinstimmen würde[460], da nicht Prinzipien, sondern die Bedürfnisse des Lebens und des Verkehrs allein über die Gestaltung eines Rechtssatzes zu entscheiden hätten. Demgegenüber verwiesen sie sogar auf das ALR, das dem bloßen Sachinhaber gegenüber dem Besitzherrn keinen Besitzschutz gewährte[461]. An mehreren Beispielen versuchten die Kritiker die Folgen der neuen Regelung aufzuzeigen. So meinte *Meischeider*[462], daß der Herr seinem Diener, den er mit einem Brief auf die Post geschickt habe, diesen

---

455 Vgl. Reform, S. 250.

456 Vgl. *Cosack*, Sachenrecht, S. 21; *Raetz*, Besitz, S. 766; *Planck*, Kritik, S. 395; vgl. hingegen Klöppel, Entwurf, S. 655; *Bekker*, Reform, S. 346; *v. Liebe*, S. 11; *Zrodlowski*, Entwurf, § 189.

457 Vgl. u. a. *v. Ihering*, Besitzwille, S. 470—471; *Cosack*, Sachenrecht, S. 17; *Strohal*, Besitzrecht I, S. 360; Vhdl. LÖK, S. 289; vgl. hingegen *Bekker*, Reform, S. 346.

458 Vgl. u. a. *Bähr*, Beitrag, S. 122—123; *Cosack*, Sachenrecht, S. 19; *Gierke*, Entwurf, § 306—307; *v. Ihering*, Besitzwille, S. 503—518; *Meischeider*, Streitfragen, S. 76—81; *Strohal*, Besitzrecht I, S. 354—355, 359; *Wendt*, Besitz, S. 137—144; Vhdl. LÖK, S. 288—289; vgl. hingegen *Planck*, Kritik, S. 395—397.

459 Vgl. Zst. BR., Bd. 1, S. 95—107; Bd. 2, S. 24—25.

460 Mot. Bd. 3, S. 110—111.

461 Vgl. I 7 §§ 144—145 ALR.

462 Streitfragen, S. 80.

nicht wieder abnehmen könne, wenn er nachträglich seinen Willen ändere. *Bähr*[463] brachte das Beispiel, daß sich der Diener, den der Herr für die Zeit seiner Reise zur Aufsicht über sein Haus bestellt habe, dem Herrn gegenüber bei dessen Rückkehr possessorisch behaupten könne.

Deshalb machten die Kritiker zahlreiche Vorschläge dafür, wie die besitzschutzlose Inhabung näher bestimmt werden sollte[464]. *Ihering*[465] unterschied zwischen dem häuslichen, prokuratorischen und dem momentanen Detentionsverhältnis. Das erstere lag seiner Ansicht nach vor, wenn der Hausherr den Hausgenossen Sachen zur Benutzung übergab, während das prokuratorische Detentionsverhältnis unter anderem die Fälle des Auftrags, der Verwahrung und des Dienstvertrags umfassen sollte[466]. Für das momentane Detentionsverhältnis, etwa das kurze Überlassen des Kursbuches an einen Reisenden, hielt Ihering den sofortigen Gebrauch unter Anwesenden für wesentlich. *Strohal*[467] machte einen Unterschied zwischen der selbständigen und unselbständigen Inhabung. Für die letztere sollte entscheidend sein, daß der Besitzherr nach der Auffassung des Lebens neben dem tatsächlichen Sachinhaber weiterhin über die Sache disponieren könne. Als Beispiel hierfür führte er die Inhabung des Gesindes an den Sachen des Dienstherrn und die Inhabung von Zeitungen in einem Gasthaus an. Nicht zu den unselbständigen Inhabern rechnete Strohal den Kommissionär, den Spediteur, den Frachtführer und den Handwerker, der Werkmaterial vom Besteller empfangen hat[468].

Unter den Kritikern war ferner umstritten, ob dem gegenüber dem Besitzherrn schutzlosen Inhaber wenigstens Dritten gegenüber die Besitzschutzrechte zustehen sollten. Einige Kritiker[469] wollten ihm insoweit die Selbsthilferechte schlechthin verleihen, die Klagerechte aber nur dann, wenn der abwesende ehemalige Besitzer zu spät kommen würde. Eine weitere von einigen Kritikern behandelte Frage war, ob dem Besitzherrn nicht in bestimmten Fällen auch gegenüber den possessorisch geschützten Inhabern Besitzschutzrechte zustehen sollten. *Strohal* und *Raetz* wünschten dies für

---

[463] Besprechung, S. 489; vgl. auch *Gierke*, Entwurf, S. 307—308.

[464] Wegen des Vorschlages des preuß. Justizministers vgl. S. 78.

[465] Besitzwille, S. 510—518.

[466] Allerdings sollte der Besitzherr keinen Hausfriedensbruch bei der Wiederbeschaffung begehen dürfen (vgl. *v. Ihering*, Besitzwille, S. 511; ähnlich I 7 § 145 ALR).

[467] Besitzrecht I, S. 359, 366.

[468] § 3 des Gegenentwurfs (vgl. *Strohal*, aaO., S. 371—372.

[469] Vgl. *Gierke*, Entwurf, S. 310; *Bähr*, Beitrag, S. 122—123; *Baron*, Lehre, S. 228. Hingegen hielten *Wendt*, Besitz, S. 142—143 und *Cosack*, Sachenrecht, S. 19, den § 89 ZPO für ausreichend.

den Fall[470], daß der Nutzbesitzer offenbar die Grenzen seines Nutzbesitzes überschritt, also etwa der Pächter die gepachtete Weide in Ackerland umwandelte oder der Mieter einer Wohnung deren Wände einriß. Die Besitzrechte sollte der Besitzer ferner auch dann haben, wenn der Nutzbesitzer mit einem Dritten zum Schaden des Besitzers zusammenwirkte.

Weiterhin sollte der Besitzer nach den Vorschlägen mehrerer Kritiker[471] auch neben dem selbständigen Inhaber die Selbsthilferechte ausüben dürfen. Ihres Erachtens war kein Grund vorhanden, dem Besitzer sein natürliches Recht, Störungen abzuwehren, vor allem dann zu versagen, wenn er bei der Besitzstörung oder -entziehung gerade zur Stelle sei. Indessen übersahen diese Kritiker, daß der Besitzer in diesen Fällen meist schon nach dem allgemeinen Nothilferecht verbotene Eigenmacht abwehren durfte.

Einige Autoren[472] hielten die Ausdehnung des Gewaltverbots bei der Wiederbemächtigung von Grundstücken in § 815 III E I für eine Beschränkung des Rechts des Besitzers, die nicht durch das öffentliche Interesse wie die Erhaltung des öffentlichen Friedens gerechtfertigt sei. Nicht einverstanden waren sie auch damit, daß der 1. Entwurf in § 817 den possessorischen Schutz von Mitinhabern untereinander auf die diesen zustehende Gebrauchsbefugnis gründete, da hierdurch der Besitzschutz insoweit petitorisch ausgestaltet werde. Statt dessen schlugen sie vor[473], den Mitinhabern possessorischen Besitzschutz nur entsprechend dem Umfang des tatsächlich ausgeübten Besitzes zuzugestehen.

Die Vorschriften über die Besitzschutzklagen wurden von den meisten Kritikern grundsätzlich gebilligt. Insbesondere wandten sie bis auf wenige Ausnahmen[474] nichts dagegen ein, daß im Besitzschutzprozeß künftig die Geltendmachung von Schadensersatzansprüchen ausgeschlossen sein sollte. Allerdings sollte nach den Vorschlägen einiger Autoren der Besitzer, der die unmittelbare Gewalt über eine Sache durch verbotene Eigenmacht verloren hatte, auch dann noch gegenüber dem Dejizienten die Besitzklage erheben können, wenn dieser nicht oder nicht mehr Inhaber der Sache

---

[470] Vgl. *Strohal,* Besitzrecht I, S. 377—380, 394; *Raetz,* Besitzrecht, S. 803—805. Vgl. ferner *v. Ihering,* Besitzwille, S. 527—529, nach dessen Vorschlag dem Vermieter (Verpächter) nach Ablauf der Miet- (Pacht-) zeit eine possessorische Klage auf Rückgabe der Sache zustehen sollte (vgl. dagegen *Strohal,* Besitzrecht I, S. 375—377).

[471] Vgl. *Cosack,* Sachenrecht, S. 17; *Bähr,* Beitrag, S. 117 ff. (§ 20 I des Gegenentwurfs); *Gierke,* Entwurf, S. 307—308; *Raetz,* Besitz, S. 805—806.

[472] Vgl. *Bähr,* Besprechung, S. 489; *Raetz,* Besitz, S. 802—803.

[473] Vgl. *Gierke,* Personengemeinschaften, S. 65—66; *Wendt,* Besitz, S. 167—168; *Raetz,* Besitz, S. 807—809; *Rümelin,* Theilung, S. 472—478.

[474] Vgl. *Bähr,* Beitrag, S. 121; *Bingner,* Bemerkungen, S. 819—820.

war[475]. Sie gingen von den Fällen aus, daß der Dejizient die Sache an einen nur ihm bekannten Ort versteckt hat oder den Besitzer durch Verschließen sämtlicher Türen dauernd am Zugang zu seinem Grundstück hinderte. Doch war dieser Vorschlag wenig durchdacht, da in diesen Fällen dem ehemaligen Besitzer bereits nach den Vorschriften des 1. Entwurfs die Besitzschutzklagen zugestanden haben dürften.

Gegen die Regelung des § 821 E I, nach der auch der inhabungslose Besitzer die dem Inhaber zustehenden Besitzklagen neben diesem erheben konnte, wandten sich mehrere Kritiker[476]. Sie wollten dem Besitzer selbständige Besitzklagen gewähren, da ihrer Ansicht nach § 821 E I dann versagte, wenn der Inhaber selbst gegenüber dem Besitzer oder ein Dritter mit Einwilligung des Inhabers eine verbotene Eigenmacht beging[477]. Doch hätte die Annahme dieses Vorschlags den Besitzklagen deren rein possessorischen Charakter zum Teil genommen. Eine solche Ausweitung der Besitzklagen war aber kaum gerechtfertigt, da der Besitzer gegen den Inhaber hinreichend durch vertragliche Ansprüche gesichert war.

Am heftigsten war unter den Kritikern die Frage umstritten, ob der Besitzer im Besitzprozeß die Einrede des fehlerhaften Besitzes, so wie es der 1. Entwurf in den §§ 819, 820 II vorsah, sollte erheben können. Die Mehrzahl der Kritiker[478] sprach sich dagegen aus, weil sonst die Bestimmungen über das sehr eingeschränkte Selbsthilferecht im Ergebnis bedeutungslos würden. Sie wiesen darauf hin, daß die Regelung des 1. Entwurfs den öffentlichen Frieden in hohem Maße gefährde, solange nicht jede verbotene Eigenmacht strafbar sei. Hinzu kam noch, worauf *Bähr*[479] erstmals aufmerksam machte, daß der Kläger dem Beklagten wegen § 824 E I die Geltendmachung dieser Einrede durch Hinausschieben der Besitzklage abschneiden konnte. Er ging von dem Beispiel aus, daß A dem B am 1. Januar eine Sache durch verbotene Eigenmacht gewaltsam entzieht und B sich diese Sache am 1. Juli desselben Jahres ebenfalls gewaltsam zurückverschafft. Hätte A gegen B vor Ablauf des Jahres die Besitzklage erhoben, hätte dieser ihm die Einrede des fehlerhaften Besitzes gemäß

---

[475] Vgl. *Strohal*, Besitzrecht I, S. 381, 394—395; *Raetz*, Besitz, S. 811—812.

[476] Vgl. *Casock*, Sachenrecht, S. 17—18; *Raetz*, Besitz, S. 817—820; *Gierke*, Entwurf, S. 310 Anm. 1; *Strohal*, Besitzrecht I, S. 377—380; ferner mehrere Bundesregierungen (vgl. Zst. BR, Bd. 1, S. 95—107; Bd. 2, S. 24—25).

[477] Vgl. S. 84 f.

[478] Vgl. u. a. *Bähr*, Beurtheilung, S. 102—103; *Gierke*, Entwurf, S. 309; *Raetz*, Besitz, S. 814—816; *Wendt*, Besitz, S. 146—147; 152. *Cosack*, Sachenrecht, S. 20, wollte statt dessen eine Widerklage zulassen,, während *Strohal*, Besitzrecht I, S. 387—389, 393 die §§ 819—820 II E I grundsätzlich billigte.

[479] Besprechung, S. 490.

§ 819 E I entgegensetzen können. Hätte dagegen A die Besitzklage erst nach dem Ablauf eines Jahres seit der von ihm begangenen verbotenen Eigenmacht erhoben, wäre B wegen § 824 E I gehindert gewesen, diese Einrede vorzubringen. Bähr wünschte stattdessen, sofern die Einrede des fehlerhaften Besitzes überhaupt beibehalten würde, daß diese solange sollte geltend gemacht werden können, solange auch die Besitzklage erhoben werden konnte.

Strohal und *Raetz* beschäftigten sich endlich noch mit der zeitlichen Begrenzung der Besitzklage. Nach dem Vorschlag Strohals sollte die Ausschlußfrist für die Erhebung der Besitzklage nicht wie nach § 824 E I ein Jahr, sondern grundsätzlich zwei Jahre betragen[480]. Zur Begründung brachte er vor, daß der ehemalige Besitzer in ländlichen und gebirgigen Gegenden oft erst nach einem Jahr von der verbotenen Eigenmacht erfahre. Doch sollte sich die allgemeine Ausschlußfrist von zwei Jahren von dem Zeitpunkt an, in dem der ehemalige Besitzer von der verbotenen Eigenmacht und der Person des Dejizienten Kenntnis erlangt hatte, auf drei Monate verringern[481].

III. Zusammenfassung

Die Kritiker bemängelten am Besitzrecht vor allem dessen traditionellen und doktrinären Charakter. Sie hatten von der 1. Kommission erwartet, daß diese die Unzulänglichkeiten des geltenden Besitzrechts überwinden und es neugestalten, nicht aber, daß sie nur das überkommene Besitzrecht kodifizieren würde. Allerdings hatte die Rechtswissenschaft bis zum Erscheinen des 1. Entwurfs so gut wie keine detaillierte Vorschläge zur Reform des Besitzrechts gemacht. Selbst *Bekker,* der neben *Meischeider* über das römische Recht hinausgehen wollte, hielt es noch 1880 für zweckmäßiger, der 1. Kommission nur die Fragen aufzuzeigen, die sie seiner Ansicht nach zu entscheiden hatte. Erst das Besitzrecht des 1. Entwurfs hat der damaligen Rechtswissenschaft gezeigt, daß vom Gesetzgeber allein keine Fortentwicklung des Rechts zu erwarten war, sofern sie nicht durch eingehende Reformvorschläge in der rechtswissenschaftlichen Literatur vorbereitet war. Vor dem Erscheinen des 1. Entwurfs hatte sich die Rechtswissenschaft jedoch fast überhaupt nicht mit gesetzpolitischen Fragen befaßt. Die bisherige, oftmals sehr scharfe Kritik an mehreren Rechtsinstituten des gemeinen Rechts hatte sich überwiegend darauf beschränkt, deren Unvereinbarkeit mit den römischrechtlichen Quellen nachzuweisen. Umso erstaun-

---

480 Vgl. *Strohal,* Besitzrecht I, S. 385—387.

481 *Strohal,* aaO., S. 385—387; *Raetz,* Besitz, S. 823; vgl. auch den Hinweis von *Raetz,* aaO., S. 822, auf den Widerspruch von § 815 III zu § 824 E I.

licher war es, daß sich fast die gesamte Rechtswissenschaft sofort nach der Veröffentlichung des 1. Entwurfs gesetzespolitischen Fragen zuwandte. Allerdings blieb für die meisten Kritiker das überkommene Besitzrecht der Ausgangspunkt ihrer Änderungsvorschläge. Sie erstrebten keine radikale Neuordnung des Besitzrechts, wie sie *Meischeider* bereits 1876 gewünscht hatte, sondern nur eine konsequente Weiterentwicklung des überkommenen Rechts. Immerhin wiesen sie übereinstimmend darauf hin, daß sich der Gesetzgeber bei der Aufstellung von Rechtssätzen nicht von historischen Rücksichten, sondern allein von Zweckmäßigkeitserwägungen leiten lassen dürfe. Dies aber zeigt deutlich, wie sehr bereits damals schon der Historismus der Pandektenwissenschaft überwunden war.

Ferner wurde das Besitzrecht auch wegen seines Doktrinarismus sehr scharf angegriffen. Es enthielt nach Ansicht sämtlicher Kritiker zu viele lehrhafte Bestimmungen, die aus einen Pandektenlehrbuch entnommen sein könnten. Auch die Fassung der meisten Vorschriften war ihnen zu wenig anschaulich, zu wissenschaftlich und doktrinär. Der Kern des Vorwurfs betraf jedoch die Tatsache, daß die 1. Kommission von festen dogmatischen Prinzipien ausgegangen war und an diesen selbst dann noch festzuhalten versuchte, wenn dies zu unzweckmäßigen oder sogar ungerechten Ergebnissen führte. Das Hauptbeispiel hierfür war die unterschiedslose Gewährung des Besitzschutzes an jeden Inhaber unabhängig davon, ob dieser ein selbständiges Interesse an der Inhabung hatte oder nicht.

Elftes Kapitel

Das Besitzrecht des 2. Entwurfs

I. Besitzerwerb und Besitzverlust

Die 2. Kommission stand, wie die Kritiker, von vornherein auf dem Standpunkt, daß es sich wegen der Klarheit des Gesetzes empfehle, im Besitzrecht den Besitz nur insoweit zu regeln, wie er für den Besitzschutz von Bedeutung ist[482]. In Übereinstimmung mit den Vorschlägen vieler Kritiker bezeichnete sie jedes possessorisch geschützte Inhabungsverhältnis als Besitz. Verschiedener Ansicht waren die Kommissionsmitglieder nur darüber, wie das äußere Gewaltverhältnis der Person zu einer Sache näher gekennzeichnet werden sollte[483]. Ein Antrag nannte es wie der 1. Entwurf „thatsächliche Gewalt über die Sache“, während ein anderer den Ausdruck Inhabung wählte. Für diesen unbestimmteren Ausdruck Inhabung wurde

---

[482] Prot. II, Bd. 3, S. 28.
[483] Prot. II, Bd. 3, S. 27—28.

vorgebracht, daß dieser auch die Fälle umfasse, in denen zwar keine tatsächliche Gewalt über eine Sache vorliege, dennoch aber ein possessorischer Schutz bestehen müsse[484]. Die 2. Kommission beließ es jedoch bei der Regelung des 1. Entwurfs und bezeichnete das äußere Gewaltverhältnis als „thatsächliche Gewalt über die Sache" (§§ 777 I E II, 854 I BGB). Sie war der Ansicht, daß dieser Ausdruck bei verständiger Auslegung des Gesetzes nicht zu bedenklichen Entscheidungen führen würde. Demgegenüber sei der Ausdruck Inhabung viel zu allgemein und kennzeichne das Besitzverhältnis in keiner Weise näher[485]. Ferner hielt die 2. Kommission den Vorschlag *Iherings*, den Besitzerwerb als „Herstellung desjenigen Verhältnisses der Person zur Sache, welches durch den Zweck ihrer wirtschaftlichen Verwendung geboten ist" zu definieren, für nicht zweckmäßig, da ihr diese Definition als zu eng erschien.

Wie schon die 1. Kommission keinen auf den Erwerb der Inhabung gerichteten Willen verlangt hatte, lehnte die 2. Kommission es auch ab, im Gesetz besonders auszusprechen, daß zum Besitzerwerb ein auf die Erlangung der tatsächlichen Gewalt gerichteter Wille vorhanden sein muß[486]. Ein Gegenantrag, der einen derartigen Besitzwillen verlangte, wollte das Mißverständnis ausschließen, daß der Besitzschutz nur an das äußere Raumverhältnis geknüpft sei. Die Mehrheit der 2. Kommission hielt es aber für bedenklich, im Gesetz das Erfordernis des Besitzwillens aufzustellen. Ihrer Ansicht nach hätte es in einigen Fällen, in denen ein Besitzschutz bestehen müsse, zweifelhaft sein können, ob ein derartiger Besitzwille vorliegt. Sie dachte hierbei an den Fall, daß jemand in der Wohnung eines anderen in dessen Abwesenheit für diesen Sachen niederlegt. Die 2. Kommission wollte den Besitzwillen jedoch nicht verwerfen, sondern die Frage, ob und inwieweit dieser vorhanden sein müsse, der Entscheidung der Wissenschaft und Praxis überlassen[487].

Zur Abgrenzung des Besitzes von der besitzschutzlosen Inhabung machte sich die 2. Kommission den Vorschlag des preußischen Justizministers[488] mit einigen unwesentlichen Änderungen zu eigen (§§ 778 E II, 855 BGB)[489].

---

[484] Einen Antrag, zu Beginn des Besitzrechts eine Definition des Besitzes zu bringen, lehnte die 2. Kommission vor allem deswegen ab, weil ihrer Ansicht nach eine derartige lehrbuchmäßige Definition nicht ins Gesetz gehörte (vgl. Prot. II, Bd. 3, S. 35).

[485] Prot. II, Bd. 3, S. 29.

[486] Prot. II, Bd. 3, S. 30—31. Dieser Besitzwille hat mit dem von Ihering und anderen Kritikern bekämpften qualifizierten Besitzwillen nichts zu tun (vgl. S. 76 f.).

[487] Vgl. Prot. II, Bd. 3, S. 30—31.

[488] Vgl. S. 78.

[489] Vgl. Prot. II, Bd. 3, S. 31—33. Statt „ähnliches" gebrauchte die 2. Kommission am Ausdruck „sonstiges" Verhältnis.

Sie wollte durch diese neu beschlossene Bestimmung den 1. Entwurf weniger abändern als vielmehr wegen der scharfen Kritik an diesem klarstellen, daß in den Fällen, in denen jemand die tatsächliche Gewalt über eine Sache in einem Abhängigkeitsverhältnis nicht für sich, sondern für einen anderen ausübt, etwa der Dienstbote an den Sachen seiner Herrschaft, nur dieser andere als Besitzer angesehen werden kann. Besonderes Kennzeichen dieses Verhältnisses sollte es sein, daß dem, der den Besitz für einen anderen ausübte, kein zivilrechtlicher Anspruch, insbesondere kein Zurückbehaltungsrecht, wegen der Sachen gegen den Besitzherrn zustand.

Da die 2. Kommission den Besitzbegriff des 1. Entwurfs abgelehnt hatte, mußte sie schon aus diesem Grunde mehrere Vorschriften des 1. Entwurfs, die die Kritik meist als doktrinär und überflüssig bezeichnet hatte, aufgeben. So strich sie die §§ 798—803 I, 804—809, 811—813 E I, die sie teils als ausschließlich auf den Eigentumsbesitz des 1. Entwurfs zugeschnitten, teils als selbstverständlich oder doktrinär ansah[490]. Insbesondere hob sie den vom römischen Recht herkommenden und hauptsächlich auf den Eigenbesitz abgestellten § 812 E I auf, nach dem der Besitz an Grundstücken erst verloren gehen sollte, wenn der Besitzer nicht sogleich, nachdem er vom Verlust der tatsächlichen Gewalt erfahren hatte, sich diese wiederverschaffte[491]. Ferner schied sie die Vorschriften über den Besitzerwerb durch Besitzkonstitut und Anweisung zunächst völlig aus dem Besitzrecht aus und fügte sie später mit einigen Änderungen hauptsächlich bei den Vorschriften über den Eigentumserwerb beweglicher Sachen wieder ein. Dagegen behielt sie § 803 II E I als § 777 II E II (§ 854 II BGB) bei, da diese Bestimmung ihrer Ansicht nach besonders für den Besitzerwerb an Grundstücken nicht zu entbehren war[492]. Ferner änderte sie sachlich den § 810 E I nicht wesentlich, schwächte aber durch die Streichung des § 808 E I den römisch-rechtlichen, allzu doktrinären Unterschied zwischen dem Besitzverlust durch Willenskundgabe und durch Verlust der tatsächlichen Gewalt ab[493].

Fast einstimmig[494] lehnte die 2. Kommission die Vorschriften des 1. Entwurfs über die Besitzrechte des Erben wegen der von diesem geerbten, aber noch nicht in tatsächlichen Besitz genommenen Sachen (§§ 2052—2054) ab und beschloß statt dessen, in das Besitzrecht die Vorschrift aufzuneh-

[490] Prot. II, Bd. 3, S. 33—36.
[491] Prot. II, Bd. 3, S. 35—36.
[492] Vgl. Prot. II, Bd. 3, S. 33.
[493] Vgl. § 856 BGB; Prot. II, Bd. 3, S. 34.
[494] Das Stimmenverhältnis war 15 : 1 (vgl. Prot. II, Bd. 5, S. 652).

men, daß der Besitz auf den Erben übergeht (§ 779 a EII, § 857 BGB). Ohne festlegen zu wollen, ob der Besitz ein Recht sei, ging die 2. Kommission davon aus, daß der Besitz eine „Rechtsposition“ darstelle und deshalb auch vererblich sein müsse[495]. Anders als nach dem 1. Entwurf konnte nunmehr nach der neuen Bestimmung gegen den Erben die Eigentumsklage auch dann erhoben werden, wenn weder er noch ein Dritter die geerbte Sache in die tatsächliche Gewalt genommen hatten[496]. Ein Antrag, keine Bestimmung über die Vererblichkeit des Besitzes in das Gesetz aufzunehmen, wurde mit 14 gegen 2 Stimmen abgelehnt, da nach Ansicht der Mehrheit die Wissenschaft und Praxis ohne eine positive Bestimmung nicht auskommen werde.

Obwohl die 2. Kommission den Besitzbegriff auf jede rechtlich geschützte Inhabung ausgedehnt hatte und die meisten Kritiker den Begriff des Eigenbesitzes verworfen hatten, behielt sie diesen Begriff, vor allem wohl auf Grund der Vorschläge Strohals[497], bei[498]. Wie dieser war sie der Meinung, daß der Begriff des Eigenbesitzes für bestimmte Vorschriften wie die §§ 735, 873 und 900 E I (836, 837 und 955 BGB) nicht zu entbehren sei. Um aber mehrfache Verweisungen zu vermeiden, setzte sie an den Schluß des Besitzrechts als § 793 E II (§ 872 BGB) folgende Bestimmung: „Wer eine Sache als ihm gehörig besitzt, ist Eigenbesitzer.“ Im übrigen lehnte sie zwei Anträge, die an dieser Stelle, in allerdings geringerem Umfang, als es im 1. Entwurf geschehen war, auch den Erwerb und Verlust des Eigenbesitzes regeln wollten, im wesentlichen als selbstverständlich ab, weil sich die Voraussetzungen von Erwerb und Verlust des Eigenbesitzes schon aus dessen Begriffsbestimmung ergeben würden[499]. Diese Anträge zeigten besonders deutlich, daß sich mehrere Mitglieder im Grunde nicht von dem traditionellen Besitzbegriff lösen konnten.

II. Schutz des Besitzes

Die 2. Kommission behielt die Vorschriften über den Besitzschutz sachlich meist bei. Zunächst faßte sie die §§ 814, 818 E I ohne wesentliche Änderungen zu einer einheitlichen Vorschrift zusammen (§ 780 E II, § 858 BGB). Trotz der Bedenken einiger Kritiker gegen die Fassung des § 814 E I lehnte sie es ab, im Gesetz deutlicher zum Ausdruck zu bringen, daß verbotene

---

[495] Vgl. Prot. II, Bd. 5, S. 650—653.

[496] Das Fehlen dieser Möglichkeit hatte besonders Strohal beanstandet (vgl. S. 80).

[497] Vgl. S. 76.

[498] Vgl. Prot. II, 3. Bd., S. 227—228.

[499] Prot. II, 3. Bd., S. 219—220; 227—228.

Eigenmacht schon bei objektiver Beeinträchtigung des Besitzes vorliegt[500]. Nach dem Vorschlag eines Kommissionsmitgliedes sollte der Besitz schon dann fehlerhaft sein, wenn der Erwerber des Besitzers grob fahrlässig nicht gewußt hat, daß der Besitz seines Vorgängers fehlerhaft war[501]. Mit diesem Vorschlag wollte der Antragsteller lediglich den Begriff der mala fides für alle im Gesetz vorkommenden Fälle vereinheitlichen. Demgegenüber wies die Mehrheit der 2. Kommission mit Recht darauf hin, daß keine Kodifikation und auch nicht die h. M. des gemeinen Rechts so weit wie der Antragsteller gehe und es im übrigen eine reine Zweckmäßigkeitsfrage sei, wie im Einzelfall der Begriff der mala fides zu bestimmen sei[502].

Die 2. Kommission änderte die Vorschrift über das Selbsthilferecht des § 815 E I nur insofern ab, als das Wiederbemächtigungsrecht bei Grundstücken nur noch sofort nach dem Besitzentzug und nicht auch noch, wie es nach § 815 III E I und dem gemeinen Recht möglich war, sofort nach Kenntniserlangung vom Besitzentzug ausgeübt werden konnte. Sie ging bei dieser Entscheidung davon aus[503], daß das Selbsthilferecht des § 815 E I (§ 869 BGB), soweit es über das allgemeine Selbsthilferecht hinausgehe, ein anomales Rechtsinstitut und deshalb möglichst zu beschränken sei, wenn man nicht in gewisser Hinsicht ein gelindes Faustrecht schaffen wolle. Für die Regelung des § 815 III E I bestand aber nach Ansicht der 2. Kommission, anders als zu früheren Zeiten, in der Gegenwart kein Bedürfnis mehr, da gerichtliche Hilfe im allgemeinen schnell zu erreichen sei. Den § 815 IV E I, den die Kritik so scharf angegriffen hatte und der wegen § 778 E II (§ 855 BGB) gegenstandslos geworden war, ersetzte die 2. Kommission durch die Bestimmung, daß dem Besitzdiener des § 778 E II das Selbsthilferecht gegen Dritte zustehen sollte (§ 782 E II, 860 BGB). Eine weitere Änderung betraf den § 817 E I. Während nach dieser Vorschrift Mitbesitzern einer Sache untereinander im Umfang ihrer schuldrechtlichen Gebrauchsbefugnis Besitzschutzrechte zustehen sollten, beschränkte die 2. Kommission die Besitzschutzrechte der Mitbesitzer untereinander auf die Fälle, in denen einem Mitbesitzer vor einem anderen die Gebrauchsbefugnis gänzlich entzogen worden war[504]. Hierdurch wollte sie das Vorbringen petitorischer Einreden über die den einzelnen Mitbesitzern zustehenden

---

500 Vgl. Prot. II, Bd. 3, S. 36—38.

501 Vgl. Prot. II, Bd. 3, S. 36.

502 Die Mehrheit berief sich vor allem auf *Bruns*, Besitzklagen, S. 348 (vgl. Prot. II, Bd. 3, S. 38).

503 Vgl. Prot. II, Bd. 3, S. 38—40.

504 Vgl. § 788 E II (§ 866 BGB); Prot. II, Bd. 3, S. 41—43. So wie § 866 bereits I 17 §§ 4, 25 ALR.

Gebrauchsbefugnisse in Besitzprozessen ausschließen. Sie ging indessen mit dieser neuen Regelung über die Forderungen der Kritiker[505] hinaus, die die tatsächlich ausgeübte Gebrauchsbefugnis possessorisch geschützt wissen wollten. Auch bei einer derartigen, weniger einschneidenden Regelung wären in Besitzschutzprozessen petitorische Einreden ausgeschlossen gewesen.

Die Vorschriften über die Besitzklagen (§§ 819—820 E I) und die mit diesen zusammenhängenden Bestimmungen (§ 822—824 E I, 863—864 BGB) wurden sachlich beibehalten. Insbesondere sollte, entgegen den Forderungen mehrerer Kritiker, auch die Einrede des fehlerhaften Besitzes zulässig sein. Nur sollte sie noch ein Jahr seit der ersten verbotenen Eigenmacht geltend gemacht werden können, damit der zuletzt aus seinem Besitz Verdrängte es nicht in der Hand hatte, das Vorbringen dieser Einrede durch Hinausschieben der Besitzklage zu vereiteln[506].

Einige Meinungsverschiedenheiten bestanden in der 2. Kommission über die Frage, wie der Fall besitzrechtlich behandelt werden sollte, wenn nach der Terminologie des 1. Entwurfs der Besitzer nicht zugleich Inhaber der Sache war. Zwei Anträge wollten in diesem Zusammenhang in etwas verkürzter Form die Vorschriften über den Eigenbesitz wiederaufgreifen und den abhängigen Besitzer, d. h. den bloßen Inhaber des 1. Entwurfs, als Vertreter im Besitz bezeichnen[507]. Nur der Antrag Nr. 7 entfernte sich auch terminologisch vom 1. Entwurf und enthielt den Ausdruck „mittelbarer Besitzer" für den inhabungslosen Besitzer[508]. Diesen Ausdruck billigte die 2. Kommission und übernahm ihn in den § 790 E II (§ 868 BGB)[509] Nach dieser neuen Bestimmung war mittelbarer Besitzer der Nießbrauchbesteller, der Verpfänder, der Vermieter und allgemein derjenige, der einen anderen auf Zeit zum Besitz einer Sache berechtigte und verpflichtete. Die sachlichen Änderungen dieser Regelung gegenüber dem 1. Entwurf waren indessen nicht besonders erheblich. Neu war vor allem, daß der abhängige unmittelbare Besitzer nicht mehr den Willen zu haben brauchte, für eine bestimmte Person zu besitzen. Er mußte nur als Nießbraucher, Mieter oder Pächter besitzen wollen. Der mittelbare Besitz sollte nach § 792 E II (§ 870 BGB) dadurch übertragen werden können, daß der mittelbare Besitzer seinen Herausgabeanspruch gegen den mittelbaren Besitzer abtritt[510]. Der

---

505 Vgl. S. 85.

506 Vgl. Prot. II, Bd. 3, S. 43. Wegen der Kritik an den §§ 819, 820 EI vgl. S. 85—87.

507 Vgl. Prot. II, Bd. 3, S. 219—220.

508 Vgl. Prot. II, Bd. 3, S. 221.

509 Vgl. Prot. II, Bd. 3, S. 227.

510 Nähere Begründung auf S. 164—165.

Besitz sollte also bereits im Zeitpunkt der Zession und nicht erst dann übergehen, wenn der unmittelbare Besitzer von jener Kenntnis erlangte. Hingegen regelte die 2. Kommission, im Gegensatz zur 1., die Frage nicht mehr, durch welche Handlungen des Besitzmittlers der mittelbare Besitz beendet wird[511].

Die weitere, von der 2. Kommission zu entscheidende Frage war, ob und gegebenenfalls in welchem Umfang dem mittelbaren Besitzer selbständige oder auch nur von den Rechten des unmittelbaren Besitzers abhängige Besitzschutzrechte gewährt werden sollten. Während nach § 821 E I der inhabungslose Besitzer die dem Inhaber zustehenden Besitzklagen neben diesem geltend machen konnte, sollte nach einem Änderungsantrag der mittelbare Besitzer eines Grundstücks nur dann Besitzschutzrechte haben, wenn er selbst das Grundstück zum Teil noch in seiner Gewalt hatte, etwa vermietete Räume mitbenutzen oder nach dem Mietvertrag betreten durfte[512]. Die 2. Kommission lehnte diesen Vorschlag aber zu Recht als zu unklar und unbestimmt ab. Nach einem weiteren Antrag sollten dem mittelbaren Besitzer überhaupt keine Besitzschutzrechte zustehen[513]. Nach Ansicht des Antragstellers entsprach es nicht der Lebensauffassung, auch Personen, die nicht die tatsächliche Gewalt über eine Sache ausübten, Besitzschutzrechte zuzubilligen. Der mittelbare Besitzer sei durch die obligatorischen Ansprüche und durch die Möglichkeit, eine einstweilige Verfügung zu erwirken, gegen den unmittelbaren Besitzer hinreichend gesichert. Andere Kommissionsmitglieder wollten dem mittelbaren Besitzer wenigstens eine Art beschränktes Besitzrecht und damit selbständige Besitzklagen zugestehen[514]. Demgegenüber hielt die Mehrheit der 2. Kommission den mittelbaren gegenüber dem unmittelbaren Besitzer durch die gewöhnlichen Rechtsbehelfe für hinreichend geschützt und beschloß, die Regelung des 1. Entwurfs beizubehalten[515] und dem mittelbaren Besitzer nur die auch dem unmittelbaren Besitzer zustehenden Besitzklagen, also keine selbständigen Besitzschutzrechte, zu gewähren[516].

---

[511] Vgl. § 813 II E I; S. 65.

[512] Vgl. Antrag Nr. 6 (Prot. II, Bd. 3, S. 221).

[513] Vgl. Prot. II, Bd. 3, S. 222.

[514] Wegen der weiteren Einzelheiten vgl. die Anträge Nr. 1—5, 7 (Prot. II, Bd. 3, S. 219—221). Nach Antrag Nr. 5 sollten dem mittelbaren Besitzer auch die Rechte des § 781 EII (§ 859 BGB) Dritten gegenüber zustehen.

[515] Prot. II, Bd. 3, S. 225—226.

[516] § 825 EI, der das Besitzrecht des 1. Entwurfs abschloß, behielt die 2. Kommission sachlich bei und gestaltete ihn zur umfassenden Eigentumsvermutung für den Besitzer einer beweglichen Sache aus (vgl. §§ 918 EII, 1006 BGB; Prot. II, Bd. 3, S. 45—48, 380—383).

III. Zusammenfassung

Die wichtigsten Änderungen am Besitzrecht des 1. Entwurfs sind vornehmlich den Kritikern und deren zahlreichen Änderungsvorschlägen zu verdanken. Auf deren Einfluß ist es zurückzuführen, daß die 2. Kommission sich viel mehr als die 1. von den überlieferten Rechtsanschauungen freigemacht hat und bei der Aufstellung der Rechtssätze sich vor allem von praktischen und weniger von dogmatischen und historischen Rücksichten hat leiten lassen. Während die 1. Kommission sich zwar schon in mehrfacher Hinsicht vom römischen Recht tatsächlich entfernt, aber trotzdem dessen Dogmatik beibehalten hatte, gab die 2. Kommission in zahlreichen Fällen auch die Terminologie und Dogmatik des römischen Rechts auf. So war mit dem Fallenlassen der Unterscheidung von Besitz und Inhabung eine wesentliche terminologische Vereinfachung des gesamten Sachenrechts verbunden. Erstmalig hat die 2. Kommission auch alle mehr oder weniger lehrhaften Bestimmungen, die der 1. Entwurf ebenso wie die damaligen Kodifikationen und Entwürfe in allerdings schon erheblich geringerem Umfang enthalten hatte, fast vollständig aus dem Besitzrecht ausgeschieden. Im übrigen ist allerdings die Herkunft des neuen Besitzrechts aus dem gemeinen römischen Recht in vielen Einzelheiten sichtbar geblieben.

Zweiter Abschnitt

Übertragung des Eigentums an Grundstücken

Zwölftes Kapitel

Der Teilentwurf und der 1. Entwurf

I. Allgemeine Grundsätze des Immobilienrechts

Nicht leicht war für die 1. Kommission die Entscheidung der Frage, nach welchen Grundsätzen sie das Grundstücksrecht, das in den einzelnen deutschen Staaten sehr verschieden geordnet war, ausgestalten sollte. Nach gemeinem römischen Recht, das für diese Belange nur noch im Bezirk des preußischen Amtsgerichts Homburg und für einige Grundstücke in Mecklenburg-Strelitz galt[517], war für den Eigentumsübergang eines Grundstücks ein unter dessen Übergabe zu schließender dinglicher Vertrag notwendig. Das französische Trans- und Inskriptionssystem galt mit mehreren Abweichungen in der bayerischen Pfalz, in Baden, in der hessischen Pro-

---

[517] Vgl. Mot. TE., S. 115; Mot. Bd. 3, S. 12.

vinz Rheinhessen, in Elsaß-Lothringen und in der preußischen Rheinprovinz[518]. Nach dem Code civil ging das Eigentum an Grundstücken bereits mit dem Abschluß des obligatorischen Vertrags, etwa des Kaufvertrags, über, ohne daß der Eigentumsübergang in die Transskriptionsliste eingetragen werden mußte[519]. Der große Nachteil des französischen Grundstücksrechts war, daß die Transskriptionslisten dem Grundstückserwerber keine Garantie für ihre Richtigkeit boten. An diesem Rechtszustand änderte sich auch durch das Transskriptionsgesetz vom 23. 3. 1855[520], das bei der Abfassung des BGB in Elsaß-Lothringen galt, nur wenig. Dieses Gesetz bestimmte zwar, daß der Eigentumserwerb an Grundstücken, der weiterhin mit Abschluß des obligatorischen Vertrages eintrat, einem Dritten gegenüber erst nach der Eintragung, der Transskription, des Erwerbstitels in die Transskriptionsliste geltend gemacht werden konnte, auch wenn dieser Dritte schon vorher Kenntnis vom Eigentumsübergang hatte[521]. Da aber auch dieses Gesetz einen Gutglaubensschutz nicht kannte, war der Erwerber bei Unrichtigkeit der in der Transskriptionsliste enthaltenen Angaben schutzlos.

Im Gegensatz zum französischen Recht gewährleisteten die Gesetze, die dem Pfand- oder Grundbuchsystem folgten, eine sehr weitgehende Sicherheit des Grundbuchverkehrs. Nach diesen Gesetzen war der Erwerb einzelner oder aller Grundstücksrechte von deren Eintragung im Grund- oder Hypothekenbuch abhängig (Eintragungsprinzip). Zudem war die Richtigkeit der in diesen Büchern enthaltenen Eintragungen verbürgt, so daß ein gutgläubiger Erwerb von Grundstücksrechten möglich war (Publizitätsprinzip). Der Unterschied zwischen dem Grund- und Pfandbuchsystem bestand darin, daß nach dem ersteren alle oder fast alle Grundstücksrechte dem Eintragungsprinzip unterlagen, während nach dem Pfandbuchsystem nur bestimmte Rechte zu ihrer Entstehung, Übertragung oder Belastung der Eintragung in einem Hypotheken- oder Pfandbuch bedurften. Das Pfandbuchsystem galt um 1880 in Bayern, Württemberg, Mecklenburg für den ritterschaftlichen Grundbesitz, in Weimar, Schwarzburg-Rudolstadt

---

518 1888 wurde in Rheinpreußen das Grundbuchsystem eingeführt. Doch konnte die Auffassung auch vor einem Notar erklärt werden. (Vgl. § 5 des Gesetzes über Grundbuchwesen vom 12. 4. 1888; im übrigen vgl. wegen der Rechtsentwicklung in Rheinpreußen *Hedemann,* Fortschritte II, Bd. 2, S. 244—246).

519 Vgl. Art. 1583 Cc; *Zachariä,* Franz. Civilrecht, Bd. 1, S. 586—587.

520 Eine deutsche Übersetzung der wichtigsten Bestimmungen dieses Gesetzes enthalten die Mot. TE., S. 113—114.

521 Vgl. *Hedemann,* Fortschritte II, Bd. 2, S. 99—100; Zachariä, aaO., Bd. 1, S. 579, 588—590. Eine ähnliche Regelung enthielt bereits das Bad. LR. (vgl. S. 939 a, 1002 a, 1583 a, 2181 a).

und dem preußischen Kreis Herzogtum Lauenburg[522]. Es berücksichtigte ausschließlich die Bedürfnisse des Realkredits und gewährleistete nur eine mehr oder weniger vollständige Übersicht über die Hypotheken und die diesen gleichgestellten Belastungen eines Grundstücks[523]. Deshalb war auch nur der Erwerb dieser Rechte abhängig von der Eintragung im Hypothekenbuch. Dagegen vollzog sich der Eigentumserwerb an Grundstücken grundsätzlich nach den Regeln des römischen Rechts. Allerdings war, vor allem in Bayern und Württemberg, die notarielle Beurkundung des Veräußerungsvertrages erforderlich[524]. Überdies konnte oder mußte der Grundstückseigentümer sein Eigentum im Hypothekenbuch eintragen lassen, damit der Eigentümer des Grundstücks, auf dem eine Hypothek lastete, leicht festgestellt werden konnte.

Das Vorbild für die fast alle aus der ersten Hälfte des 19. Jahrhunderts stammenden Hypotheken- und Pfandbuchgesetze besonders Württembergs und Bayerns war die preußische Allgemeine Hypotheken-Ordnung vom 20. 12. 1783 und das materielle Grundstücksrecht des ALR. Obwohl das formelle Grundbuchrecht der Allgemeinen Hypotheken-Ordnung die Einführung des Grundbuchsystems gestattet hätte[525], führte das ALR das Eintragungs- und Publizitätsprinzip nur für den Erwerb von Hypotheken durch[526]. Für den Erwerb des Eigentums an Grundstücken war hingegen eine Eintragung im Hypothekenbuch nicht erforderlich, sondern nur nach allgemeinen Grundsätzen ein wirksamer Erwerbstitel und die Übergabe des Grundstücks. Bis 1831 bestand allerdings für den Erwerber die Pflicht, den Eigentumsübergang im Hypothekenbuch eintragen zu lassen[527]. Diese Verpflichtung wurde jedoch durch eine Kabinettsorder vom 31. 10. 1831 aufgehoben, so daß fortan in Preußen zwischen einem natürlichen und einem bürgerlichen Grundstückseigentum unterschieden wurde[528]. Bürgerlicher Eigentümer wurde der Erwerber erst mit der Eintragung des Eigentumsübergangs im Hypothekenbuch. Um diese Duplizität des Eigentums

---

522 Vgl. die Übersicht der Hypotheken- und Pfandbuchgesetze dieser Länder in Mot. TE, S. 121—133 (Mot., Bd. 3, S. 14). Vgl. auch *Hedemann*, Fortschritte II, Bd. 2, S. 244—246.

523 Vgl. *v. Meibom*, Meckl. Hypothekenrecht, S. 120—121.

524 Vgl. *v. Roth*, System, Bd. 3, S. 316—321. Eine entsprechende Regelung galt von 1885—1888 auch in Rheinpreußen (vgl. § 1 des Gesetzes vom 20 5. 1885, GS Pr.St. 1885, S. 139 ff.

525 Vgl. *Dernburg*, Privatrecht, Bd. 1, S. 438—439. *Exner*, Publizitätsprinzip, S. 19.

526 Vgl. I 20 § 411 ALR.

527 Vgl. I 10 §§ 12—13 ALR.

528 Vgl. Pr.O.T. Bd. 21 (1851), S. 10 ff.; Bd. 27 (1854), S. 287 ff.

zu beseitigen und den gesamten Grundstücksverkehr auf sichere Grundlagen zu stellen, führte Preußen 1872 das Grundbuchsystem ein. Fortan war auch der Erwerb des Grundstückseigentums von dessen Eintragung im Grundbuch abhängig. Mehrere nord- und mitteldeutsche Staaten übernahmen mit nur geringen Änderungen bis 1884 die preußischen Grundbuchgesetze von 1872[529].

Das Grundbuchsystem galt ferner noch in Sachsen[530], Sachsen-Anhalt, Meiningen, Hamburg, Lübeck, im größten Teil Mecklenburgs sowie in den hessichen Provinzen Starkenburg und Oberhessen und in dem ehemal. Herzogtum Hessen-Nassau[531]. Auch nach den Gesetzen dieser Länder war der Erwerb des Grundstückseigentums nur durch Eintragung im Grundbuch möglich. Bis auf die hessischen Gesetze[532] verbürgten die Gesetze dieser Länder auch die Richtigkeit des Grundbuchinhalts. Nur in zweierlei Hinsicht unterschieden sich die Grundbuchgesetze der deutschen Länder untereinander. Nach dem EEG ging das Eigentum an Grundstücken nur dann durch die Eintragung des Erwerbs im Grundbuch über, wenn der Eintragung ein wirksamer dinglicher Vertrag (Auflassung, materieller Konsens) zugrunde lag, während nach den anderen Grundbuchgesetzen, insbesondere den sächsischen, mecklenburgischen und hamburgischen Gesetzen und dem bayerischen Entwurf, die Eintragung einer Eigentumsänderung im Grundbuch immer den Eigentumsübergang zur Folge hatte. Da sich der Eigentumsübergang unabhängig vom Vorliegen eines wirksamen Kausalgeschäfts oder eines dinglichen Vertrages vollzog, hatte die Grundbucheintragung gewissermaßen formale Rechtskraft[533]. Indessen konnte dieser Rechtsübergang meist mit dinglicher Wirkung auch gegenüber bösgläubigen Dritten angefochten werden[534]. Der andere Unterschied zwischen den Grundbuchgesetzen bestand darin, daß in einigen Ländern wie in Sachsen, Hessen-Nassau und -Darmstadt die Grundbucheintragung von der Vorlage des öffentlichen beurkundeten oder richterlich bestätigten Kausalvertrags ab-

---

529 U. a. Oldenburg, Braunschweig, Lippe-Detmold (vgl. die Übersicht in Mot. TE, S. 136—156).

530 Seit 1843. Das sächs. Grund- und Hypothekengesetz vom 6. 11. 1843 wurde von mehreren mitteldeutschen Staaten rezipiert (vgl. Mot. TE, 141—142; *Hedemann*, Fortschritte II, Bd. 2, S. 230—233).

531 Wegen des Grundstücksrechts von Bremen, das auf dem deutschrechtlichen Verschweigensgrundsatz beruhte, vgl. §§ 10—11, 13, 17, 28, 61, 63, 65 der Erbe- und Handfestenordnung.

532 Vgl. Mot. TE, S. 143—146.

533 Vgl. Mot. TE, S. 194—198.

534 Vgl. § 278 sächs. BGB, III Art. 59, 75 bayer. E, § 3 hamb. GHypG. Diese Regelung hat zumindest Johow nicht klar erkannt (vgl. Mot., Bd. 3, S. 138—140, Bem. Meckl. Reg. Bd. 1, S, 194).

hängig gemacht war (Legalitätsprinzip)[535], wenn auch der Eigentumsübergang selbst meist nicht von dem Bestehen eines wirksamen Kausalgeschäfts abhing. Demgegenüber war nach den Grundbuchgesetzen Hamburgs, Mecklenburgs und Preußens eine Prüfung des obligatorischen Veräußerungsgeschäfts nicht statthaft.

Die 1. Kommission hatte sich bereits in den Sitzungen vom 15. und 16. 10. 1875 für das Grundbuchsystem, so wie es im EEG ausgestaltet war, entschieden[536] und auch diesen Beschluß später bei den Hauptberatungen des Sachenrechts nicht mehr in Frage gestellt. Die Begründung für diese Entscheidung ergibt sich hauptsächlich aus den Motiven zum Teilentwurf des Sachenrechts und zum 1. Entwurf[537]. Danach war es für die 1. Kommission von vornherein selbstverständlich, daß die unterschiedlichen Grund- und Hypothekenbuchsysteme Deutschlands schwerlich zu einem einheitlichen neuen System verschmolzen werden konnten. Die 1. Kommission ging davon aus, daß sich eine feste Grundlage für das Grundstücksrecht nur gewinnen lasse, wenn sie sich einem der bereits bewährten Grundbuchsysteme anschlösse, klare, scharf ausgeprägte und in sich harmonische Prinzipien befolge und die anderen Systeme nur, soweit es möglich sei, verwerte[538]. Ferner war für die Entscheidung der 1. Kommission die Rücksicht auf das im größten Teil Deutschlands geltende Grundstücksrecht, auf die Richtung, die die geschichtliche Entwicklung des Grundstücksrechts im 19. Jahrhundert genommen hatte, und auf die Bedürfnisse, deren Erfüllung das BGB dienen sollte, maßgebend.

Die Einführung des Pfandbuchsystems in den meisten deutschen Ländern Ende des 18. und Anfang des 19. Jahrhunderts hatte meist dem Zweck gedient, den allgemein daniederliegenden Immobiliarkredit zu fördern, während die Einrichtung eines vollständigen Grundbuchs mit Rücksicht auf die sehr hohen Kosten einer katastermäßigen Erfassung des gesamten Grundbesitzes zunächst unterblieben war[539]. Wie stark die Entwicklung aber zur Übernahme des Grundbuchsystems drängte, zeigte sich darin, daß im Laufe der zweiten Hälfte des 19. Jahrhunderts zahlreiche deutsche Länder, insbesondere der Großstaat Preußen, zum Grundbuchsystem übergingen. Auch in Bayern war in dem bayerischen Entwurf von 1861—1864 die Einführung des Grundbuchsystems vorgesehen. Räumlich am weitesten verbreitet war deshalb um 1880 in Deutschland das Grundbuchsystem, das in fast ganz Nord-, Mittel- und Ostdeutschland für

---

535 Vgl. die Übersicht in Mot. TE, S. 199—200.
536 Vgl. Prot. vom 15.—16. 10. 1875; Vorlagen Nr. 6—10 von 1875.
537 Vgl. Mot. TE, S. 157—177; Mot., Bd. 3, S. 16—21.
538 Vgl. Mot. TE, S. 159—160.

30 500 000 Einwohner galt, während im Süden und Westen Deutschlands meist noch das französische Grundstücksrecht oder das Pfandbuchsystem für knapp 15 000 000 Einwohner geltendes Recht war und das Geltungsgebiet des reinen römischen Rechts überhaupt nicht ins Gewicht fiel[540]. Wegen ihrer geringen räumlichen Verbreitung schied deshalb die Übernahme des französischen oder des römischen Grundstücksrechts aus. Das hauptsächlich in Süddeutschland noch geltende Pfandbuchsystem hielt die 1. Kommission gegenüber dem Grundbuchsystem für unvollkommener, da ihrer Ansicht nach kein Grund ersichtlich war, weshalb nur die Hypotheken und nicht auch das Eigentum erst durch die Eintragung erworben werden sollten. Zweck der Grundbucheinrichtung sei es, das Eigentum zu sichern und zu befestigen, die Belastungen der Grundstücke darzustellen und im übrigen auch die Grundstücke im einzelnen nachzuweisen.

Zweifellos hatte das Grundbuchsystem den Vorteil, daß es eine einwandfreie Feststellung auch der Eigentumsrechte an Grundstücken ermöglichte und eine Duplizität des Eigentums fast ganz oder sogar völlig ausschloß. Ein gewisser Nachteil des Grundbuchsystems bestand allerdings darin, daß sich bei ihm der Eigentumsübergang an Grundstücken nicht durch die Tätigkeit der Vertragsparteien allein, sondern nur durch die Mitwirkung einer staatlichen Behörde vollzog. Da sich aber im 19. Jahrhundert das Grundbuchsystem immer mehr auf Kosten des Pfandbuchsystems ausgebreitet hatte, wäre es in vielen deutschen Ländern als Rückschritt und Verschlechterung des Rechtszustandes empfunden worden, wenn das BGB wieder zum unvollkommeneren Pfandbuchsystem zurückgekehrt wäre[541]. Im übrigen ist auch die Übernahme des Grundbuchsystems als solche von den Kritikern des 1. Entwurfs nicht angefochten worden. Neu gegenüber dem bisherigen Recht war nur, daß die 1. Kommission, wie im einzelnen noch gezeigt werden wird, die Grundsätze des von ihr übernommenen preußischen Grundbuchrechts, das Konsens-, Eintragungs- und Publizitätsprinzip, überstreng und allzu doktrinär angewandt hat.

II. Das Konsens- und Eintragungsprinzip

Der 1. Entwurf bestimmte in § 828, daß zur rechtsgeschäftlichen Eigentumsübertragung sowie zur Begründung, Übertragung oder Belastung eines Rechts an einem Grundstück ein Vertrag zwischen dem eingetragenen Be-

---

[539] *Hedemann,* Fortschritte II, Bd. 2, S. 234—235.

[540] Vgl. *v. Roth,* System, Bd. 3, S. 297 Anm. 1.

[541] Auch der 3. DJT hatte sich bereits 1862 für die Einführung des Grundbuchsystems in ganz Deutschland ausgesprochen (vgl. Vhdl. 3 DJT, Bd. 2, S. 154, 169, 174, 182).

rechtigten und dem Erwerber sowie die Eintragung in das Grundbuch erforderlich ist. Nach § 828 II E I bestand der Vertrag aus der Erklärung des Berechtigten, daß er die Eintragung der Rechtsänderung bewillige, und aus der Annahme dieser Bewilligung durch den Erwerber. Diese Regelung wurde in § 868 E I für die Eigentumsübertragung dahin modifiziert, daß der in diesem Fall „Auflassung" genannte Vertrag vor dem Grundbuchamt geschlossen werden mußte. Aus einer weiteren in diesem Zusammenhang gehörenden Bestimmung ergab sich, daß die Wirksamkeit des Vertrages unabhängig von dem Vorhandensein eines Rechtsgrundes sein sollte (§ 829 I E I).

Den Grundsatz des 1. Entwurfs, daß das dingliche Rechtsgeschäft unabhängig von dem Vorliegen eines wirksamen obligatorischen Vertrages ist (Abstraktionsgrundsatz), hat die 1. Kommission in den Hauptberatungen nicht mehr in Frage gestellt[542]. Nur in den Vorberatungen hatte ein Kommissionsmitglied einen von der 1. Kommission abgelehnten Antrag gestellt[543], den Eigentumsübergang an Grundstücken von dem Kausalgeschäft abhängig zu machen, zumindest aber die Grundbuchbehörde zur Prüfung des Titels zu verpflichten. Für das von der 1. Kommission angenommene Abstraktionsprinzip enthalten die Protokolle keine näheren Begründungen. Einzig die Motive des Redaktors *Johow* und die darauf beruhende Motive zum 1. Entwurf geben darüber einige Hinweise[544]. Der Abstraktionsgrundsatz war Ende des 19. Jahrhunderts in fast ganz Deutschland mit Ausnahme der Gebiete, in denen französisches Recht galt, zumindest im Grundstücksrecht geltendes Recht[545], nachdem die gemeinrechtliche Wissenschaft die alte Lehre vom titulus und modus acquirendi, auf der noch das ALR und das ABGB beruhten[546], im Anfang des 19. Jahrhunderts aufgegeben hatte[547]. Nach dieser Lehre waren zum Eigentumsübergang ein Titel, meist das obligatorische

---

542 Vgl. Prot. I, S. 3641.

543 Vgl. die Vorlage Nr. 10 von 1785 und Prot. vom 15. 10. 1875, S. 1—3.

544 Vgl. Mot. TE., S. 633 ff., Mot., Bd. 3, S. 6—9, 187—188.

545 Vgl. u. a. § 10 EEG; § 278 sächs. BGB, III Art. 93, 94 bay. E. Vgl. ferner *Pagenstecher*, Lehre, Bd. 1, S. 193 ff.; *Koch*, Privatrecht, Bd. 1, S. 459—460, 462—463; *Dernburg*, Pandekten, Bd. 1, S. 501—502; *Exner*, Tradition, S. 74—84; *Windscheid*, Pandekten, Bd. 1, S. 508—509, 515—516; *Kohler*, Abhandlung, S. 1—3, 21, 32.

546 Vgl. I 2 §§ 131—132; I 9 §§ 1—6, I 10 §§ 1—2 ALR; §§ 380—381, 423—425 ABGB. Ähnlich auch II 3 Art. 53—54 hess. E. Im übrigen galt damals auch außerhalb des Grundstcksrechts in Preußen und Österreich der Abstraktionsgrundsatz (vgl. *Exner*, Tradition, S. 84—85; *Förster*, Theorie und Praxis, Bd. 3, S. 219—220; *Dernburg*, Privatrecht, Bd. 1, S. 575—576; *v. Roth*, System, Bd. 3, S. 298—299).

547 Zur Entwicklung dieser Lehre vgl. *Hoffmann*, Lehre, S. 1—41.

Rechtsgeschäft, aber auch eine sonstige Willenserklärung, eine Gesetzesbestimmung oder ein Urteil, und der Modus als Form des Eigentumserwerbs, meist die Tradition, erforderlich. Darüber hinaus hatte der Gläubiger, der eine bestimmte Sache zu fordern hatte, nach preußischem Recht bereits vor Übergabe der Sache ein Recht zur Sache, ein sogenanntes ius ad rem, so daß Dritterwerber, sofern sie das Vertragsrecht an der Sache kannten, diese dem Gläubiger herausgeben mußten[548]. Der Redaktor *Johow* sah, wie die damalige Lehre, in den Bestimmungen des ALR eine Vermischung des Unterschiedes von Schuld- und Sachenrecht[549]. Auch er wollte die einzelnen Rechtsinstitute ihrer eigentümlichen Natur entsprechend ordnen und lehnte es deshalb ab, den Eigentumsübergang von einem obligatorischen Vertrag abhängig zu machen. Das Sachenrecht habe vielmehr eigene, sogenannte dingliche Verträge und brauche deshalb nicht auf das Schuldrecht zurückzugreifen. Im übrigen würde eine andere Regelung auch mit dem Kondiktionssystem in Widerspruch geraten. Nicht der Eigentumserwerb als solcher, sondern nur das Behaltendürfen sei durch den Titel bedingt[550].

Der Teilentwurf erwähnte den auch von *Johow* für notwendig gehaltenen dinglichen Vertrag nicht[551], sondern bestimmte in § 26 I nur, daß „zur Übertragung des Eigenthums und zur Begründung anderer Rechte an dem Grundstück von dem Eigenthümer“ die Eintragung erforderlich ist. Nach § 30 TE durften Eintragungen und Löschungen im Grundbuch nur vorgenommen werden, wenn sie derjenige bewilligt hat, gegen dessen Recht sie gerichtet sind. Nur bei der Auflassung, die nach § 118 TE „mündlich und gleichzeitig“ vor dem zuständigen Grundbuchamt zu erfolgen hatte, mußte der Erwerber dem Grundbuchamt gegenüber auch seine Zustimmung zur Rechtsänderung abgeben. Die Vorschriften des Teilentwurfs, die später weitgehend in die Grundbuchordnung verwiesen worden sind[552], lassen erkennen, daß dieser die scharfe Trennung, die der 1. Entwurf zwischen öffentlich-formellem und materiellem Grundbuchrecht machte, noch nicht kannte. DerTeilentwurf regelte nur die mehr praktische Frage, welche Voraussetzungen erfüllt sein mußten, damit das Grundbuchamt eine Rechtsänderung in das Grundbuch einträgt, und überließ die nähere Entscheidung der Frage, welche Erfordernisse sonst noch für eine dingliche Rechtsänderung notwendig waren, der Praxis und Rechtswissenschaft. *Johow* folgte

---

[548] Vgl. I 2 §§ 135—141; I 10 § 25; I 19 § 5 ALR (vgl. indessen §§ 4, 15 EEG).
[549] Vgl. Mot. TE, S. 628—630 (Mot. Bd. 3, S. 3—9, 187—188).
[550] Mot. TE, S. 629—630.
[551] Vgl. Mot. TE, S. 649—650.
[552] Vgl. §§ 19, 20, 29, GBO.

damit dem EEG, das den dinglichen Vertrag im Gesetzestext weder erwähnte noch regelte, obwohl ihn die h. M. zumindest für die Eigentumsübertragung für erforderlich hielt[553]. Noch weiter ging *Johow* in einem allerdings abgelehnten Änderungsvorschlag zum Teilentwurf, indem er die Streichung des oben erwähnten § 26 TE mit der Begründung beantragte, daß sich eine so allgemeine Gesetzesfassung nicht empfehle, da sie doch nur auf eine sehr doktrinäre Form hinauslaufe[554]. Johows Vorschläge bargen zwar, vor allem weil sie den dinglichen Vertrag nicht regelten, manche Unklarheiten in sich. Sie waren aber gegenüber den von der 1. Kommission beschlossenen §§ 828, 868 E I wesentlich leichter verständlich und beschränkten sich darauf, praktische Rechtssätze aufzustellen, ohne gleichzeitig Fragen der dogmatischen Konstruktion zu entscheiden.

Die sehr ausführliche Diskussion, die wegen der §§ 26, 30 TE in der 1. Kommission entstand, geben die Motive zum 1. Entwurf in keiner Weise wieder[555]. Vier umfangreiche Abänderungsanträge mit mehreren Unteranträgen sind von den Kommissionsmitgliedern gestellt worden[556]. Drei Anträge sprachen von einem Vertrage, durch den die Bewilligung der Eintragung erfolgen sollte, während nur ein Antrag sich dem Teilentwurf anschloß. Der dingliche Vertrag sollte nach den meisten Anträgen für die Parteien unwiderruflich sein. — Die 1. Kommission, die keinem der Anträge direkt folgte, beschloß zunächst, die formellen Voraussetzungen für eine Grundbucheintragung nicht wie der Teilentwurf im materiellen Zivilrecht, sondern in der Grundbuchordnung zu regeln[557]. Nach Ansicht der Mehrheit würde, wenn man es bei den Bestimmungen des Teilentwurfs beließe, der Eindruck entstehen, daß sich der Erwerb eines dinglichen Rechts auch ohne dinglichen Vertrag vollzöge oder dieser an feste Formen gebunden sei. Man kam deshalb überein, das Hauptgewicht nicht auf die Eintragungsbewilligung, sondern auf den dinglichen Vertrag zu legen, der bislang noch in keinem Gesetzbuch erwähnt worden war. Allerdings konnte sich auch die 1. Kommission von den mehr formell-rechtlichen Vorstellungen des damaligen Grundbuchrechts noch nicht ganz freimachen, da für den dinglichen Vertrag „die Erklärung des Berechtigten, daß er die Eintragung der Rechtsänderung bewillige, und die Annahme der Bewilligung

---

553 Vgl. *Turnau*, Grundbuch-Ordnung, Bd. 1, S. 182; *Achilles*, Gesetze, S. 77—78; *Dernburg-Hinrichs*, preuß. Hypothekenrecht, Bd. 1, S. 278, 286 ff.; a. M. nur *Förster*, Theorie und Praxis, Bd. 3, S. 229—230.

554 Prot. I, S. 3585—3587.

555 Vgl. Mot., Bd. 3, S. 158—176.

556 Vgl. Prot. I, S. 3627—3633.

557 Vgl. Prot. I, S. 3633—3688.

von Seiten des anderen Theiles" erforderlich sein sollten (§ 828 II EI). Obwohl diese im ganzen wenig befriedigende Begründung für die Annahme des Abstraktionsprinzips keinesfalls als die Meinung der gesamten Kommission angesehen werden kann, zeigt sie doch hinreichend, wie sehr man bemüht war, die herrschenden Rechtsanschauungen der damaligen Zeit zu kodifizieren. — Sofern ein Grundsatz im größten Teil Deutschlands galt, hatte eine andere Regelung von vornherein wenig Aussicht, von der 1. Kommission ernsthaft erwogen oder sogar angenommen zu werden. Dies wurde bereits besonders deutlich bei den Vorschlägen *Johows* zum Besitzrecht, die teilweise vom damals geltenden Recht abwichen und deshalb sämtlich abgelehnt wurden[558]. Die 1. Kommission ging hin und wieder nur insofern über das geltende Recht hinaus, als sie dessen Grundsätze noch konsequenter durchführte. So war auch die überscharfe Trennung von Schuld- und Sachenrecht, die dem 1. Entwurf zugrunde lag und hauptsächlich auf das Pandektenrecht zurückging, den Gesetzbüchern und -entwürfen der damaligen Zeit fremd. Fast kein deutsches Grundbuch- oder Hypothekengesetz trieb beispielsweise diese Trennung so weit, daß es den Schutz eines obligatorischen Anspruchs auf dingliche Rechtsänderung völlig versagte.

Für den Eigentumsübergang verlangte § 828 E I außer der Eintragung im Grundbuch noch einen dinglichen Vertrag, ohne das rechtliche Verhältnis dieser beiden Erfordernisse näher zu bestimmen. Der Ausdruck „dinglicher Vertrag" für das Übereignungsgeschäft, die gemeinrechtliche Tradition, ging auf *Savigny*[559] zurück und war auch von *Windscheid*[560] übernommen worden, während *Puchta*[561] nur von dem übereinstimmenden Willen des Tradenten und des Empfängers, Eigentum zu geben und zu nehmen, nicht aber von einem Vertrage sprach.

Über die weitere Frage, in welchem rechtlichen Verhältnis der Vertrag und die Eintragung stehen sollten, traf die 1. Kommission keine gesetzliche Entscheidung. Sie mißbilligte indessen die Ansicht *Johows,* der die Eintragung in den Motiven als Form des dinglichen Vertrages bezeichnet hatte[562], und begnügte sich mit der Feststellung, daß der Vertrag erst mit der Eintragung zur Perfektion gelange und daher an sich frei widerruflich sei[563]. Eine völlig freie Widerruflichkeit hielt sie indessen nicht für zweck-

---

[558] Vgl. S. 61 ff., 69 ff.
[559] System, 3. Bd., S. 312—313.
[560] Pandekten, Bd. 1, S. 509—510.
[561] Institutionen, 2. Bd., S. 216.
[562] Vgl. Mot. TE, S. 651—655. Ähnlich für die gemeinrechtl. Tradition *Windscheid,* Pandekten, Bd. 1, S. 509—511.
[563] Prot. I, S. 3641, 3647.

mäßig[564], da der Zeitpunkt der Eintragung dem Einfluß der Vertragsparteien weitgehend entzogen war. Sie war der Ansicht, daß eine unbeschränkte Widerruflichkeit dem Grundsatz von Treu und Glauben widersprechen und zudem die Sicherheit des Verkehrs unnötig gefährden würde. Andererseits wollte sie auch nicht durch eine sofortige Bindung der Parteien an den Vertrag die Mobilisierung des Grundbesitzes zu stark begünstigen. Das in § 828 III E I niedergelegte Ergebnis der Kommissionsberatungen stellte einen Kompromiß zwischen den sehr unterschiedlichen Auffassungen der Kommissionsmitglieder dar. Danach war der dingliche Vertag bindend, wenn er entweder, wie die Auflassung, vor dem Grundbuchamt geschlossen oder diesem von den Parteien zur Eintragung eingereicht worden oder die bewilligte Eintragung auch nur auf den Antrag eines Vertragspartners erfolgte[565].

In § 31 bestimmte der Teilentwurf, daß die Bewilligung nicht unwirksam sein sollte, wenn sie vor dem Erwerb des Rechts, gegen das sich die bewilligte Eintragung richten sollte, erteilt wurde. Diese Vorschrift richtete sich vor allem gegen das EEG, nach dem nur der eingetragene Berechtigte eine Umschreibung des Grundbuchs wirksam bewilligen konnte[566]. Beispielsweise konnte der Käufer eines Grundstücks eine Hypothek erst dann wirksam bewilligen, wenn er als Eigentümer im Grundbuch eingetragen war. Die 1. Kommission war mit der Regelung des § 31 TE einverstanden, lehnte aber dessen enge Fassung ab und nahm einen Antrag an, der allgemein das Konvaleszensprinzip regelte. Nach dem beschlossenen § 830 E I war die Eintragungsbewilligung eines Nichtberechtigten wirksam, wenn sie mit Einwilligung des Berechtigten erfolgte, und wurde wirksam, wenn der Berechtigte sie genehmigte oder der Nichtberechtigte das Recht erwarb oder vom Berechtigten beerbt wurde. Die 1. Kommission gestaltete damit die exceptio rei venditae et traditae des römischen Rechts[567] zum vollen Eigentumserwerb aus[568]. Da nach dem Wortlaut des § 828 I E I nur der eingetragene Berechtigte eine Grundbucheintragung wirksam bewilligen konnte, sollte der § 830 E I auch den Fall umfassen, daß der wahre, aber noch nicht eingetragene Berechtigte eine Eintragung bewilligte[569].

---

564 Vgl. zum folgenden Prot. I, S. 3637—3638, 3641, 3647.

565 Wegen der dem § 878 BGB entsprechenden §§ 32 TE, 828 IV, 831 EI vgl. Prot. I, S. 3655—3657.

566 Vgl. §§ 2, 5, 13, 19 EEG; Pr. O. Tr. E; Bd. 76, S. 125 ff.; *Turnau*, Grundbuch-Ordnung, Bd. 1, S. 273—274. Vgl. auch *Regelsberger*, Bay. Hypothekenrecht, Bd. 1, S. 234—235. Im S. d. 1. E. entschied erst das RG 1884 (vgl. RGZ, Bd. 11, S. 325 ff.).

567 Vgl. *Windscheid*, Pandekten, Bd. 1, S. 512—513.

568 So schon I 5 § 46, I 11 § 142, I 20 §§ 16—17, 76, 404—408 ALR.

569 Vgl. Prot. I, S. 3651—3653.

Nach einem weiteren Beschluß der 1. Kommission mußte der zur Übertragung des Eigentums an Grundstücken erforderliche Vertrag, die Auflassung, entsprechend der Regelung des EEG[570], vor dem Grundbuchamt geschlossen werden[571]. Sie lehnte zwei Anträge ab, die auch die gerichtlich oder notariell erklärte Auflassung zulassen wollten, da ihrer Ansicht nach den Beteiligten die Abstraktheit der Eigentumsübertragung nur dann voll zum Bewußtsein gebracht werden konnte, wenn sie die Auflassung vor dem Grundbuchamt erklärten und mit der sofortigen Umschreibung des Grundbuchs rechnen müßten. Auch könne nur auf diese Weise wirksam der Gefahr begegnet werden, daß das Grundbuchamt einen Eintragungsantrag aus formellen Gründen zurückweisen müsse oder der Berechtigte noch nach der notariellen Auflassung, aber vor Anbringung des Eintragungsgesuchs betrügerische Zwischenverfügungen treffe[572]. Hauptsächlich aber wollte die Mehrheit der 1. Kommission durch diese Regelung eine zu weitgehende Mobilisierung des Grundbesitzes verhindern und die Veräußerung von Grundstücken erschweren, damit der Grundbesitz möglichst lange in derselben Hand und somit auch die soziale Gliederung des Volkes erhalten bliebe[573]. Dieser konservative Grundzug des Grundstücksübereignungsrechts stand durchaus im Widerspruch zu dem sonst sehr liberalen Verkehrsrecht des 1. Entwurfs.

Nach dem 1. Entwurf war die Grundbuchbehörde in keiner Weise verpflichtet oder auch nur berechtigt, den obligatorischen Veräußerungsvertrag einzusehen oder zu prüfen[574]. Im Gegensatz dazu machten mehrere Landesgesetze eine Grundbucheintragung von der Vorlegung der Urkunde über das Kausalgeschäft abhängig und verpflichteten die Grund- oder Hypothekenbuchbehörden zu dessen genauer Prüfung (Legalitätsprinzip)[575], obwohl der Rechtsübergang selbst nicht von der Wirksamkeit des Kausalgeschäfts abhängig war. Die 1. Kommission lehnte, wie schon der Teilentwurf, diese Regelung vor allem aus dem Bestreben nach konsequenter Durchführung des Abstraktionsgrundsatzes ab. Sie war ferner der Ansicht, daß die Prüfung des Rechtstitels oft die Entscheidung schwieriger Rechts-

---

[570] Vgl. § 2 EEG. Vgl. auch §§ 49, 50 Hamb.GHypG. Die meisten Landesgesetze ließen hingegen die notarielle Form der Auflassung oder des Veräußerungsvertrages zu.

[571] Vgl. hierzu und zum folgenden Prot. I, S. 3872—3881.

[572] Ähnlich bereits *Werner*, Grundbuch- und Hypothekenges., Bd. 2, S. 16, 121.

[573] Vgl. Mot. TE, S. 671.

[574] So auch in Preußen, Hamburg, Lübeck, Mecklenburg (vgl. Mot. TE, S. 200).

[575] Vgl. u. a. §§ 96, 136 ff. bay. HypGes., Art. 56—60, 153, 180 württemb. Pfandg., §§ 276—277 sächs. BGB. Ähnlich bereits I § 76, II §§ 11 ff., 58—59 Allg. Hyp.-Ord.; vgl. ferner II 3 Art. 56 hess. E; III Art. 68 bay. E.

fragen erfordere und deshalb die Erledigung der Grundstücksgeschäfte nicht unerheblich verzögern könne. Andererseits biete auch eine Überprüfung des Titels keinen vollen Schutz vor einer Unrichtigkeit des Grundbuchs[576].

Da die 1. Kommission, ähnlich wie das EEG, für den Eigentumsübergang außer der Eintragung einen wirksamen dinglichen Vertrag verlangte (materielles Konsensprinzip), lehnte sie mittelbar das Prinzip der formalen Rechtskraft der Grundbucheintragung[577] ab, nach dem die Grundbucheintragung ohne Rücksicht darauf, ob ihr ein gültiger dinglicher oder obligatorischer Vertrag zugrunde lag, immer den Rechtsübergang bewirkte. Auf diesem Standpunkt standen die Grundbuchgesetze von Hamburg, Lübeck, Mecklenburg und Sachsen sowie der bay. Entwurf[578]. Zum Ausgleich für die Härten, die mit dieser Regelung verbunden waren, gewährten diese Landesgesetze eine auch gegen bösgläubige Dritte gerichtete Möglichkeit der Anfechtung des Rechtsübergangs[579], verwiesen allerdings den Anfechtungsberechtigten im Konkurs des Anfechtungsgegners meist auf eine einfache Konkursforderung. Weiterhin verpflichteten, hauptsächlich zum Schutz des Veräußerers, einige Gesetze wie das sächs. BGB, das bay. Hypothekengesetz und der bay. Entwurf die Buchbehörde zu einer genauen Überprüfung des Kausalgeschäfts. Die Motive des Teilentwurfs begründen die Ablehnung des Prinzips der formalen Rechtskraft damit[580], daß dieses den hergebrachten Rechtsanschauungen wenigstens eines großen Teils Deutschlands, nach denen ein Rechtsübergang ohne Rücksicht auf seine materiellen Voraussetzungen unmöglich sei, nicht entspreche. Johow wies auch zu Recht darauf hin, daß die Sicherheit des Grundstücks- und Kreditverkehrs die Annahme dieses Prinzips nicht erfordere, da dieser durch das Publizitätsprinzip hinreichend geschützt sei. Indessen ging er zu weit, wenn er dieses Prinzip als eine Anomalie bezeichnete[581], zumal wegen des Schutzes, den die dieses Prinzip enthaltenden Landesgesetze dem Veräußerer gewährten, ein erheblicher praktischer Unterschied zwischen diesen Gesetzen und den auf dem Konsensprinzip beruhenden EEG und 1. Entwurf nicht bestand. Das Prinzip der formalen Rechtskraft der Grundbucheintragung hatte immerhin den Vorteil, das Grundbuch niemals unrichtig werden zu lassen

---

576 Vgl. Prot. vom 15. 10. 1875, S. 1—3; Mot. TE, S. 200.

577 Vgl. Prot. vom 15. 10. 1875, S. 3.

578 Vgl. §§ 2, 3, 6, 28 HambGHypG; §§ 36, 37 mecklenb. rev. Stadtb. O. §§ 276 ff. sächs. BGB; III Art. 56 ff. bay. E. vgl. auch Mot., Bd. 3, S. 28—32.

579 Vgl. S. 98, Anm. 534.

580 Mot. TE, S. 194—198.

581 Mot. TE, S. 198.

und somit die Entstehung eines doppelten Eigentums zu verhindern, das der 1. Entwurf in gewisser Hinsicht durch die Unterscheidung zwischen dem Voll- und dem Bucheigentum anerkennen mußte. Der Hauptgrund für die Übernahme des Konsensprinzips, das auf eine Romanisierung des preußischen Grundbuchrechts in der zweiten Hälfte des 19. Jahrhunderts zurückging[582], dürfte in dem Bestreben der 1. Kommission zu finden sein, das Eigentumsübertragungsrecht für bewegliche und unbewegliche Sachen möglichst nach gleichartigen Gesichtspunkten auszugestalten und für jede Rechtsübertragung oder -begründung zumindest einen wirksamen dinglichen Vertrag zu verlangen.

Die weitere Frage, ob Auflassungen unter einer Bedingung oder Zeitbestimmung zulässig sein sollten, war heftig umstritten[583]. Während nach § 117 TE derartige Auflassungen unzulässig waren[584], jedoch das bedingte oder befristete Recht auf Auflassung eingetragen werden konnte, waren nach § 871 E I auflösend bedingte Auflassungen statthaft. Hingegen ließ die 1. Kommission die Eintragung aufschiebend bedingter Auflassungen vor allem deswegen nicht zu, weil sie sich nicht mit der von ihr beschlossenen Abschaffung der Vormerkung zum Schutz des Anspruchs auf Auflassung in Widerspruch setzen wollte[585]. Nach § 832 E I waren simulierte Auflassungen und andere simulierte dingliche Grundstücksgeschäfte voll wirksam[586], und zwar auch im Verhältnis der Vertragsparteien zueinander[587]. Die 1. Kommission wollte durch diese Regelung eine eine Art relatives Eigentum vermeiden[588], das darin bestanden hätte, daß im Verhältnis der Parteien untereinander der Veräußerer noch Eigentümer und im Verhältnis zu Dritten der Erwerber Eigentümer gewesen wäre. Mit dieser Bestimmung griff die 1. Kommission, wie schon im Besitzrecht, als sie jedem Inhaber einer Sache gegenüber dem Besitzer, possessorischen Schutz gewährte, zu einer unbefriedigenden und extremen Lösung, weil sie wegen des von ihr befolgten dogmatischen Purismus rechtlichen Zwischengebilden aus dem Wege gehen wollte.

---

582 *Hedemann*, Fortschritte II, Bd. 2, S. 255 ff.

583 Vgl. wegen der zahlreichen Anträge Prot. I, S. 3884—3893.

584 Vgl. Mot. TE, S. 672—678. Die gleiche Regelung galt in Preußen (vgl. *Turnau*, Grundbuch-Ordnung, S. 194, 253; vgl. auch III Art. 70 bay. E).

585 Vgl. Prot. I, S. 3893—3903.

586 Anders u. a. das gemeine Recht (vgl. *Windscheid*, Pandekten, Bd. 1, S. 194—197) und das ALR (vgl. I 4 §§ 52—56).

587 Vgl. indessen § 127 TE, nach dem nur Dritten gegenüber im Interesse der Verkehrssicherheit eine simulierte Auflassung wirksam sein sollte (vgl. Mot. TE, S. 706—707).

588 Vgl. zum folgenden Prot. I, S. 3930—3932.

III. Das Publizitätsprinzip

Nach § 837 E I galt beim Erwerb des Grundstückseigentums oder eines Rechts, und zwar sowohl beim rechtsgeschäftlichen Erwerb als auch beim Erwerb im Wege der Zwangsvollstreckung oder des Arrestes, zugunsten des Erwerbers der Inhalt des Grundbuchs als richtig. Ein zu dieser Zeit aus dem Grundbuch nicht ersichtliches Veräußerungsverbot zugunsten einer bestimmten Person galt als nicht bestehend. Dieser Bestimmung lag der Grundsatz des öffentlichen Glaubens des Grundbuchs, das sogenannte Publizitätsprinzip, zugrunde. Nach diesem Grundsatz wurde derjenige, der im Grundbuch als Eigentümer oder sonstwie dinglich Berechtigter eingetragen war, gegenüber einem gutgläubigen Dritterwerber als der Eigentümer des Grundstücks oder Inhaber des Rechts, auch wenn er es in Wirklichkeit nicht war, angesehen. Diesen vom deutschen Recht herkommenden Grundsatz hatte die Rechtswissenschaft und Gesetzgebung des 18. und 19. Jahrhunderts in enger Verbindung mit römischen Rechtsgedanken herausgearbeitet[589]. Er hatte in fast allen deutschen Grundbuch- und Hypothekengesetzen Aufnahme gefunden[590]. Auch in der 1. Kommission war er nie umstritten gewesen und von ihr bereits in den Sitzungen vom 15. und 16. Oktober 1875 beschlossen worden[591].

Der Teilentwurf enthielt bereits mehrere dem § 837 E I entsprechende Bestimmungen[592], die die 1. Kommission in den Hauptberatungen mit erheblichen Änderungen in der Fassung annahm und zu einer einzigen Vorschrift vereinigte. Vor allem brachte sie in § 837 E I deutlich zum Ausdruck, daß auch der Erwerb im Wege der Zwangsvollstreckung und Arrestvollziehung durch den Publizitätsgrundsatz geschützt sein sollte. Die 1. Kommission wollte dadurch vor allem den gutgläubigen Erwerb einer Sicherungshypothek an einem dem Schuldner nicht gehörenden, aber auf dessen Namen im Grundbuch eingetragenen Grundstück ermöglichen, während der Eigentumserwerb an Grundstücken im Wege der Zwangsvollstreckung in einem Sondergesetz über die Zwangsversteigerung geregelt werden sollte. Indessen war diese Ausweitung des Gutglaubensschutzes in der 1. Kommission nicht ganz unbestritten, und noch in der Schlußberatung stellte ein Mitglied den Antrag, die Möglichkeit gutgläubigen Erwerbs in diesen

---

589 Vgl. *Hedemann,* Fortschritte II, Bd. 2, S. 205—206.

590 Vgl. §§ 9, 10, 12, 15, 17, 33 ff., 49, 64 EEG; § 278 sächs. BGB; §§ 25—26 bay. Hyp. Ges.; Art. 64 württemb. Pfandg. Ähnlich bereits I 4 § 19, I 10 §§ 7—11, 24; I 11 §§ 264, 265 ALR. Vgl. auch § 3 hamb. GHyp. G.; §§ 36—37 mecklenb. rev. Stadtb.O; Art. 58—61, 74—77 bay. E.

591 Vgl. Prot. vom 15—16. 10. 1875.

592 Vgl. §§ 24, 25, 88 TE; § w des Änderungsvorschlags (Prot. I, S. 3577 ff.).

Fällen auszuschließen[593]. Die Mehrheit der 1. Kommission lehnte jedoch den Antrag ab und berief sich zur Begründung dieser Entscheidung auf die neuere, vor allem preußische Rechtsentwicklung[594]. Soweit die Protokolle erkennen lassen, ging sie nicht näher auf die Interessen des Gläubigers und des im Grundbuch zu Unrecht nicht eingetragenen Berechtigten ein, sondern begnügte sich mit der wenig überzeugenden Feststellung, daß auch zwangsweise erworbene Rechte für den Rechtsverkehr bestimmt seien[595].

Der 1. Entwurf schützte wie auch schon der Teilentwurf den unentgeltlichen gutgläubigen Erwerb ebenso wie den entgeltlichen und sah als Ausgleich dafür auch keine Bereicherungsansprüche gegen den unentgeltlich Erwerbenden vor[596]. Im Gegensatz dazu kannten die Landesgesetze, die wie der 1. Entwurf nicht den Grundsatz der formalen Rechtskraft der Grundbucheintragung angenommen hatten, einen Schutz des unentgeltlichen Erwerbs nicht[597]. Der Hauptgrund für die von diesen Gesetzen abweichende Entscheidung der 1. Kommission war vor allem die Rücksicht auf den Verkehr[598]. Dieser sollte nicht dadurch behindert werden, daß ein Dritter von einem im Grundbuch als Eigentümer Eingetragenen das Eigentum mit der Behauptung herausverlangt, dieser habe das Grundstück unentgeltlich erworben. Nicht unerheblich für diesen Beschluß dürfte auch wieder das Bestreben der 1. Kommission gewesen sein, dogmatische Grundprinzipien wie den Publizitätsgrundsatz möglichst ohne positive Ausnahmen in das Gesetz zu übernehmen. Ferner befürchtete sie Schwierigkeiten, bei gemischten Schenkungen zwischen dem ent- und dem unentgeltlichen Teil des Geschäfts zu unterscheiden. Die sehr weitgehende Ausdehnung des Gutglaubensschutzes sowohl auf den Erwerb in der Zwangsvollstreckung als auch auf den unentgeltlichen Erwerb läßt bereits deutlich erkennen, daß die 1. Kommission in ihren Entscheidungen die Interessen des Verkehrs und des Immobiliarkredits ziemlich einseitig vor den Eigentumserhaltungsinteressen begünstigte. Auch dann noch gab sie wie bei der Entscheidung, ob der unentgeltliche Erwerb zu schützen sei oder nicht, einem von ihr angenommenen Verkehrsinteresse den Vorrang, wenn dieses es zumindest nicht mehr unbedingt erforderte.

---

[593] Vgl. Prot. I, S. 11938—11940; ferner S. 3572—3573.

[594] Vgl. Pr. O. Tr., Bd. 3, S. 235 ff.; RGZ, Bd. 2, S. 260 ff.

[595] Vgl. Prot. I, S. 3572—3573.

[596] Ähnlich § 3 hamb. G. HypG; § 278 sächs. BGB; die mecklenburg. (vgl. *v. Meibom,* Mecklenb. Hypothekenrecht, S. 86) und österr. Gesetze (vgl. *Exner,* Publizitätsprinzip, S. 62—69).

[597] Vgl. § 9 EEG, § 26 Nr. 4 bay. Hyp. Ges., Art. 72, 88 württemb. Pfandg. (vgl. auch Einl. § 96, I 20 § 423 ALR).

[598] Vgl. Prot. I, S. 3572 ff., Mot. TE, S. 244—249.

Außer der Richtigkeit des Grundbuchs war nach dem Publizitätsgrundsatz auch noch die Vollständigkeit des Grundbuchs gewährleistet (§ 826 E I). Insbesondere galten nicht eingetragene Verfügungsbeschränkungen zum Schutz bestimmter Personen dem Erwerber eines Grundstücks gegenüber als nicht bestehend. Diese Regelung entsprach den Grundbuch- und Hypothekengesetzen der deutschen Länder. In Betracht kamen[599] gerichtliche Verfügungsbeschränkungen, die beispielsweise im Wege des Arrestes, der einstweiligen Verfügung oder der Konkurseröffnung angeordnet wurden, sowie rechtsgeschäftliche Verfügungsbeschränkungen, die sich aus Bedingungen, Zeitbestimmungen oder aus der Fideikommißeigenschaft eines Grundstücks ergaben[600]. Eine weitere von der 1. Kommission zu entscheidende Frage war, ob die im Grundbuch eingetragenen Verfügungsbeschränkungen und Veräußerungsverbote zu einer Grundbuchsperre führen sollten oder nicht. Eine Reihe von Landesgesetzen, die der Grundbucheintragung formale Rechtskraft beilegten und jede Unklarheit an den Eigentums- und sonstigen Rechtsverhältnissen eines Grundstücks vermeiden wollten, verbot jede weitere, mit dem Veräußerungsverbot im Widerspruch stehende Verfügung[601]. Demgegenüber konnte der Berechtigte, wie im preußischen Recht[602], nach dem 1. Entwurf weiterhin über das betreffende Recht Verfügungen treffen, die allerdings dem durch die Verfügungsbeschränkung Berechtigten gegenüber unwirksam waren[603]. Mit dieser Regelung sollte hauptsächlich eine Behinderung des Verkehrs vermieden werden[604]. Diese hätte nach Ansicht der 1. Kommission dadurch entstehen müssen, daß sich der Grundbuchbeamte bei Zweifeln darüber, ob eine Verfügungssperre vorliegt, wohl eher für als gegen eine solche entschieden hätte. Weiterhin wollte die 1. Kommission durch diese Regelung betrügerische, insbesondere die Gläubiger des Berechtigten benachteiligende Verfügungen unterbinden, die leicht möglich gewesen wären, da der Grundbuchbeamte nur die abstrakten Erklärungen der Parteien, nicht aber die Gültigkeit des Kausalgeschäfts zu prüfen hatte.

Der öffentliche Glaube des Grundbuchs kam dem Erwerber nur dann nicht zugute, wenn er „die Thatsachen gekannt hat, aus welchen sich die

---

599 Vgl. Prot. I, S. 3313.

600 Nicht möglich war nach § 796 EI (vgl. § 137 BGB) die rechtsgeschäftliche Vereinbarung eines Veräußerungsverbots mit dinglicher Wirkung gegen Dritte (vgl. zu dieser typisch liberales Gedankengut enthaltenden Bestimmung Mot. TE, S. 501, 536; *Hedemann*, Fortschritte I, S. 27—28).

601 Nachweise in Mot., Bd. 3, S. 219, Anm. 2.

602 Vgl. *Dernburg-Hinrichs*, Preuß. Hypothekenrecht Bd. 1, S. 410—412.

603 Vgl. §§ 107 EI (135, 136 BGB); 135 EI (161, 162 BGB).

604 Vgl. Prot. I, S. 3710—3712; Mot., Bd. 3, S. 219.

Nichtübereinstimmung des Grundbuchs mit der wirklichen Rechtslage oder das Veräußerungsverbot ergiebt" (§ 837 Abs. II S. 1 E I) oder wenn er wußte, daß der Erwerb des Veräußerers auf einem anfechtbaren Rechtsgrunde beruhte, sofern später die Anfechtung erfolgte (§ 837 II S. 2 E I). Aus der Fassung und Stellung dieser Vorschrift ergab sich, daß den Erwerber für seinen guten Glauben nicht die Beweislast traf[605]. Nach Ansicht der 1. Kommission wäre eine andere Regelung mit dem Publizitätsgrundsatz unvereinbar gewesen und hätte außerdem den Verkehr in nicht unbeträchtlichem Maße beeinträchtigt[606]. Aus diesem Grunde lehnte sie es auch ab, wie einige Landesgesetze, der positiven Kenntnis der Unrichtigkeit des Grundbuchs oder der Anfechtbarkeit einer Grundbucheintragung grobfahrlässige Nichtkenntnis gleichzustellen[607]. Allerdings enthielt der 1. Entwurf gegenüber dem Teilentwurf insofern eine gewisse Verschärfung, als der Erwerber nicht erst dann bösgläubig sein sollte, wenn ihm die Unrichtigkeit des Grundbuchs bekannt war, sondern schon dann, wenn er die Tatsachen, die zur Unrichtigkeit des Grundbuchs geführt hatten, kannte. Die 1. Kommission ließ sich bei der Entscheidung von der Erwägung leiten, daß für eine falsche Bewertung von Tatsachen das Grundbuch nicht verantwortlich gemacht werden dürfe, da dieses nicht die Aufgabe habe, den Erwerber vor den Folgen eines Rechtsirrtums zu schützen[608]. Zu dieser Entscheidung konnte man allerdings nur kommen, wenn man, wie die 1. Kommission, bei der Abfassung des 1. Entwurfs nicht von dem gewöhnlichen, des Rechts weithin unkundigen, sondern von einem in gewissem Maße mit dem Recht vertrauten Staatsbürger ausging.

Für die Kenntnis war nach § 873 E I nicht, wie es zum Teil für das preußische Recht vertreten wurde[609], der Zeitpunkt der Stellung des Eintragungsantrages oder des Vertragsschlusses, sondern der der Einigung entscheidend. Die Entscheidung beruhte wieder hauptsächlich auf doktrinären und weniger auf praktischen Erwägungen[610]. Da der Erwerb sich erst mit der Eintragung im Grundbuch vollzog, sollte auch der Zeitpunkt der Eintragung für den guten Glauben des Erwerbers entscheidend sein. Wenn da-

---

605 Vgl. § 9 EEG, §§ 278, 429, 463, 465 sächs. BGB, I 10 § 10 ALR. Anders nur §§ 25, 26 Nr. 4 bay. HypG.

606 Vgl. Prot. I, S. 3572—3574; Mot., Bd. 3, S. 212—213.

607 Für Gleichstellung u. a.: *Exner*, österr. Hypothekenrecht, Bd. 1, S. 108—109; *v. Meibom*, mecklb. Hypothekenrecht, S. 91—92; *Regelsberger*, bay. Hypothekenrecht, Bd. 1, S. 157—158; *Römer*, württemberg. Hypothekenrecht, S. 41—50.

608 Prot. I, S. 3574.

609 Für das letztere *Dernburg-Hinrichs*, preuß. Hypothekenrecht, Bd. 1, S. 131, i. S. d. 1 Entwurfs *Achilles*, Gesetze, Anm. 2 c zu § 9 II EEG.

610 Vgl. Prot. I, S. 3700—3701; Mot. TE, S. 239—240.

gegen für den guten Glauben der Zeitpunkt der Antragsstellung maßgebend gewesen wäre, wäre der Erwerb in gewisser Hinsicht auf diesen Zeitpunkt zurückbezogen worden. Dies aber hätte nach Ansicht der 1. Kommission mit dem Eintragungsgrundsatz im Widerspruch gestanden. Zudem glaubte die 1. Kommission, daß die von ihr beschlossene Regelung mit dem natürlichen Rechtsgefühl übereinstimme, ohne indessen hinreichend zu berücksichtigen, daß der Erwerber den Zeitpunkt der Eintragung meist nicht kannte und auf diesen auch keinen Einfluß hatte.

Wer infolge der §§ 837, 838 E I einen Rechtsverlust erlitten hatte, konnte nach § 839 E I von dem Nichtberechtigten, der wirksam über das Grundstück verfügt hatte, die Herausgabe des Erlangten nach Bereicherungsgrundsätzen verlangen[611]. § 839 E I ging auf § 195 TE zurück, der bei den Vorschriften über den Eigentumsanspruch stand. Nach dieser Bestimmung hatte der ehemalige Eigentümer nur dann einen Bereicherungsanspruch, wenn der Bucheigentümer gutgläubig über dessen Recht wirksam verfügt hatte. Einen Bereicherungsanspruch bei Bösgläubigkeit des Nichtberechtigten hatte Johow offensichtlich nicht für erforderlich gehalten, weil in diesem Fall dem ehemaligen Berechtigten Schadensersatzansprüche zustanden[612]. Die 1. Kommission änderte die Regelung des Teilentwurfs in mehrfacher Hinsicht[613]. Sie versetzte die Vorschrift in das allgemeine Grundstücksrecht hinter die Bestimmungen über den gutgläubigen Erwerb und gab den Unterschied zwischen dem bösgläubigen und gutgläubigen Nichtberechtigten auf und ließ beide nach Bereicherungsgrundsätzen haften. Ferner sollte bei wirksamen Verfügungen nicht nur der Bucheigentümer, sondern jeder irgendwie Buchberechtigte dem ehemaligen Berechtigten zur Herausgabe des durch die Verfügung Erlangten verpflichtet sein. Einige Kommissionsmitglieder wollten den § 195 überhaupt streichen, weil sich ihres Erachtens die Herausgabeverpflichtung des unberechtigt Verfügenden unmittelbar aus dem Bereicherungsrecht ergab. Die Mehrheit der Kommission indessen war der Ansicht, daß es ohne eine spezielle Bereicherungsvorschrift im Sachenrecht fraglich sein könnte, ob die allgemeinen Bereicherungsvorschriften Anwendung fänden. Die Bedenken der 1. Kommission rührten daher, daß die für jeden Bereicherungsanspruch allgemein für erforderlich gehaltene Unmittelbarkeit der Vermögensverschiebung im Falle

[611] Vgl. I 15 § 28 ALR, III Art. 175 bayE.

[612] Zur Streitfrage des gemeinen Rechts, ob jeder oder nur der eines Erwerbsgrundes ermangelnde redliche Besitzer nach Bereicherungsgrundsätzen haften sollte, vgl. *Windscheid*, Pandekten, Bd. 2, S. 537; *v. Ihering*, Besitzer, S. 230—238; Mot. TE, S. 953—955.

[613] Vgl. zum folgenden Prot. I, S. 4223—4226.

der Verfügung eines Nichtberechtigten zweifelhaft sein könnte. Sie beschloß daher, um alle Bedenken auszuschließen, die Bereicherungsvorschrift im Sachenrecht beizubehalten.

IV. Der Grundbuchberichtigungsanspruch und die Vormerkung

In § 843 E I war der dingliche Berichtigungsanspruch geregelt. Dieser Anspruch stand dem, der durch eine falsche Grundbucheintragung oder zu Unrecht erfolgte Löschung eines Rechts im Grundbuch in seinen Rechten beeinträchtigt war, gegen den im Grundbuch fälschlicherweise als Berechtigten Eingetragenen oder den durch eine zu Unrecht erfolgte Löschung Begünstigten zu[614]. Die letzteren hatten die der wirklichen Rechtslage entsprechende Eintragung in der nach der Grundbuchordnung erforderlichen Form zu bewilligen. § 843 E I ging auf § 46 Teilentwurf und einen Änderungsvorschlag *Johows*[615] in der Hauptberatung zurück und war im übrigen nur eine Konsequenz aus dem von der 1. Kommission angenommenen Konsensprinzip. Eine entsprechende Regelung hatten nur das EEG[616] und die auf diesem beruhenden Landesgesetze. Fast alle anderen deutschen Grundbuchgesetze[617] kannten keine Unrichtigkeit des Grundbuchs, gewährten aber beim Fehlen der Voraussetzungen des Eigentumsübergangs eine auch gegen bösgläubige Dritte gehende Anfechtung des Grundbucheintrags[618].

Bei Unrichtigkeit des Grundbuchs konnte nach § 844 E I der Berechtigte zur Sicherung seines Anspruchs auf Eintragung eines bestehenden Rechts eine Vormerkung in das Grundbuch eintragen lassen. Hingegen kannte der 1. Entwurf keine Vormerkung zum Schutze obligatorischer Ansprüche auf Einräumung oder Aufhebung eines Rechts an einem Grundstück. Abweichend davon bestand nach den meisten damaligen deutschen Ländergesetzen die Möglichkeit, persönliche Ansprüche auf eine dingliche Rechtsänderung entweder durch eine dinglich wirkende Vormerkung oder durch ein allgemeines Veräußerungsverbot zu sichern. Die Gesetze, die das Sicherungsmittel der Vormerkung zuließen, gingen auf die preuß. Allge-

---

614 Vgl. Prot. I, S. 3718—3721.

615 Vgl. § s (Prot. I, S. 3577 ff.).

616 Vgl. § 9 EEG. Allerdings gebrauchte das EEG noch nicht den Ausdruck Berichtigungsanspruch (vgl. wegen der nicht ganz eindeutigen Rechtslage *Turnau*, Grundbuch-Ordnung, Bd. 1, S. 31—32.

617 Vgl. u. a. §§ 278, 465 sächs. BGB; § 3 hamb. HypG; III Art. 75, 76 bayE.; *v. Meibom*, Mecklenburg, Hypothekenrecht, S. 95—99,

618 Zur heftig umstrittenen Frage, ob der Berichtigungsanspruch verjährbar sein sollte, vgl. Mot. TE, S. 347; Prot. I, S. 3955—3960.

meine Hypotheken-Ordnung und das ALR zurück[619], nach denen Vormerkungen (Protestationen) auch zum Schutze bestehender rechtsgültiger Titel auf Erlangung eines Hypothekenrechts eingetragen werden konnten. Diese Protestationen wirkten auch gegen Dritte, so daß die das Recht des Vormerkungsberechtigten verletzenden Hypothekenbucheintragungen diesem gegenüber unwirksam waren.

Ähnlich wie in Preußen war das Vormerkungsrecht in den bayerischen und württembergischen Hypothekengesetzen ausgestaltet[620]. Das EEG von 1872 ließ eine Vormerkung zum Schutz aller persönlichen Ansprüche auf eine dingliche Rechtsänderung, insbesondere auch des Anspruchs auf Eigentumsübertragung, zu[621]. Kennzeichnend für das EEG war aber, daß die Vormerkung das Grundbuch nicht sperrte, sondern der Berechtigte weiterhin über seine Rechte, allerdings ohne Wirkung gegenüber dem Vormerkungsberechtigten, verfügen konnte. Im Gegensatz zum EEG gewährte eine andere Gruppe von Grundbuchgesetzen die Möglichkeit, die obligatorischen Ansprüche durch eine allgemeine Verfügungs- und Grundbuchsperre schützen zu lassen[622]. Der Hauptnachteil dieser Gesetze war es aber, daß der obligatorisch Berechtigte trotz Eintragung einer Verfügungssperre im Konkurs des Veräußerers schutzlos und nur auf eine einfache Konkursforderung angewiesen war[623]. Der Teilentwurf übernahm weitgehend die Regelung des EEG und ließ auch eine Vormerkung zum Schutze sowohl bestehender dinglicher Rechte als auch persönlicher Ansprüche zu[624]. Diese Möglichkeit der Sicherung auch persönlicher Ansprüche hielt *Johow* für empfehlenswert, um den Anspruchsberechtigten von den sich aus dem Grundbuchsystem ergebenden Gefahren zu schützen. Aus demselben Grunde sollte die Vormerkung zum Schutz persönlicher Ansprüche nicht nur gegen Dritte wirken, sondern auch das Grundstück als Gegenstand des Rechts ergreifen[625]. Allerdings waren nach dem Teilentwurf Vormerkungen nur zum Schutze voll wirksamer und durchsetzbarer, nicht aber bedingter Ansprüche möglich. Eine gewisse Abhilfe war aber dadurch geschaffen, daß nach dem Teilentwurf wenigstens das bedingte Recht auf Auflassung eingetragen werden konnte[626].

---

619 Vgl. II §§ 153, 289—292, 298—299 Allg. Hypotheken-Ordnung, I 20 §§ 418 ff. ALR (vgl. *Turnau*, Grundbuch-Ordnung, Bd. 1, S. 288).

620 Vgl. §§ 27—30 bay. HypothG; Art. 74 ff. württemb. Pfandges.

621 Vgl. §§ 8, 16, 22, 59—60 EEG.

622 Vgl. §§ 19—20 hamb.G HypothG. (Klauseln u. Vormerkungen); *v. Meibom*, Meckl. Hypothekenrecht, S. 69, 96—97 (Inhibitionen u. Verwillkürungen); vgl. auch §§ 143, 404 ff. sächs. BGB.

623 Vgl. u. a. § 408 sächs. BGB.

624 Vgl. §§ 28, 37, 121.

625 Vgl. Mot. TE, S. 215—216.

626 Vgl. § 119 TE.

Die 1. Kommission indessen lehnte einen Schutz persönlicher Ansprüche durch eine dinglich wirkende Vormerkung, hauptsächlich wegen dogmatischer Bedenken ab[627]. Nach ihrer Ansicht war die obligatorische Vormerkung ein anomales Rechtsinstitut, das es im Mobiliarsachenrecht auch nicht gebe[628]. Mit ihrer Einführung würde mit dem Grundsatz, daß die Kenntnis eines obligatorischen Anspruchs einem Dritterwerber nicht schade, gebrochen werden. Zudem nahm die 1. Kommission Anstoß daran, daß die obligatorische Vormerkung selbst kein dingliches Recht begründete, die Verfügung über das vorgemerkte Recht nicht unter den Eintragungsgrundsatz fiel und auch Dritterwerber sich nicht auf den guten Glauben des Grundbuchs berufen konnten. Sie wollte kein dogmatisch so schwer einzuordnendes Zwischengebilde wie die obligatorische Vormerkung, die zwar kein dingliches Recht war, diesem aber doch in einigen Beziehungen gleichstand, in den 1. Entwurf aufnehmen. Dieser sollte vielmehr möglichst streng den Grundsatz der Trennung von Schuld- und Sachenrecht durchführen.

In praktischer Hinsicht hielt die 1. Kommission die Ablehnung der obligatorischen Vormerkung deshalb für gerechtfertigt, weil für diese kein Bedürfnis vorhanden sei und zum Schutz obligatorischer Ansprüche die bestehenden Rechtsbehelfe wie beispielsweise die einstweiligen Verfügungen ausreichten. Im übrigen sei es Sache jedes Gläubigers, die Verwirklichung seiner Ansprüche von vornherein zu sichern. Zudem befürchtete die Kommission, daß mit der Zulassung der obligatorischen Vormerkung eine Beschränkung des Verkehrs verbunden sein würde, da nach dem Teilentwurf die Bewilligung des Schuldners zur Eintragung einer Vormerkung ausreichen sollte. Durch diese Regelung, so meinte die 1. Kommission, werde die „rechtsgeschäftliche Unterbindung“[629] der Verfügungsbefugnis sanktioniert, das Grundbuch gleichsam gesperrt und vor allem den übrigen Gläubigern der Gegenstand ihrer Befriedigung entzogen.

Statt aber diese Mißbrauchsmöglichkeiten und Nachteile, die mit diesem Rechtsinstitut nach Ansicht der 1. Kommission verbunden waren, durch entsprechende Vorschriften auszuschließen, schaffte sie es überhaupt ab. Für die Ablehnung der obligatorischen Vormerkung war also neben dogmatischen Bedenken wieder die Rücksicht auf die Interessen des Verkehrs und der Gläubiger auf Kosten der Interessen eines einzelnen Gläubigers, der seinen Anspruch auf ein bestimmtes Grundstücksrecht noch nicht realisieren konnte oder wollte, maßgebend.

---

627 Prot. I, S. 3692 ff.
628 Prot. I, S. 3693.
629 Prot. I, S. 3694.

Dagegen behielt die 1. Kommission die Vormerkung zum Schutz bestehender dinglicher Rechte bei, um den Berechtigten vor den Gefahren, die sich aus dem öffentlichen Glauben des Grundbuchs ergaben, zu schützen, und sah als das geeignete Mittel hierfür die Eintragung eines Widerspruchs im Grundbuch an[630]. Im Gegensatz zu den Bestimmungen mehrerer Landesgesetze[631], nach denen die Buchbehörde die Voraussetzungen für die Eintragung einer Vormerkung zu prüfen hatte, sollte nach § 845 E I das Gericht dafür zuständig sein, die Eintragung einer Vormerkung anzuordnen, sofern nicht der Buchberechtigte selbst die Vormerkung von sich aus bewilligte. Diese Regelung ging auf das EEG zurück und verfolgte den Zweck, das Grundbuchamt entsprechend den allgemeinen Grundsätzen nicht mit der Prüfung der materiellen Eintragungsvoraussetzungen zu befassen[632].

V. *Zusammenfassung*

Wie im einzelnen gezeigt werden konnte, lehnte sich das Grundstücksrecht des 1. Entwurfs und noch mehr des Teilentwurfs sehr eng an das preußische EEG an. Dieses hatte bereits das überkommene Grundstücksrecht entsprechend den Grundsätzen der sachenrechtlichen Pandektenrechtsdogmatik umgeformt und vor allem den abstrakten dinglichen Vertrag, die Auflassung, für die Grundstücksübereignung eingeführt. Die 1. Kommission setzte die Romanisierung des weitgehend auf deutschrechtlicher Grundlage beruhenden Grundstücksrechts noch weiter fort, indem sie beispielsweise die dem römischen Recht vollkommen fremde Vormerkung zum Schutz obligatorischer Ansprüche abschaffte. Im übrigen aber hat sie die Grundsätze des Grundstücksübereingnungsrechts dogmatisch wesentlich klarer als das EEG geregelt und mehrere Streitfragen, die im preußischen Grundstücksrecht bestanden, entschieden. Dies hatte zwar den Nachteil, daß das Grundstücksrecht des 1. Entwurfs dogmatisch stärker festgelegt und auch schwerer verständlich war als die Bestimmungen des EEG und des Teilentwurfs. Indessen schloß die doktrinäre Fassung des 1. Entwurfs Streitigkeiten über dogmatische Grundsätze, die die Rechtssicherheit sehr beeinträchtigt hätten, weitgehend aus. Allerdings führte die 1. Kommission die dogmatischen Prinzipien oft auf Kosten eines gerechten Interessenausgleichs sehr streng und fast ausnahmslos durch. Dies lief vor allem auf eine extreme Begünstigung des Erwerbers und überhaupt des Verkehrs,

---

630 Vgl. Prot. I, S. 3692.

631 Vgl. die Übersicht in Mot., Bd. 3, S. 242.

632 Wegen der weiteren Einzelheiten vgl. § 845 II E I.

wie sie dem damaligen Recht in diesem Umfang fast allgemein fremd war, hinaus.

Dreizehntes Kapitel

Die Kritiken am 1. Entwurf

I. Allgemeine Grundsätze des Immobilienrechts

Die Kritiker des 1. Entwurfs waren mit den Grundsätzen, nach denen sich die Eigentumsübertragung vollziehen sollte[633], im wesentlichen einverstanden, auch wenn sie die vorgesehene Durchführung dieser Grundsätze scharf ablehnten. Insbesondere hat kein Kritiker die Notwendigkeit der Grundbucheinrichtung für den Grundstücksverkehr bestritten. Ferner billigten, der Ansicht, daß das Erfordernis des dinglichen Vertrages, das 1. Kommission ausgestaltet hatte. Auch die Bundesregierungen waren mit den von der 1. Kommission getroffenen Regelungen, vor allem auch mit dem Konsens- und Abstraktionsprinzip, einverstanden[634]. Einzig Mecklenburg-Schwerin und -Strelitz hätten es lieber gesehen, wenn der 1. Entwurf der Grundbucheintragung formale Rechtskraft beigelegt hätte[635]. Sachsen wünschte lediglich, daß bei Unrichtigkeit des dem dinglichen Vertrage zugrundeliegenden Rechtsgeschäfte dem Veräußerer im Konkurs des Erwerbers ein Aussonderungsrecht zustehen sollte[636].

Allerdings war die Mehrzahl der Kritiker, die sich mit dem Eigentumsübertragungsrecht beschäftigt hatten und auch meist dessen Grundsätze billigten, der Ansicht, daß das Erfordernis des dinglichen Vertrages, das der 1. Entwurf in den §§ 828, 868 und 874 für die Übertragung des Eigentums aufgestellt hatte, nicht im Gesetz zu regeln sei[637]. Viele Kritiker hielten es für fraglich, ob die Parteien bei der Übergabe einer beweglichen Sache zum Zweck der Eigentumsübertragung oder bei der Auflassung immer

---

[633] Der Übersichtlichkeit wegen werden im folgenden die Bedenken der Kritiker gegen den Abstraktionsgrundsatz und den Grundsatz des dinglichen Vertrages im Immobiliar- u. Mobiliarrecht zusammen behandelt.

[634] Vgl. Zst. BR., Bd. 1, S. 107—109; Bd. 2, S. 25; Bem. des preuß. Justizministers, S. 167—168, 171.

[635] Zst. BR., Bd. 1, S. 108; Bem. der Meckl.-Schwerinschen Regierung, Bd. 1, S. 193—195, 198—199.

[636] Zst. BR., Bd. 1, S. 108.

[637] Vgl. u. a. *Bähr*, Beitrag, S. 128; *Gierke*, Entwurf, S. 313—315; *Henle*, Übergang, S. 68—72; *Kindel*, Recht an der Sache, S. 158—160, 196, 204 ff., 276—278, 280 ff.; *Klöppel*, Entwurf, S. 644; *Opitz*, Gutachten, S. 21—26, 63—64; *Rocholl*, Vertrag, S 454, 512, 513; *Strohal*, Rechtsübertragung, S. 439—441; *Wendt*, Rechtssatz, S. 35—41, 45—46, 50—54.

einen dinglichen Vertrag schlössen. *Wendt* war beispielsweise der Meinung, daß der dingliche Vertrag regelmäßig mit dem Abschluß der obligatorischen Vertrages zustande komme[638]. Niemand denke daran, auch noch bei der Auflassung oder Tradition einen neuen Vertrag zu schließen. Vor allem aber wiesen die Kritiker darauf hin, daß der Grundsatz des dinglichen Vertrages und der Abstraktionsgrundsatz in erster Linie eine nicht ganz unbestrittene Schöpfung der neueren Wissenschaft[639] seien und hauptsächlich bezweckten, die Verschiedenheit und Unabhängigkeit der dinglichen Rechtsgeschäfte gegenüber den schuldrechtlichen Verträgen herauszustellen[640]. Der Gesetzgeber aber dürfte nicht von letzten Prinzipien und dogmatischen Konstruktionen ausgehen. Diese seien meist keine selbstverständlichen Wahrheiten oder Postulate, sondern nur das Ergebnis der einer bestimmten Zeit angehörenden Wissenschaft. Nach Ansicht der Kritiker sollte sich der Gesetzgeber darauf beschränken, konkrete Tatbestände durch Aufstellung von Rechtssätzen allein nach den Bedürfnissen des Lebens zu regeln, ohne auf die dogmatischen Konsequenzen einer bestimmten Regelung Rücksicht zu nehmen[641]. Zumindest aber erwarteten sie, daß die dogmatischen Grundsätze, wenn der Gesetzgeber schon von solchen ausging, sich aus den Rechtssätzen selbst ergeben und nicht ausdrücklich und selbständig wie etwa der Abstraktionsgrundsatz in § 829 E I im Gesetz geregelt werden sollten. Hinter dieser Kritik stand vor allem die Befürchtung vieler Autoren, daß eine zu starke Festlegung dogmatischer Grundsätze im Gesetz die Rechtswissenschaft sehr beengen und zudem die Rechtsentwicklung erheblich erschweren würde.

Diese Kritiker ließen aber unberücksichtigt, daß der 1. Entwurf gegenüber den bisherigen Kodifikationen insofern einen erheblichen Fortschritt darstellte, als er klar erkennen ließ, auf welchen dogmatischen Grundsätzen seine Regelungen beruhten. Noch größer war der Fortschritt gegenüber dem gemeinen römischen Recht, das, besonders im 19. Jahrhundert unter dem Einfluß der historischen Rechtsschule, zu einer Quelle von endlosen, sich häufig wiederholenden Streitfragen in Literatur und Praxis geworden war. Nicht zuletzt aus diesem Grunde hatte sich die Praxis des gemeinen

---

638 *Wendt*, Rechtssatz, S. 47.

639 Eine Übersicht der Autoren, die das Abstraktionsprinzip des gemeinen Rechts angriffen, bringt *Strohal*, Rechtsübertragung, S. 337, Anm. 4 a.

640 Der Abstraktionsgrundsatz wurde ausdrücklich gebilligt u. a. von *Bekker*, System, Bd. 2, S. 165—166; *Bähr*, Beitrag, S. 128—129, 131; *Krech*, Rechte, S. 17 ff., 31; *v. Meibom*, Grundzüge, S. 456—457; *Niesert*, (vgl. Vhdl. Westf. Bauernverein, S. 28 ff.); *Rocholl*, Vertrag, S. 477 ff.; Vhdl. LÖK., S. 297, 699; *Wolff*, Sachenrecht, S. 625; *Zitelmann*, Rechtsgeschäfte, Bd. 2, S. 55, 157.

641 Vgl. vornehmlich *Wendt*, Rechtssatz, S. 48.

Rechts in der 2. Hälfte des 19. Jahrhunderts fast ausschließlich dem sehr übersichtlich und klar gegliederten Pandektenlehrbuch von Windscheid zugewandt[642]. Letztlich diente also die Festlegung der dogmatischen Grundsätze der Rechtssicherheit.

Demnach dürfte die 1. Kommission schwerlich deswegen zu tadeln sein, daß sie von festen dogmatischen Grundsätzen ausging, um fruchtlose Streitigkeiten über diese auszuschließen. Allerdings hätte sie an diesen Grundsätzen nicht starr festhalten dürfen, sondern sich bei der Aufstellung der konkreten Tatbestände auch von praktischen Erwägungen leiten lassen sollen und vor allem die Bestimmungen verständlicher und undogmatischer fassen können. Dann wäre jedenfalls auch die Kritik an den Vorschriften über die Eigentumsübertragung sowie am gesamten 1. Entwurf wesentlich milder ausgefallen.

Die Änderungsvorschläge der Kritiker, die einige oder alle Prinzipien des Eigentumsübertragungsrechts verwarfen, lehnten sich meist an die Landesgesetze, die dem Prinzip der formalen Rechtskraft der Grundbucheintragung folgten, das ALR oder den Code civil an. Wegen der großen Verschiedenheit der Vorschläge untereinander konnte sich, anders als im Besitzrecht, keine einheitliche Gegenmeinung zu der Regelung des 1. Entwurfs bilden. Zudem waren einige Gegenvorschläge sehr unglücklich formuliert und nicht in allen Konsequenzen für sämtliche Rechtsgebiete durchdacht. Ferner gingen mehrere Autoren von Ergebnissen aus, die auf einer falschen oder höchst anfechtbaren Auslegung des 1. Entwurfs beruhten. Schon aus diesen Gründen waren mehrere Änderungsvorschläge für die spätere Umarbeitung des 1. Entwurfs nur wenig brauchbar.

Ein sehr beachteter Gegenvorschlag, der sich zudem leicht in das System des 1. Entwurfs hatte einfügen lassen, stammte von *Strohal*. Dieser versuchte zunächst nachzuweisen, daß der Abstraktionsgrundsatz, wie ihn die gemeinrechtliche Wissenschaft aus den römischen Quellen entwickelt hatte, für das römische Recht durchaus nicht zweifelsfrei und deshalb auch nicht in die deutsche Zivilrechtskodifikation aufzunehmen sei[643]. Nach seinem Vorschlag sollte für die Eigentumsübertragung beweglicher Sachen außer der Übergabe eine wirksame Einigung über einen Rechtsgrund erforderlich sein[644]. Um aber bestimmten praktischen Verkehrsbedürfnissen entgegenzukommen, wollte er auch eine schriftliche, abstrakte Eigentumsübertragung

---

642 Vgl. *Wieacker*, Privatrechtsgeschichte, S. 262.

643 *Strohal*, Rechtsübertragung, S. 340—391; er ging vornehmlich von den widersprüchlichen Digestenstellen *Julian* D. 41, 1, 36 und *Ulpian* D. 12, 1, 18 pr. aus (vgl. hierzu *Kaser*, Privatrecht, S. 351—353).

644 *Strohal*, aaO., S. 397; vgl. auch *Klöppel*, Entwurf, S. 646—647.

zulassen[645]. Hingegen ließ sich seiner Ansicht nach die Theorie vom abstrakten Rechtsgeschäft bei Grundstücksgeschäften besser durchführen. Doch sollten die Parteien bei der Übertragung des Grundeigentums zumindest erklären können, daß das Kausalgeschäft anderweitig geordnet sei[646]. Für den Fall, daß der Abstraktionsgrundsatz beibehalten würde, sollte dem Veräußerer bei Fehlerhaftigkeit des Kausalgeschäfts die Anfechtung der Übereignung möglich sein[647]. Die Anfechtung sollte dingliche Wirkung haben und ähnlich der Wandlung und Minderung im Kaufrecht im Klagewege durchsetzbar sein, wenn der Anfechtungsgegner sich nicht mit der Anfechtung einverstanden erklärte. Zur Begründung dieses Vorschlags wies *Strohal* darauf hin, daß, anders als im römischen Recht, die Zulassung eines dinglich wirkenden Anfechtungsrechts unbedenklich sei, da die Interessen des Verkehrs durch die Vorschriften über den gutgläubigen Erwerb hinreichend gesichert seien. Der Vorschlag Strohals hatte den großen Vorteil, daß der frühere Eigentümer bei Fehlerhaftigkeit des Kausalgeschäftes im Konkurs des Erwerbers und gegen Dritterwerber, die die Anfechtbarkeit kannten, nicht schutzlos war. Auch glich er Härten aus, die sich im Grundstücksrecht aus dem Fehlen der Vormerkung zum Schutz obligatorischer Ansprüche ergaben.

In enger Anlehnung an das ALR entwarf *Kindel*[648] ein vom 1. Entwurf völlig verschiedenes System für die Übertragung dinglicher Rechte. Nach seiner Ansicht sollte schon durch den schuldrechtlichen Veräußerungsvertrag außer der Obligation ein begrenztes Recht an der Sache entstehen[649]. Durch die Tradition bei beweglichen Sachen und die Eintragung des Eigentumsübergangs von Grundstücken im Grundbuch sollte dieses Recht besondere Vorzüge erhalten. Das Recht des Vorzugs sollte dem Erwerber die Möglichkeit geben, die Sache den Gläubigern des Veräußerers oder dessen Besitznachfolgers zu entziehen. Das Recht der Folge sollte dem Erwerber das Recht verschaffen, die Sache auch gegen Dritte zu verfolgen, während das Absehen von der Verfügungsberechtigung des Veräußerers, von Kindel das Recht der Unabhängigkeit genannt, einen gutgläubigen Erwerb ermöglichen sollte[650]. Im übrigen sollte das Eigentum nur übergehen, wenn ein gültiges Kausalverhältnis vorlag und der Erwerber demnach auch

---

[645] *Strohal,* aaO., S. 397—399; vgl. hingegen *Gerson,* Bemerkungen, S. 63—72.

[646] Vgl. *Strohal,* aaO., S. 399—401.

[647] *Strohal,* aaO., S. 404—405; ähnlich *Bekker,* Reform, S. 304—305; *Mügel,* Vertrag, S. 347 ff.

[648] Kindel war Oberlandesgerichtsrat in Breslau.

[649] *Kindel,* Recht an der Sache, S. XIV, 9 ff., 20 ff., 31 ff., 58, 62, 68 ff.

[650] *Kindel,* Recht an der Sache, S. 50—51.

das Recht erhielt, die erworbene Sache zu behalten[651]. Von dem Eigentumsrecht, dem Recht, eine Sache zu behalten, unterschied *Kindel* sehr scharf die Verfügungsmacht, worunter er die Befugnis verstand, über eine Sache auch dann wirksam verfügen zu können, wenn man selbst nicht deren Eigentümer war. Weil der 1. Entwurf diesen Unterschied nicht machte, warf Kindel der 1. Kommission wiederholt vor, sie habe ein Eigentum der unberechtigten Besitzer geschaffen, das der Veräußerer nicht einmal gegen bösgläubige Dritte verfolgen könne[652]. Ferner rügte er, daß nach dem 1. Entwurf ein Eigentumserwerb an Grundstücken durch bloße Tradition nicht mehr möglich sein sollte, sondern immer die Eintragung im Grundbuch voraussetzte[653]. Seiner Ansicht nach war keine Gesetzgebung imstande, den Satz umzustoßen, daß der berechtigte Eigenbesitzer auch eines Grundstücks das Recht habe, dieses zu behalten, und somit dessen Eigentümer sei. Allerdings sollte der noch eingetragene frühere Eigentümer wirksam Hypotheken und Grundschulden bestellen können, während ein gutgläubiger Erwerb des Grundstückseigentums durch einen Dritten nach der Tradition ausgeschlossen sein sollte[654].

Im Gegensatz zu *Strohals* Vorschlägen waren die *Kindels* wenig brauchbar, da sie eine völlige Umarbeitung des 1. Entwurfs verlangten und in scharfem Gegensatz zum gemeinen Recht standen. Besonders wenig Aussicht, in die deutsche Zivilrechtskodifikation übernommen zu werden, hatte das von ihm vorgeschlagene Recht zur Sache, das eine Art Vorform des Eigentums darstellte. Dieses Rechtsinstitut hätte die Aufgabe der Trennung von Schuld- und Sachenrecht bedeutet, die in der damaligen Literatur und Praxis allgemein anerkannt war. Kindels Vorschläge zum Grundstücksrecht knüpften an die Regelung an, wie sie in Preußen vor Einführung des EEG von 1872 bestanden hatte. Kindel wollte vor allem wieder einen Eigentumserwerb an Grundstücken durch einfache Tradition, ohne Eintragung im Grundbuch, ermöglichen. Dies aber hätte die Aufgabe des Eintragungsprinzips bedeutet, das allein die Vollständigkeit des Grundbuchs und damit die Sicherheit des Grundstücksverkehrs gewährleistete und auch von den Kritikern meist gebilligt worden war.

Nur wenige Kritiker, wie *Bähr* und *von Liebe* sowie die Deutsche Notariats-Zeitung (D. Not. Z.), lehnten das Eintragungsprinzip, so wie es im

---

[651] *Kindel,* Rechtsgeschäft, S. 3—4, 124—125, 264; Haftklage, S. 330—333.

[652] *Kindel,* Recht an der Sache, S. 235 ff.

[653] *Kindel,* Recht an der Sache, S. XV, XXV, 202—203, 214—220, 413—415.

[654] Die Vorschläge Kindels wurden vor allem wegen der willkürlichen Verwertung der römisch-rechtlichen Quellen sehr scharf kritisiert (vgl. *Endemann,* Rezension Kindel, S. 319—324; *Goldschmidt,* Ludw.: Rezension Kindel, S. 194; *Hellmann,* Rezension Kindel, S. 359—375; *Wendt,* Rechtssatz, S. 41—45).

1. Entwurf geregelt war, ab. Nach *Bährs* Vorschlag[655] sollte das Grundstückseigentum schon mit dem Abschluß des dinglichen Vertrages, der Auflassung, übergehen. Die Eintragung des Rechtsübergangs im Grundbuch sollte dem materiellen, bereits erworbenen Recht nur noch ein formales Recht hinzufügen, das jenem die Wirksamkeit auch gegen Dritte sicherte[656]. Dieser Vorschlag hatte eine gewisse Ähnlichkeit mit dem französischen Recht, nach dem der Eigentumserwerb an Grundstücken erst mit der Eintragung des Erwerbs in der Transskriptionsliste Dritten gegenüber wirksam wurde. Nach der Ansicht *von Liebes*[657], der im Ergebnis mit Bähr übereinstimmte, gab es nur zwei Systeme, nach denen das Grundbuchrecht auf befriedigende Weise geregelt werden konnte. Nach dem einen System sollte die dingliche Rechtsänderung allein durch den formellen Eintragungsakt des Grundbuchbeamten eintreten, so daß die Konsense der Beteiligten nur eine Tätigkeit des Grundbuchbeamten, nämlich die Eintragung, bezweckten und keinerlei materiell-rechtliche Wirkung hatten. Nach dem anderen System, das von Liebe für das richtige hielt, sollte der Rechtsübergang bereits mit dem Abschluß des dinglichen Vertrages erfolgen und die Eintragung im Grundbuch keinen anderen Zweck haben, als die Rechtsänderung nach außen hin sichtbar werden zu lassen. Der 1. Entwurf hingegen hatte sich für keines dieser Systeme entschieden, sondern beide verbunden, indem er die dingliche Rechtsänderung sowohl von dem dinglichen Vertrag der Beteiligten als auch von der Grundbucheintragung abhängig machte. Auf diese Regelung ging, worauf von Liebe mit völligem Recht hinwies[658], vor allem die schwierige und von beiden Kommissionen ausführlich erörterte Frage zurück, zu welchem Zeitpunkt der dingliche Vertrag bindend werden sollte. Ferner warf die Regelung des 1. Entwurfs noch die nicht leicht lösbare, allerdings mehr theoretische Frage auf, in welchem rechtlichen Verhältnis die Eintragung und der dingliche Vertrag zueinander stehen sollten.

Noch weitergehende, aber weniger klare Vorschläge, als sie *Bähr* und *von Liebe* gemacht hatten, brachte die *D. Not. Z.*, ohne allerdings, wie *Kindel*, gleichzeitig ein dem 1. Entwurf völlig fremdes, neues dogmatisches System auszuarbeiten[659]. Ihrer Ansicht nach erforderte es die Verkehrssicherheit nicht, daß der Rechtsübergang und die Eintragungen im Grundbuch ohne jeden Bezug auf den wirtschaftlichen Zweck erfolgten. Es reiche aus,

---

655 Vgl. *Bähr*, Besprechung, S. 501—503; Beitrag, S. 128, 141, 147.

656 Gegen diesen Vorschlag *Gierke*, Entwurf, S. 312, Anm. 1; *Krech*, Rechte, S. 29, 40; *v. Meibom*, Grundzüge, S. 464 ff.

657 Vgl. zum folgenden *v. Liebe*, Erörterungen, S. 58—61, 63—64.

658 Vgl. *v. Liebe*, Erörterungen, S. 64.

659 Vgl. zum folgenden *L. M.* in D. Not. Z. 1891, S. 198—199.

wenn jeder, der im Vertrauen auf den Inhalt des Grundbuchs von einem eingetragenen Berechtigten gutgläubig erworben habe, geschützt werde. Deshalb sollten Mängel des Kausalgeschäfts auch die Wirksamkeit der dinglichen Rechtsänderung beeinflussen. Ähnlich den Vorschlägen Bährs und von Liebes sollte der Eigentumsübergang an Grundstücken ferner bereits mit dem Abschluß der Auflassung eintreten. Im übrigen lehnte die D. Not. Z. das Rechtsinstitut des dinglichen Vertrages scharf ab. Dieser sei nichts anderes als eine Umschreibebewilligung an die Adresse des Grundbuchbeamten und materiell-rechtlich gesehen eine Erklärung, daß der Erklärende bewillige, wozu er obligatorisch verpflichtet sei[660].

Die Vorschläge *Bährs,* von *Liebes* und der *D. Not. Z.* hatten sämtlich den Nachteil, daß sie in gewisser Hinsicht, wenn auch in geringerem Umfange als früher, ein doppeltes Eigentum an Grundstücken zuließen. Denn sie gaben den Parteien, sofern die Auflassung nicht vor dem Grundbuchamt geschlossen zu werden brauchte, die Möglichkeit, die Umschreibung des Grundbuchs vor allem aus Kostenersparnisgründen zu unterlassen, so daß der frühere Eigentümer formell noch weiterhin verfügungsberechtigt blieb. Ein derartiger Zustand aber hätte die Sicherheit des Grundstücksverkehrs nicht unerheblich beeinträchtigt. Ferner ließen die Vorschläge nicht genau erkennen, ob für Dritte der Rechtsübergang vor dessen Eintragung im Grundbuch schlechthin oder nur unter bestimmten Voraussetzungen, etwa der Gutgläubigkeit des Dritten, unbeachtlich sein sollte. Zudem blieb die Frage offen, ob sich die Gläubiger des Veräußerers vor der Umschreibung des Grundbuchs, aber nach dem Rechtsübergang noch an das Grundstück halten konnten oder nicht. Im übrigen aber kamen diese Vorschläge in mancherlei Hinsicht zu dogmatisch glatteren Lösungen als der 1. Entwurf. Insbesondere tauchte bei ihnen nicht das Problem auf, ab wann der dingliche Vertrag bindend sein sollte. Sie hatten aber aus dem Grunde kaum Aussicht, bei der Umarbeitung des 1. Entwurfs berücksichtigt zu werden, weil sie den Rechtsübergang nicht von der Eintragung im Grundbuch abhängig machten. Diese Regelung hätte bei den Bundesregierungen, die wegen der Verkehrssicherheit und aus Kostengründen an einer Vollständigkeit des Grundbuchs interessiert waren, keine Mehrheit gefunden. Eher noch hätten sie einen Vorschlag gebilligt, der unter Ablehnung des Konsensprinzips der Grundbucheintragung formale Rechtskraft hätte beilegen wollen. Ein solcher Vorschlag ist aber außer von Mecklenburg-Schwerin und -Strelitz nicht gemacht worden, was hinreichend zeigt, wie sehr sich bereits das auf der Grundlage des Konsensprinzips romanisierte Grundbuchrecht durchgesetzt hatte.

---

[660] Vgl. *L. M.* in D. Not. Z. 1891, S. 165.

Von den einzelnen, näher behandelten Vorschlägen hat später die 2. Kommission keinen berücksichtigt. Sie waren aber insofern von Wert, als sie einige Möglichkeiten aufgezeigt haben, wie das Eigentumsübertragungsrecht auch hätte ausgestaltet werden können, und auf diese Weise auch die Nachteile, die die Regelung des 1. Entwurfs mit sich brachte, verdeutlichten. Allerdings bargen die Vorschläge selbst mancherlei Unklarheiten in sich, so daß die Genauigkeit des 1. Entwurfs trotz dessen schwer verständlicher Fassung nur desto deutlicher hervortrat. Andererseits ließ die verhältnismäßig geringe Zustimmung, die sie fanden, erkennen, daß sowohl die Mehrzahl der Kritiker als auch die Bundesregierungen insoweit grundsätzlich mit der Regelung des 1. Entwurfs, wenn auch nicht in allen Einzelheiten, und mit dessen sprachlicher Fassung, einverstanden waren. Anders als im Besitzrecht wurde für das Eigentumsübertragungsrecht keine von einem Großteil der Lehre und der Praxis gebilligte Alternative zum 1. Entwurf sichtbar.

II. Das Konsens- und Eintragungsprinzip

Auch die Autoren, die im wesentlichen mit dem Grundstücksrecht des 1. Entwurfs einverstanden waren, hielten den § 828 E I für mißlungen[661]. Sie waren im allgemeinen der Ansicht, daß sich das Gesetz darauf zu beschränken habe, die Erfordernisse für die Eintragung einer Rechtsänderung im Grundbuch zu regeln. Ob die Eintragungsbewilligung und deren Annahme durch den Erwerber, entsprechend der Regelung des § 828 II E I, ein dinglicher Vertrag sei, ob die Rechtsänderung überhaupt einen solchen voraussetze und worin dieser gesehen werden könne, solle hingegen der Entscheidung der Wissenschaft überlassen bleiben[662]. *Rocholl* warf dem 1. Entwurf sogar vor, er kehre in gewisser Hinsicht wieder zu der von den Motiven abgelehnten Lehre vom titulus und modus acquirendi zurück. Während nach der früheren Regelung das obligatorische Veräußerungsgeschäft den Titel und das Erfüllungsgeschäft, meist die Tradition, den modus dargestellt hätten, könne man nach der Regelung des 1. Entwurfs in dem abstrakten dinglichen Vertrag den Titel und in der Eintragung den Modus erblicken[663].

---

[661] Vgl. die auf S. 118, Anm. 637 genannten Autoren. Für die Beibehaltung des dinglichen Vertrages waren ausdrücklich u. a. *Krech*, Rechte, S. 18—19; *v. Meibom*, Grundzüge, S. 445—453.

[662] Vgl. u. a. *Bähr*, Beitrag, S. 128; *Kindel*, Recht an der Sache, S. 278—279; *Rocholl*, Vertrag, S. 477—479; *Strohal*, Rechtsübertragung, S. 440—441; *Wendt*, Rechtssatz, S. 50—52; Bem. Preuß. Justizm. S. 171; Zst. BR. Bd. 1, S. 107—109; Bd. 2, S. 25.

[663] Vgl. *Rocholl*, Vertrag, S. 477—479.

Ferner erregte § 828 III E I erhebliche Bedenken. Nach dieser Vorschrift sollte der dingliche Vertrag dann bindend sein, wenn er entweder von dem Grundbuchamt geschlossen oder von den Parteien dem Grundbuchamt zur Eintragung eingereicht wurde oder die bewilligte Eintragung auf den Antrag nur eines Beteiligten erfolgte. Ein großer Teil der Kritiker meinte demgegenüber, der Vertrag müsse schon mit seinem Abschluß grundsätzlich unwiderruflich sein, da sonst gegen allgemeine Grundsätze des Vertragsrechts und insbesondere gegen den Grundsatz von Treu und Glauben verstoßen werde[664]. Allerdings sollte nach Ansicht einiger Kritiker den Vertragsschließenden zum Schutz vor leichtsinnigen Verfügungen wenigstens dann ein Rücktrittsrecht zustehen, wenn der Vertrag nicht vor dem Grundbuchamt oder in gerichtlicher oder notarieller Form geschlossen und noch kein Eintragungsantrag auf Grund einer Bewilligung des Betroffenen gestellt worden war[665].

Die Bestimmung des § 868 E I, daß der zur Übertragung des Eigentums an einem Grundstück erforderliche Vertrag, die Auflassung, vor dem Grundbuchamt geschlossen werden muß, ist auch nicht unwidersprochen geblieben. Besonders mehrere süddeutsche Staaten, vor allem Bayern, das erst 1861 die Beurkundungspflicht für sämtliche Grundstücksveräußerungsverträge eingeführt hatte, und Kritiker aus diesen Staaten sprachen sich dafür aus, daß die Auflassung auch vor dem Gericht oder Notar erklärt werden könne[666]. Sie brachten vor, daß die Erhaltung eines lebensfähigen Notariats im Interesse des Staates und der Bevölkerung liege, die sonst einen unentbehrlichen Berater verliere. Auch hielten sie eine notarielle Auflassung für weniger kostspielig, da die Parteien diese gleichzeitig mit dem Kaufvertrag beurkunden lassen könnten.

Ferner kritisierte Bähr das Verbot der aufschiebend bedingten und der befristeten Auflassung als inkonsequent[667]. Die aufschiebende Bedingung

---

[664] Vgl. *Bähr*, Beurtheilung, S. 117; *Davidsohn*, Buch III, S. 1080; *Gierke*, Entwurf, S. 314; *Goldschmidt*, Ludw. Erörterungen, S. 26; *Strohal*, Rechtsübertragung, S. 439—446; *Wolff*, Sachenrecht, S. 626; Bem. Meckl.-Schwerinsche Reg., Bd. 1, S. 171.

[665] Vgl. *v. Meibom*, Grundzüge, S. 465; Hessen (Zst. BR., Bd. 2, S. 25); Sachsen (Zst. BR., Bd. 1, S. 208); vgl. ferner *Krech*, Rechte, S. 23—24; *Jacubezky*, Bemerkungen, S. 207.

[666] Vgl. *Bachmaier*, Bericht, S. 45; *Jacubezky*, Bemerkungen, S. 232; *v. Meibom*, Grundzüge, S. 459—460; *Strohal*, Rechtsübertragung, S. 442, Anm. 96 a; *Weber*, Notariat, S. 84—85; *L. M.* in D. Not. Z. 1891, S. 165, 169, 179, 196—197; Badischer Beobachter vom 15. 1. 1889 (vgl. Zst. Bd. 3, 145). Ferner lehnten Bayern, Hessen, Baden u. Elsaß-Lothringen die Regelung des § 868 EI ab (vgl. Zst. BR., Bd. 1, S. 116—117; Bd. 2, S. 27).

[667] *Bähr*, Beitrag, S. 141.

verhielt sich seiner Ansicht nach zu dem bestehenden Eintrag ebenso wie die auflösende Bedingung zu der erst noch zu bewirkenden Eintragung. Obwohl solche Geschäfte für den Buchverkehr nicht erwünscht seien, bestehe trotzdem ein praktisches Bedürfnis, das Eigentum durch eine Suspensivbedingung dinglich sichern zu lassen[668]. Die praktischen Sicherungsinteressen sowohl des Verkäufers als auch des Erwerbers sollten also den Vorrang vor dogmatischen Bedenken haben. Ferner lehnte man allgemein die Regelung des § 832 E I, wonach Scheingeschäfte im Grundstücksverkehr schlechthin gültig sein sollten, als zu weitgehend ab[669]. Insbesondere sah man es als ungerecht an, auch denjenigen, der in Kenntnis des Scheingeschäfts vom Scheineigentümer das Eigentum oder ein Recht an einem Grundstück erwarb, dem wahren Eigentümer gegenüber zu schützen. Mehrere Kritiker befürchteten zudem, daß durch § 832 E I leicht der Grundbuchberichtigungsanspruch des wahren Berechtigten durch Scheinauflassung an einen Dritten zunichte gemacht werden könne. Sie wiesen demgegenüber darauf hin, daß der Verkehr durch die Vorschriften über den gutgläubigen Erwerb hinreichend geschützt sei.

III. Das Publizitätsprinzip

Die Vorschriften über den Gutglaubenserwerb von Rechten an Grundstücken wurden von der Mehrheit der Kritiker grundsätzlich als gerechtfertigt anerkannt[670]. Nur *Menger*[671] war der Ansicht, daß durch diese Bestimmungen das Prinzip der Unverletzlichkeit des Privateigentums dem öffentlichen Glauben des Grundbuchs geopfert und eine dauernde und umfassende Konfiskation des Privateigentums um der Verkehrssicherheit willen geschaffen werde. Er sprach in diesem Zusammenhang von einem „Sieg des Handelsgeistes über die Eigentumsordnung"[672]. Diese Vorwürfe lassen aber außer acht, daß die Sicherheit des Waren- und Geschäftsverkehrs ebenso wie das Eigentumserhaltungsinteresse schutzwürdig ist. Auch berücksichtigen sie nicht, daß die Gutglaubensvorschriften dem Eigentümer

---

[668] So auch *Kindel*, Recht an der Sache, S. 248, 369—371; vgl. hingegen *Bingner*, Bemerkungen, S. 101. Wegen der Kritik an § 871 vgl. Zst., Bd. 3, S. 148—149.

[669] *Bähr*, Beitrag, S. 131—132; *Gierke*, Entwurf, S. 314—315; *Kindel*, Recht an der Sache, S. 332—333; *Krech*, Rechte, S. 32—34; *v. Liebe*, Erörterungen, S. 131—132; vgl. hingegen *Zitelmann*, Rechtsgeschäfte, Bd. 2, S. 28.

[670] Wegen der Kritik an der Fassung der §§ 837—839 E I vgl. *Dernburg*, Vhdl. 20 DJT., Bd. 4, S. 244, *Gierke*, Entwurf, S. 318.

[671] Vgl. *Menger*, Recht, S. 115—117, 124—127.

[672] *Menger*, aaO., S. 127. Diese Vorwürfe Mengers bezogen sich auch auf die entsprechenden Vorschriften über den Gutglaubenserwerb bei beweglichen Sachen (vgl. dazu *Rocholl*, Vertrag, S. 473, 479, 494—498, 517).

auch mancherlei Vorteile bringen, indem sie dessen Kredit erhöhen. So hätte der Verkäufer eines Grundstücks bei der Regelung des 1. Entwurfs nicht zu befürchten brauchen, daß ein Kaufinteressent deswegen vom Kauf zurückschreckt, weil er mit der Möglichkeit rechnen müßte, daß ihm der Verkäufer kein Eigentum verschaffen könnte. Entsprechendes gilt auch für die Höhe der Zinsen bei Hypotheken. Im übrigen hätten aber dem früheren Eigentümer, wenn er ausnahmsweise einmal sein Eigentum infolge des gutgläubigen Erwerbs verlor, regelmäßig Bereicherungs- oder Schadensersatzansprüche gegen den Nichtberechtigten zugestanden.

Eine andere Frage ist es allerdings, ob der 1. Entwurf nicht zu einseitig die Interessen des Verkehrs vor den Eigentumserhaltungsinteressen berücksichtigt hat. Nach Ansicht der meisten Kritiker[673] dehnte der 1. Entwurf den Grundsatz des gutgläubigen Erwerbs insofern zu weit aus, als er auch den gutgläubig unentgeltlich Erwerbenden schützte, ohne gegen diesen wenigstens Bereicherungsansprüche zu gewähren. Die Bedenken der Motive[674], daß bei der Unterscheidung zwischen entgeltlichen und unentgeltlichen Übereignungen Schwierigkeiten auftauchen würden, seien nicht berechtigt. Die Mehrzahl der Kritiker verlangte deshalb, daß der gutgläubige Erwerber bei unentgeltlichen Geschäften nicht geschützt werden oder zumindest dem früheren Eigentümer nach Bereicherungsgrundsätzen haften sollte. Auch die Bundesregierungen sprachen sich insoweit überwiegend gegen den 1. Entwurf aus[675].

Kindel[676] kritisierte die Regelung des 1. Entwurfs deswegen, weil die Kenntnis des Erwerbers vom Bestehen eines Vertragsrechts an der Sache völlig unerheblich sein sollte[677]. Ferner sollte nach den Vorschlägen einiger Kritiker für das Vorliegen des guten Glaubens nicht der Zeitpunkt des Erwerbs, sondern der Zeitpunkt, in dem der dingliche Vertrag geschlossen oder der Eintragungsantrag gestellt wurde, entscheidend sein, da der Erwerber auf den Zeitpunkt der Eintragung keinen Einfluß habe und diesen meist auch nicht kenne[678].

---

673 Vgl. *Bähr,* Besprechung, S. 506—507; *Gierke,* Entwurf, S. 319; *Krech,* Rechte, S. 41; *Bolze,* Bestimmungen, S. 101; *Metz,* Allg. Vorschriften, S. 50—51; Vhdl. LÖK, S. 290, 670; für die Regelung des 1. Entwurfs war *v. Meibom,* Grundzüge, S. 468.

674 Mot., Bd. 3, S. 212.

675 Vgl. Zst. BR., 1. Bd., S. 109—111 u. 2. Bd., S. 26; Bem. preuß. Justizmin., S. 172—177. Mecklenburg war für diese Regelung des 1. E (vgl. Bem. Meckl.-Schwerinsche Reg., Bd. 1, S. 199—203).

676 *Kindel,* Recht an der Sache, S. 89—91; 216—219.

677 Vgl. die Ausführungen zu diesem Vorschlag auf S. 121—122.

IV. Der Grundbuchberichtigungsanspruch und die Vormerkung

Die Vorschrift über den dinglichen Berichtigungsanspruch (§ 843 E I) wurde kaum beanstandet. Nur kritisierten mehrere Autoren die Fassung des § 843 E I, in der ihrer Ansicht nach nicht deutlich genug zum Ausdruck kam, daß der Berichtigungsanspruch ein dinglicher, aus dem Eigentum oder einem Recht an einem Grundstück fließender Anspruch sei[679]. Ferner mißbilligten einige Kritiker, daß nach der Regelung des 1. Entwurfs Ansprüche auf Herausgabe eines Grundstücks und auf Berichtigung des Grundbuchs zu verschiedener Zeit sollten verjähren können[680]. Nach *Bährs* Vorschlag sollte der Berichtigungsanspruch solange nicht verjähren, als der wahre, materielle Eigentümer noch im Besitz des Grundstücks war[681]. *Krech* und *Fischer*[682] wandten sich gegen das dominium sine re, das der 1. Entwurf wegen der Verjährbarkeit des Berichtigungsanspruchs ermöglichte. Dieses konnte dadurch entstehen, daß der Eigentümer eines Grundstücks auch noch nach Verjährung des Berichtigungs- und Herausgabeanspruchs sein Eigentum zwar nicht verlor, mit diesem aber nichts mehr anfangen konnte. Wegen der völligen Wertlosigkeit eines solchen Eigentums hielten es Krech und Fischer für zweckmäßiger, mit der Verjährung dieser beiden Ansprüche auch das Eigentum erlöschen zu lassen. Andernfalls werde der Widerspruch zwischen dem Grundbuch und der wirklichen Rechtslage erst durch den gutgläubigen Erwerb eines Dritten gem. § 837 E I behoben. Zur Beseitigung desselben Widerspruchs, der nach der Regelung des 1. Entwurfs auch schon dadurch eintreten konnte, daß der Berichtigungs- und der Herausgabeanspruch zu verschiedenen Zeiten verjähren konnten, schlugen Krech und Fischer vor, zumindest eine Bestimmung aufzunehmen, nach der beide Ansprüche gleichzeitig, mit dem zuletzt verjährenden Anspruch, verjähren sollten.

Die Beschränkung der Vormerkung auf den Schutz schon bestehender dinglicher Rechte bei Unrichtigkeit des Grundbuchs wurde meist abge-

---

678 Vgl. *Wolff*, Sachenrecht, S. 627; *Kindel*, Recht an der Sache, S. 276. Für die Regelung des 1. E. *Krech*, Rechte, S. 41—42.

679 Vgl. *Gierke*, Entwurf, S. 320; *v. Meibom*, Grundzüge, S. 470—475; *Schröder*, Familiengüterrecht, S. 36. Wegen der Kritik *Bährs* an § 843 E I vgl. „Beitrag", S. 134—136.

680 Die 1. Kommission hatte die Frage der Verjährbarkeit des Berichtigungsanspruchs zwar offen gelassen (vgl. Prot. I, S. 3958—3960); jedoch bejahten die Kritiker fast ausnahmslos dessen Verjährbarkeit (vgl. auch Mot., Bd. 3, S. 254—255).

681 Vgl. *Bähr*, Besprechung, S. 508—509; *Gierke*, Entwurf, S. 320; *Metz*, Allg. Vorschriften, S. 52.

682 Vgl. zum folgenden: *Fischer*, Rechtsschutz, S. 118; *Krech*, Rechte, S. 35—39.

lehnt[683]. Nach allgemeiner Ansicht sollte eine Vormerkung auch zum Schutz von Ansprüchen auf eine dingliche Rechtsänderung, etwa auf Übereignung eines Grundstücks, zulässig sein. Man hielt die Begründung der Motive, daß die Einführung einer obligatorischen Vormerkung schon deswegen sehr bedenklich sei, weil auch das Mobiliarrecht keinen derartigen Schutz für obligatorische Ansprüche zulasse, für nicht durchschlagend. Auch die grundsätzliche Trennung von Schuld- und Sachenrecht dürfe die obligatorische Vormerkung nicht unmöglich machen. Die Mehrzahl der Kritiker wies darauf hin, daß für die Aufstellung eines Rechtssatzes nicht dogmatische Rücksichten, sondern allein praktische Bedürfnisse ausschlaggebend sein müßten. Gerade weil jeder obligatorische Anspruch wegen der Möglichkeit des Veräußerers, über sein Grundstück weiterhin zu verfügen, gefährdet sei, das Immobilienrecht aber wegen der Grundbucheinrichtung eine Sicherung obligatorischer Ansprüche zulasse, sei von dieser Möglichkeit auch Gebrauch zu machen. Im übrigen sei auch der Erwerber eines Grundstücks oder Grundstücksrechts schutzbedürftiger als der Erwerber einer im Wert meist erheblich niedriger liegenden beweglichen Sache. Demgegenüber bot nach Ansicht der Kritiker ein Veräußerungsverbot, anders als die Vormerkung, nur einen unzureichenden Schutz für den Erwerber, da er in diesem Fall im Konkurs des Veräußerers dinglich nicht gesichert sei.

Zur praktischen Ausgestaltung der Vormerkung wurden einige Änderungen gegenüber dem 1. Entwurf vorgeschlagen. Einerseits sollte, sobald eine Klage auf Berichtigung des Grundbuchs anhängig gemacht worden war, eine Vormerkung auch ohne Glaubhaftmachung des Anspruchs eingetragen werden können[684]. Zum anderen sollte das Grundbuchamt die Vormerkung auch ohne Vermittlung des Prozeßgerichts eintragen können[685].

V. *Zusammenfassung*

Die §§ 826—847 und 868—871 E I sind vor allem deswegen so scharf kritisiert worden, weil die 1. Kommission aus dogmatischen Rücksichten und um der strengen Durchführung der dogmatischen Grundsätze willen bestimmte Rechtsinstitute wie die Vormerkung zum Schutze obligatorischer

---

[683] Vgl. *Deybeck*, Grundzüge, S. 96; *Fuchs*, Dinglichkeit, S. 122 ff., 154; *Gierke*, Entwurf, S. 298—299; *Kindel*, Recht an der Sache, S. 57, 264—270. Ferner lehnten die Bundesregierungen fast aller größeren deutschen Staaten wie Preußens, Sachsens, Württembergs, Hessens den 1. Entwurf insoweit ab (vgl. Zst. BR., Bd. 1, S. 114—116; Bd. 2, S. 26—27). Vgl. ferner *v. Meibom*, Grundzüge, S. 471: Dem 1. Entwurf stimmten insoweit zu: *Bähr*, Beitrag, S. 137; *Krech*, Rechte, S. 14; *Levy*, Gutachten, S. 285; *Metz*, Allg. Vorschriften, S. 53.

[684] Bähr, Besprechung, S. 509; *Gierke*, Entwurf, S. 321; *Krech*, Rechte, S. 15.

[685] Vgl. *v. Meibom*, Grundschuldrecht, S. 374—375.

Ansprüche entweder nicht in den 1. Entwurf aufgenommen oder nur unzureichend geregelt hatte. Auf diesen dogmatischen Purismus gingen ferner mehrere als ungerecht oder zu hart empfundene Regelungen dieses Gesetzesteils wie etwa der Schutz des gutgläubig unentgeltlich Erwerbenden oder das Verbot aufschiebend bedingter Übereignungen zurück. Demgegenüber haben die Kritiker immer wieder darauf hingewiesen, daß nicht dogmatische Rücksichten oder Schwierigkeiten, eine befriedigende dogmatische Konstruktion zu finden, sondern allein die praktischen Bedürfnisse des Lebens für die Beantwortung der Frage, welche Regelung in die Zivilrechtskodifikationen aufzunehmen sei, den Ausschlag geben müßten.

Zum anderen beruhte die scharfe Kritik am Grundstücksübereignungsrecht darauf, daß der 1. Entwurf die dogmatischen Grundsätze sowie die Konstruktionen der einzelnen Regelungen wesentlich genauer als sämtliche damaligen Gesetze festlegte. Die Rechtswissenschaftler, die bislang wegen der wenig doktrinären Form der römischen Rechtsquellen die dogmatischen Grundsätze und Konstruktionen selbst hatten entwickeln können, befürchteten vor allem, daß durch den Doktrinarismus und den Perfektionismus des 1. Entwurfs die Rechtswissenschaft in ihren Entfaltungsmöglichkeiten stark eingeengt würde.

Vierzehntes Kapitel

Der zweite Entwurf

I. Das Konsens- und Eintragungsprinzip

Trotz zahlreicher Änderungen im einzelnen behielt die 2. Kommission die allgemeinen Grundsätze des Liegenschaftsrechts bei. Insbesondere lehnte sie das Prinzip der formalen Rechtskraft der Grundbucheintragung einhellig ab[686] und sprach sich, wie die 1. Kommission, auch für den Abstraktionsgrundsatz aus[687]. Maßgebend für diesen Beschluß war vor allem, daß dieser Grundsatz im größten Teil Deutschlands galt und nach Ansicht der 2. Kommission den Eigentumsübergang in einfacher Weise regelte und damit wesentlich zur Verkehrssicherheit beitrug. Allerdings strich sie den § 829 E I, der das Abstraktionsprinzip ausdrücklich regelte, weil diese Bestimmung für sie selbstverständlich war und rein doktrinären Charakter hatte. Ein Kommissionsmitglied schlug vor, den Grundbuchbeamten zu verpflichten, das dem Eigentumsübergang zugrundeliegende Kausalgeschäft vor der Eintragung im Grundbuch zu überprüfen[688]. Die Mehrheit der

---

[686] Vgl. Prot. II, Bd. 3, S. 48.
[687] Vgl. Prot. II, Bd. 3, S. 53—54.
[688] Vgl. Prot. II, Bd. 3, S. 53—54.

2. Kommission lehnte diesen Antrag jedoch mit der Begründung ab, daß eine derartige Prüfungspflicht die Erledigung der Eintragungsanträge sehr verzögern und deshalb den Verkehr sehr behindern würde. Zudem bezweifelte sie den Wert einer solchen Prüfung, da der Grundbuchbeamte nicht den wirklichen, sondern nur den in der Urkunde enthaltenen Tatbestand kennenlerne.

Den § 828 E I änderte die 1. Kommission in mehrfacher Weise um. Die wichtigste Frage war für sie zunächst, ob sie die neben der Grundbucheintragung zur Eigentumsübertragung und sonstigen Rechtsänderungen erforderlichen Erklärungen der Parteien entsprechend der Regelung des 1. Entwurfs als Vertrag bezeichnen oder ob sie sich darauf beschränken sollte, nur von den Erklärungen der Parteien oder deren Einigung zu sprechen. Dieser Streit ging auf den dem 1. Entwurf vielfach gemachten Vorwurf zurück, daß dieser zuviel dogmatische Konstruktionen enthalte[689]. Trotzdem verteidigte ein Teil der Kommissionsmitglieder den 1. Entwurf. Ihrer Ansicht[690] nach sollte der Gesetzgeber seine Meinung klar zum Ausdruck bringen. Die Bewilligung des Eigentümers, daß ein anderer als Eigentümer im Grundbuch eingetragen werden solle, und die Annahme dieser Erklärung durch den Erwerber seien als Vertrag anzusehen, was auch im Gesetz klar auszusprechen sei. Dies hielt ein Teil der 2. Kommission schon deswegen für erforderlich, weil er spätere Streitigkeiten über die Auslegung des Gesetzes verhüten wollte, die wiederum den Immobiliarverkehr und -kredit in erheblicher Weise gefährden würden.

Die Mehrheit der 2. Kommission erkannte indessen die Bedenken der Kritiker gegen die gesetzliche Konstruktion eines dinglichen Vertrags als gerechtfertigt an und beschloß[691], im Gesetz statt von einem Vertrag von einer Einigung des Eigentümers und des Erwerbers über den Rechtsübergang zu sprechen und die dogmatische Konstruktion dieser Parteierklärungen der Entscheidung der Wissenschaft zu überlassen. Sie ging davon aus, daß der Volksauffassung die Trennung des Erfüllungs- vom Kausalgeschäft und überhaupt der Ausdruck Vertrag für das dingliche Veräußerungsgeschäft fremd seien und dieser Ausdruck deshalb zu vermeiden sei. Letztlich hatte aber die Mehrheit der 2. Kommission die Auffassung der ersten, daß auch das Veräußerungsgeschäft ein Vertrag sei[692]. Immerhin zeigt diese Änderung des 1. Entwurfs, daß die 2. Kommission zumindest bemüht war, den 1. Entwurf von dogmatischen Konstruktionen zu befreien und einfache und verständliche Rechtssätze aufzustellen.

---

689 Vgl. S. 118—120.
690 Vgl. Prot. II, Bd. 3, S. 58—59.
691 Vgl. Prot. II, Bd. 3, S. 59.
692 Vgl. Prot. II, Bd. 3, S. 59.

Sehr umstritten war ferner die Frage, in welcher Form die dingliche Einigung im Fall der Eigentumsübertragung, die sogenannte Auflassung, erfolgen sollte. Zu § 868 E I, der nur die Auflassung vor dem Grundbuchamt zuließ, lagen zehn Änderungsanträge vor[693], von denen die eine Hälfte auch die notarielle oder gerichtliche Auflassung zulassen oder den § 868 E I sogar ganz streichen und die andere Hälfte die Regelung des 1. Entwurfs im wesentlichen beibehalten wollte. Die Verteidiger des 1. Entwurfs waren der Ansicht[694], daß nur eine Auflassung vor dem Grundbuchamt den Parteien den abstrakten Charakter der Eigentumsübertragung deutlich zum Bewußtsein bringe und sie vor leichtsinnigen und unüberlegten Auflassungen bewahre. Auch sei auf diese Weise der Erwerber am besten davor geschützt, daß der Veräußerer noch nach der Auflassung weiterhin über das Grundstück verfüge oder in der Verfügung beschränkt werde. Die Mehrheit der 2. Kommission lehnte jedoch mit 11 gegen 6 Stimmen die Regelung des 1. Entwurfs ab und ließ auch die gerichtlich oder notariell erklärte Auflassung zu[695]. Gegen den 1. Entwurf stimmten im Interesse einer einheitlichen reichsgesetzlichen Regelung auch einige Kommissionsmitglieder aus Norddeutschland, die an sich am liebsten den § 868 E I beibehalten hätten. Allerdings wurde, vor allem mit Rücksicht auf Preußen, in Art. 116 EG E IIa bestimmt, daß die landesgesetzlichen Vorschriften unberührt bleiben sollten, nach denen die Auflassung nur vor dem Grundbuchamt erklärt werden konnte[696].

Maßgebend für diesen Beschluß der 2. Kommission war vor allem die Rücksicht auf die Gebiete, die bei großer Bodenzersplitterung einen lebhaften Grundstücksverkehr hatten und in denen die notarielle Form für die Auflassung oder den obligatorischen Veräußerungsvertrag zugelassen war. Sie hielt es für eine unnötige Erschwerung und Verteuerung des Grundstücksverkehrs, daß die Parteien erst entsprechend § 351 E I (313 BGB) den obligatorischen Veräußerungsvertrag in notarieller Form schließen mußten, die Auflassung aber nicht gleichzeitig vor dem Notar, sondern nur anschließend vor dem Grundbuchamt erklären konnten. Weiterhin wollte die 2. Kommission das selbständige Notariat, wie es vor allem in Bayern und im Rheinland bestand, nicht gefährden, sondern der Bevölkerung einen wichtigen Berater in ihren Rechtsangelegenheiten erhalten[697]. Zudem wies sie noch darauf hin, daß die Vorteile, die sich die Anhänger

---

693 Vgl. Prot. II, Bd. 3, S. 168—170.
694 Vgl. Prot. II, Bd. 3, S. 170—171.
695 Prot. II, Bd. 3, S. 170.
696 Prot. II, 6. Bd., S. 650—652.
697 Vgl. Prot. II, Bd. 3, S. 176.

des 1. Entwurfs von einer Auflassung vor dem Grundbuchamt versprächen, zum größten Teil wieder verloren gingen, wenn entsprechend der Regelung des 1. Entwurfs die Auflassung auch allgemein durch Stellvertreter erklärt werden könnte. Um jegliche Zweifel auszuschließen, beschloß die 2. Kommission ferner[698], im Gesetz deutlich zum Ausdruck zu bringen, daß die Auflassung mündlich und gleichzeitig vor dem Gericht, dem Notar oder dem Grundbuchamt zu erklären war. Der Bundesrat lehnte jedoch die Regelung des 2. Entwurfs ab und stellte, wahrscheinlich auf Veranlassung der nord- und mitteldeutschen Staaten, den Rechtszustand des 1. Entwurfs wieder her, nach dem die Auflassung nur vor dem Grundbuchamt erklärt werden konnte[699]. Doch gestattete er in Art. 144 EG E III den Landesregierungen, Ausnahmeregelungen zuzulassen. Der Reichstagsausschuß tastete trotz eines Änderungsvorschlags den Beschluß des BR nicht an[700].

Nach einem Beschluß der 2. Kommission zu § 828 I E I sollte auch der nicht eingetragene Berechtigte die zu einer dinglichen Rechtsänderung erforderlichen Erklärungen wirksam abgeben können[701]. Ferner wurde klargestellt, daß die Eintragung der Rechtsänderung im Grundbuch der Einigung der Parteien vorausgehen konnte, ohne daß es, wie nach dem 1. Entwurf, eines Rückgriffes auf den dem § 185 BGB entsprechenden § 830 E I bedurfte[702]. Weiterhin mußte noch die Frage geklärt werden, ab welchem Zeitpunkt die Beteiligten an die Einigung gebunden sein sollten. Die Mehrzahl der Kommissionsmitglieder war sich darüber einig[703], diese Frage, wie es bereits die 1. Kommission in § 828 III E I getan hatte, im Gesetz zu regeln, und lehnte deshalb einen Antrag ab[704], den § 828 III E I ersatzlos zu streichen. Hätte die 1. Kommission diese Frage unentschieden gelassen, wären unter anderem die Auffassungen möglich gewesen, daß der dingliche Vertrag sofort mit dem Abschluß bindend wird sowie daß er bis zur Eintragung im Grundbuch widerruflich ist. Die zahlreichen zu § 828 III E I gestellten Abänderungsanträge wichen in den Einzelheiten beträchtlich voneinander ab. Die Antragsteller waren sich nur darüber einig, daß der Vertrag bindend sein sollte, wenn er vor dem Grundbuchamt geschlossen oder diesem zur Eintragung eingereicht worden war. Abgesehen von diesen Fällen hielt die Mehrheit der 2. Kommission eine Bindung der Parteien

698 Vgl. Prot. II, Bd. 3, S. 176—177.

699 Vgl. § 909 E III, § 925 BGB in der ursprünglichen Fassung. Vgl. ferner Denkschrift RT., S. 663.

700 Drucksache RT. Nr. 440 a (Session 1895—1897), S. 1990—2000.

701 Vgl. Prot. II, Bd. 3, S. 54—55.

702 Vgl. Prot. II, Bd. 3, S. 54.

703 Vgl. zum folgenden Prot. II, Bd. 3, S. 60—64.

704 Vgl. Prot. II, Bd. 3, S. 62—63.

an die Einigung sofort nach deren Abschluß für nicht praktisch, weil sie leichtsinnige Verfügungen ausschalten wollte und ihrer Ansicht nach auch die Parteien keine sofortige Bindung an die Einigung wollten, solange diese wegen ihrer Formlosigkeit nach den Vorschriften der Grundbuchordnung nicht eingetragen werden konnte. Mehrere Kommissionsmitglieder wünschten aber, daß die Einigung wenigstens dann bindend sein sollte, wenn der Berechtigte dem Erwerber eine Eintragungsbewilligung in der nach der Grundbuchordnung erforderlichen Form ausgehändigt hat. — Nach einem anderen Antrag[705] sollte in diesem Fall die Bindung an die Einigung erst mit der Stellung des Eintragungsantrages eintreten. Zur Begründung des Antrages wies der Antragsteller darauf hin, daß sonst leichtfertige und übereilte Verfügungen über Rechte an Grund und Boden möglich seien, da sich im allgemeinen eine Bewilligung leicht beschaffen ließe. Auch würde ein längerer unerwünschter Schwebezustand entstehen, wenn der Erwerber nicht sogleich mit der Aushändigung der Bewilligung die Eintragung beantrage. Dieses letztere Argument hielt die Mehrheit der 2. Kommission indessen für nicht überzeugend, da der Erwerber meist schon aus eigenem Interesse bald nach Erteilung der Bewilligung auch die Eintragung beantragen werden. Gegen den genannten Antrag wandte ein Teil der 2. Kommission ferner ein, daß vor allem der Erwerber einer Hypothek die Valuta, zumindest in Norddeutschland, schon mit Aushändigung der Bewilligung auszahle und er deshalb auch vor deren Widerruf geschützt sein müsse. Im Ergebnis sollte demnach gemäß dem ursprünglichen Beschluß der 2. Kommission die dingliche Einigung auch schon dann unwiderruflich sein, wenn der Berechtigte dem Erwerber eine Eintragungsbewilligung in der nach der Grundbuchordnung erforderlichen Form ausgehändigt hat. — Nachdem die 2. Kommission die gerichtlich oder notariell erklärte Auflassung für zulässig erklärt hatte, beschloß sie ferner, die Bindung der Parteien an die Einigung auch schon mit deren gerichtlicher oder notarieller Beurkundung eintreten zu lassen[706]. Entscheidend für diesen Beschluß war die Erwägung, daß man diese Formen der Auflassung nicht zulassen könne, ohne zugleich die Parteien an die in dieser Form erklärte Auflassung zu binden.

Eine weitere Streitfrage war, welchen Einfluß eine Verfügungsbeschränkung des Veräußerers, etwa durch eine Konkurseröffnung, auf die Wirksamkeit der dinglichen Einigung haben sollte, wenn die Eintragung im Grundbuch noch nicht erfolgt, also die Rechtsänderung noch nicht eingetragen war. Nach einem Antrag sollte eine Verfügungsbeschränkung schon

---

705 Vgl. Antrag Nr. 4 (vgl. Prot. II, Bd. 3, S. 60, 63).

706 Vgl. Prot. II, Bd. 3, S. 177—178; § 794 II EII, 873 II BGB.

von dem Zeitpunkt ab unerheblich sein, in dem die Einigung für die Parteien bindend geworden war[707]. Dies war bei der Auflassung schon mit deren notarieller oder gerichtlicher Beurkundung und bei den sonstigen dinglichen Einigungen frühestens mit der Aushändigung der Eintragungsbewilligung an den Erwerber der Fall. Der Antragsteller war der Ansicht, daß eine andere Regelung zu einer erheblichen Beeinträchtigung der Verkehrssicherheit und des Realkredits führen müßte. Vor allem müsse der Erwerber beispielsweise einer Hypothek, nachdem er die Valuta ausgezahlt und die Eintragungsbewilligung erhalten habe, vor einer späteren Verfügungsbeschränkung des Veräußerers geschützt sein. Die 2. Kommission lehnte jedoch diesen Antrag ab und beließ es im wesentlichen bei der Regelung des 1. Entwurfs, nach der es auf die Wirksamkeit des dinglichen Vertrages ohne Einfluß sein sollte, wenn der Verfügende nach Stellung des Eintragungsantrages in der Verfügung über das zu veräußernde Recht beschränkt werde[708]. Maßgebend für diesen Beschluß war zunächst der mehr dogmatische Gesichtspunkt, daß die Verfügungsbeschränkung ohne Eintragung im Grundbuch entsteht und deshalb grundsätzlich einer noch nicht eingetragenen Bewilligung vorgehen mußte. Nur wenn die Eintragungsbewilligung bereits beim Grundbuchamt eingereicht war, sollte die Vollziehung des Rechtserwerbs gleichsam fingiert werden. Eine derartige Regelung rechtfertigt sich daraus, daß der Erwerber den Zeitpunkt der Eintragung regelmäßig nicht beeinflussen kann und deshalb auch vor den Nachteilen, die sich aus einer Verzögerung der beantragten Eintragung ergeben können, geschützt werden muß. Deshalb wurde später in die Grundbuchordnung die Vorschrift aufgenommen, daß Eintragungen im Grundbuch nur in der Reihenfolge der Eintragungsanträge vorgenommen werden sollten[709]. Da aber vor Stellung eines Eintragungsantrages nicht von einer Fiktion einer schon bestehenden Eintragung gesprochen werden kann, sollte nach Ansicht der 2. Kommission vor diesen Zeitpunkt eine Verfügungsbeschränkung des Veräußerers über das zu veräußernde Recht noch erheblich sein. Ferner war für die Ablehnung des Antrages auch der praktische Grund entscheidend, daß sich der Zeitpunkt, zu dem die Bewilligung ausgehändigt worden ist, oft schwer feststellen läßt und ferner durch die Möglichkeit, die Bewilligung vorzudatieren, die Gläubiger des Berechtigten unrechtmäßig benachteiligt werden könnten[710].

Eine wichtige Änderung des 1. Entwurfs betraf die Abschaffung der auf-

---

707 Vgl. Prot. II, Bd. 3, S. 65—66.
708 Vgl. Prot. II, Bd. 3, S. 66—67 und Bd. 4, S. 586—587.
709 Vgl. § 45 GBO.
710 Vgl. Prot II, Bd. 3, S. 67.

lösend bedingten Auflassung[711]. Die 2. Kommission war sich darüber einig, daß man jede, auch die aufschiebend bedingte Auflassung entweder zulassen oder verbieten müsse, und ließ die lediglich doktrinären Gründe für die Regelung des 1. Entwurfs, nach der nur die auflösend bedingte Auflassung zulässig war, nicht gelten, zumal das Verbot der aufschiebend bedingten Auflassung leicht umgangen werden konnte. Die Mehrheit der 2. Kommission sprach sich für die Unwirksamkeit jeder bedingten und befristeten Auflassung aus, weil ihrer Ansicht nach der Erwerber wegen der von ihr eingeführten Vormerkung zum Schutz persönlicher Ansprüche diese dinglich hinreichend sichern konnte.

Die 2. Kommission strich ferner den § 832 E I, nach dem simulierte Auflassungen sowie andere simulierte Rechtsänderungen an Grundstücken gegenüber jedermann wirksam sein sollten. Statt dessen sollten, entsprechend der allgemeinen Regel des § 92 E II (§ 117 BGB), auch simulierte Grundstücksverfügungen gegenüber jedermann unwirksam sein, da es die 2. Kommission nicht für erforderlich und zudem für ungerecht hielt, dem Scheinberechtigten, vor allem aber Dritten, die Berufung auf ein Scheingeschäft zu gestatten[712]. Eine Ungerechtigkeit sah sie darin, daß ein Grundstückseigentümer gemäß der Regelung des 1. Entwurfs sein Grundstück einem Dritten zum Schein hätte übertragen und so die Durchsetzung eines Anspruchs auf Auflassung oder eine andere dingliche Rechtsänderung gegen sich unmöglich machen können. Die Streichung des § 832 E I rechtfertigte sich umso mehr, als gutgläubige Dritte auf jeden Fall durch die Vorschriften über den gutgläubigen Erwerb hinreichend geschützt waren.

II. Das Publizitätsprinzip

Die 2. Kommission behielt zwar die Grundsätze des 1. Entwurfs über den gutgläubigen Erwerb bei, änderte aber die §§ 837—839 E I in mehrfacher Hinsicht ab. Vor allem schränkte sie die Möglichkeit des gutgläubigen Erwerbs auf den rechtsgeschäftlichen Erwerb ein und versagte den Schutz des guten Glaubens beim Erwerb dinglicher Rechte im Wege der Zwangsvollstreckung[713]. Insbesondere war damit der gutgläubige Erwerb einer Zwangshypothek an einem dem Schuldner nicht gehörenden Grundstück ausgeschlossen. Maßgebend für diesen Beschluß war die Erwägung, daß dem Gläubiger nur Befriedigung aus dem Vermögen seines Schuldners

---

[711] Vgl. zum folgenden Prot. II, Bd. 3, S. 181—184.

[712] Vgl. Prot II, Bd. 3, S. 67—68.

[713] Vgl. Prot. II, Bd. 3, S. 77—79, 707—708. Der Erwerb des Grundstückseigentums im Wege der Zwangsversteigerung richtete sich aber nach dem ZVG (vgl. § 90 ZVG).

gebühre. Diese Entscheidung war durchaus gerechtfertigt, da kein dringendes Verkehrsbedürfnis bestand, den Gläubiger auch noch in der Zwangsvollstreckung zu schützen, zumal der in seinen Rechten Verletzte nur wenig Aussicht hatte, von dem meist zahlungsunfähigen Schuldner Ersatz zu bekommen. Hingegen sollten die Gutglaubensvorschriften dann Anwendung finden, wenn der als Berechtigte im Grundbuch Eingetragene verurteilt war, in die dingliche Rechtsänderung einzuwilligen, da in diesem Fall ein rechtsgeschäftlicher Erwerb vorlag.

Sehr umstritten war in der 2. Kommission die auch von zahlreichen Kritikern behandelte Frage, ob auch der gutgläubige, unentgeltliche Erwerb geschützt werden sollte. Die 2. Kommission entschied sich mit 9 gegen 9 Stimmen unter Stichentscheid des Vorsitzenden, entsprechend der Regelung des 1. Entwurfs, für den Schutz des gutgläubigen, unentgeltlichen Erwerbs[714]. Die Gegner dieser Regelung wiesen darauf hin[715], daß eine Schenkung nicht auf Kosten eines Unbeteiligten gehen dürfe. Bei Schenkungen bestehe kein dringendes Verkehrsbedürfnis, das materielle Recht zugunsten des formellen Rechts außer acht zu lassen. Für völlig ungerechtfertigt hielt sie auch die Befürchtung, daß bei der Unterscheidung zwischen entgeltlichen und unentgeltlichen Geschäften unüberwindliche Schwierigkeiten auftauchen würden; im übrigen könnten selbst derartige Schwierigkeiten nicht ein unbilliges Ergebnis rechtfertigen. Demgegenüber verdiente nach der Meinung der Mehrheit der unentgeltlich Erwerbende sehr wohl den Schutz des guten Glaubens[716]. Wie schon die 1. Kommission war sie der Ansicht, daß die Unterscheidung zwischen entgeltlichen und unentgeltlichen Übereignungen nicht leicht sei und daß außerdem bei gemischten Schenkungen wenig erquickliche Gemeinschaften an Grundstücken mit oft nur schwer zu ermittelnden Bruchteilen entstehen könnten. Nicht ganz unerheblich für die Entscheidung der 2. Kommission dürften auch einige dogmatische Gesichtspunkte gewesen sein. Einmal wäre mit der Schutzlosigkeit des gutgläubigen unentgeltlichen Erwerbs in gewisser Hinsicht das Abstraktionsprinzip durchbrochen, zumindest aber wären einige Vorteile, die mit diesem Prinzip verbunden waren, aufgehoben worden. Zum anderen wäre eine Lücke im Gesetz entstanden, da auch die 2. Kommission, von einigen Ausnahmen abgesehen, keine allgemeinen Vorschriften über die Ersitzung von Grundstücksrechten in den Entwurf aufnehmen wollte.

Im Gegensatz zum 1. Entwurf gewährte aber der 2. Entwurf dem ehemaligen Berechtigten, um ihn nicht gänzlich schutzlos zu stellen, einen

---

714 Vgl. Prot. II, Bd. 3, S. 82.
715 Vgl. Prot. II, Bd. 3, S. 82—83.
716 Vgl. Prot. II, Bd. 3, S. 83—84.

Bereicherungsanspruch gegen den Beschenkten[717]. Kurz vor Schluß der Beratungen beschloß die 2. Kommission ferner, daß, in Übereinstimmung mit dem gemeinen Recht, auch ein Dritter nach Bereicherungsgrundsätzen haften sollte, wenn der Beschenkte ihm die Sache weiterverschenkt hatte[718].

Die 2. Kommission lehnte die Regelung des 1. Entwurfs ab, wonach der gute Glaube des Erwerbers auch noch zum Zeitpunkt des Erwerbs, also meist der Grundbucheintragung, vorliegen mußte[719]. Statt dessen beschloß sie, daß für den guten Glauben entweder der Zeitpunkt, in dem der Eintragungsantrag gestellt wurde, oder, wenn die Eintragung der Einigung vorausging, der Zeitpunkt der Einigung maßgebend sein sollte. Zwar gestand sie dem 1. Entwurf außer juristischer Folgerichtigkeit zu, daß es an sich im Interesse des wahren Berechtigten liege, den guten Glauben auch noch zum Zeitpunkt des Erwerbs zu verlangen. Andererseits wollte sie aber den Erwerber, der bereits mit der Stellung des Eintragungsantrags die Valuta ausgezahlt hatte, nicht ungeschützt lassen, wenn er noch vor der Eintragung der Rechtsänderung im Grundbuch von dessen Unrichtigkeit Kenntnis erhalten hat. Die 2. Kommission gab also aus Gründen der Verkehrssicherheit dem Interesse des Erwerbers vor dem des Eigentümers den Vorrang. Weiterhin sollte auch nicht mehr, wie nach dem 1. Entwurf, die Kenntnis der Tatsachen, aus denen sich die Unrichtigkeit des Grundbuchs ergab, sondern nur noch die Kenntnis der Unrichtigkeit selbst entscheidend sein[720]. Mit dieser Entscheidung hat die 2. Kommission die Möglichkeit des gutgläubigen Erwerbs noch weiter vervollständigt.

Den § 839 E I beließ die 2. Kommission mit der Änderung, daß der Bereicherungsanspruch auch gegen den unentgeltlich Erwerbenden geltend gemacht werden konnte, zunächst im Sachenrecht[721]. Erst kurz vor Schluß der Beratungen faßte sie den Beschluß, den dem § 839 E I entsprechenden § 812 E II sowie die entsprechenden Vorschriften aus dem Recht der beweglichen Sachen, § 850 E II, und aus dem Erbrecht, § 2232 E II, zu einer einzigen Vorschrift zusammenzufassen und verwies diese als § 801 E IIa (§ 816 BGB) ins Bereicherungsrecht[722]. Durch diese neue Vorschrift wurde das Recht des gutgläubigen Erwerbs übersichtlicher gestaltet, und zudem der bislang noch nicht ausdrücklich geregelte Fall, daß der bisherige Gläu-

---

[717] Vgl. Prot. II, Bd. 3, S. 83—84, 87—88; Bd. 6, S. 199—200.

[718] Vgl. § 807 E IIa; § 822 BGB; ferner Prot. II, Bd. 6, S. 211—212; *Windscheid*, Pandekten, Bd. 2, S. 546.

[719] Vgl. zum folgenden Prot. II, Bd. 3, S. 79—82.

[720] Vgl. Prot. II, Bd. 6, S. 222 unter XII; vgl. dagegen noch Prot. II, Bd. 3, S. 85—86.

[721] Vgl. Prot. II, Bd. 3, S. 82, 87—88.

[722] Vgl. Prot. II, 6. Bd., S. 199—200 unter VII.

biger oder vermeintliche Zessionar entsprechend den §§ 350, 351 E II (§§ 407, 408, BGB) über eine Forderung wirksam verfügt hatte, befriedigend gelöst.

III. Der Grundbuchberichtigungsanspruch und die Vormerkung

Während die 2. Kommission die Vorschrift über den dinglichen Berichtigungsanspruch des § 844 E I sachlich nicht änderte[723], bestand, wie schon in der 1. Kommission, Uneinigkeit darüber, ob dieser Anspruch verjährbar sein sollte oder nicht. Einige Kommissionsmitglieder wollten, entsprechend der Regelung des 1. Entwurfs, keine besondere Vorschrift über die Verjährung des Anspruchs in das Gesetz aufnehmen, so daß er verjährbar sein sollte[724]. Wenn ein dauernder Widerspruch zwischen dem materiellen Recht und dem Inhalt des Grundbuchs entstehen sollte, so sei dies eine materielle Ungerechtigkeit, die mit der Verjährung immer verbunden sein könne. Die meisten Anträge wünschten jedoch, daß die Verjährung des Anspruchs ausdrücklich geregelt werde[725]. Nach einem Teil von ihnen sollte der Berichtigungsanspruch zwar grundsätzlich verjährbar sein, aber solange nicht verjähren, als der dem materiellen Recht entsprechende Zustand bestand oder der Herausgabeanspruch noch geltend gemacht werden konnte. Die Antragsteller, die sich gegen die Verjährung des Berichtigungsanspruchs aussprachen, sahen in diesem nur einen formellen Anspruch, der ihres Erachtens schon seinem Wesen nach der Verjährung nicht unterliegen konnte[726]. Da sich, wie schon in der 1. Kommission, auch in der 2. keine Mehrheit für oder gegen die Verjährung fand, einigte man sich zunächst dahin, zur Hauptfrage der Verjährung im Gesetz keine Stellung zu nehmen. Sie beschloß aber, daß der Berichtigungsanspruch wenigstens bis zur Verjährung des Hauptanspruchs durchsetzbar sein sollte und daß nach dessen Verjährung auch der Berichtigungsanspruch nicht mehr sollte geltend gemacht werden können[727]. Mit diesem Beschluß hat die 2., anders als die 1. Kommission, die Durchsetzbarkeit des Berichtigungsanspruchs von der des Herausgabeanspruchs abhängig gemacht. Später entschied sie sich jedoch, ohne daß die Protokolle eine Begründung hierfür enthalten, für die Unverjährbarkeit des Berichtigungsanspruchs[728]. Damit bestand wieder die Möglichkeit, daß trotz der Verjährung des Hauptanspruchs der Berichtigungsanspruch noch weiterhin geltend gemacht werden konnte.

---

[723] Vgl. Prot. II, Bd. 3, S. 102—103.
[724] Vgl. Prot. II, Bd. 3, S. 104. Vgl. auch S. 158—159.
[725] Vgl. Prot. II, Bd. 3, S. 103.
[726] Vgl. Prot. II, Bd. 3, S. 105—106.
[727] Vgl. Prot. II, Bd. 3, S. 106—107.
[728] Vgl. Prot. II, Bd. 4, S. 589 unter VI.

Ferner behielt die 2. Kommission die Vormerkung des § 844 E I zur Sicherung eines schon bestehenden dinglichen Rechts bei. Dagegen bestand unter den Kommissionsmitgliedern, wie schon in der 1. Kommission, eine erhebliche Meinungsverschiedenheit darüber, ob und eventuell unter welchen Voraussetzungen und in welchem Umfang auch eine Vormerkung zum Schutz persönlicher Ansprüche zugelassen werden sollte. Nach keinem der neun Abänderungsanträge sollte, wie es der 1. Entwurf vorgesehen hatte, die obligatorische Vormerkung ganz ausgeschlossen sein[729]. Nach einigen Anträgen sollte eine Vormerkung für alle obligatorischen Ansprüche statthaft sein, während eine andere Gruppe von Anträgen die Vormerkung nur für ganz bestimmte obligatorische Ansprüche, etwa für Bereicherungsansprüche und Ansprüche bei schon entrichteter Gegenleistung[730], zulassen wollte. Die 2. Kommission nahm einen Antrag an[731], der eine Vormerkung für alle obligatorischen Ansprüche auf Einräumung oder Aufhebung eines Grundstücksrechts, auch für bedingte oder zukünftige Ansprüche, zuließ. Zugleich aber beschloß sie, um die obligatorische Vormerkung von der Vormerkung zum Schutz schon bestehender Rechte auch terminologisch zu unterscheiden, für die obligatorische Vormerkung den Ausdruck Vormerkung beizubehalten, die dingliche Vormerkung aber als Widerspruch zu bezeichnen[732].

Die Minderheit der 2. Kommission brachte gegen die Zulassung der obligatorischen Vormerkung ähnliche Bedenken wie die 1. Kommission vor und wollte sie zumindest auf eng umrissene Fälle beschränken[733]. Ihrer Ansicht nach war das Grundbuch nicht dazu bestimmt, zum Schutz persönlicher Ansprüche zu dienen. Dazu reichten meist die allerdings schwächer wirkenden einstweiligen Verfügungen aus. Zudem befürchtete sie, daß das Grundbuch bald mit Eintragungen überfüllt sein würde, und fand es nicht für richtig, daß nur im Grundstücksrecht, nicht aber im Mobiliarrecht eine derartige Schutzmöglichkeit für persönliche Ansprüche bestehen sollte.

Demgegenüber setzte sich die Mehrheit über diese Bedenken hinweg und ließ die obligatorische Vormerkung zu. Der Hauptgrund für diesen Beschluß war, daß dieses Rechtsinstitut in zahlreichen Bundesstaaten bestand und sich auch bewährt hatte sowie daß die meisten Bundesregie-

[729] Vgl. die Anträge in Prot. II, Bd. 3, S. 107—110.

[730] Vgl. die Anträge Nr. 5—7 in Prot. II, Bd. 3, S. 109—110.

[731] Vgl. Antrag Nr. 2 in Prot. II, Bd. 3, S. 108, 112; vgl. ferner Prot. II, Bd. 3, S. 740, 746—747.

[732] Diese Unterscheidung ging auf den Antrag Nr. 3 zurück. (Vgl. Prot. II, Bd. 3, S. 108, 111—112).

[733] Vgl. Prot. II, Bd. 3, S. 113 und ferner die in Anm. 1 genannten Anträge.

rungen und Kritiker die Beibehaltung der obligatorischen Vormerkung gewünscht hatten[734]. Die 2. Kommission hielt es für unerheblich, daß eine derartige Möglichkeit, obligatorische Ansprüche zu schützen, im Mobiliarrecht nicht gegeben war. Gerade weil sie im Grundstücksrecht vorhanden sei, sei auch von ihr Gebrauch zu machen. Nach den Beschlüssen der 2. Kommission konnte auch die obligatorische Vormerkung, wie schon die Vormerkung zum Schutze bestehender Rechte nach dem 1. Entwurf, ohne Vermittlung des Gerichts eingetragen werden, wenn der Berechtigte die Eintragung der Vormerkung bewilligt hatte[735]. Die 2. Kommission wollte damit den Verkehrsbedürfnissen entgegenkommen. Ferner brauchte der Gläubiger, der eine obligatorische Vormerkung im Wege der einstweiligen Verfügung erwirken wollte, nicht die Gefährdung seines Anspruchs glaubhaft zu machen. Dieser war nach Ansicht der 2. Kommission schon durch die Grundbucheintragung regelmäßig gefährdet. Im übrigen wäre sonst der Anspruch des Gläubigers auf Eintragung einer Vormerkung erheblich schwerer durchsetzbar gewesen.

Endlich war noch die Frage zu regeln, wie der Gläubiger seinen durch die Vormerkung gesicherten obligatorischen Anspruch sollte verwirklichen können, wenn der Schuldner inzwischen das Grundstück weiterveräußert oder belastet hatte. Nach einem Vorschlag sollte der Gläubiger in diesem Fall einen direkten Anspruch gegen den Erwerber auf Verschaffung des vorgemerkten Rechts haben[736]. Diesem Vorschlag lag die Auffassung zugrunde, daß die Vormerkung, ähnlich der Hypothek und besonders der Arresthypothek, ein selbständiges Recht, also eine dingliche Belastung des Grundstücks sei. Der ursprüngliche Schuldner sollte den Gläubiger auch auf den Erwerber verweisen können, soweit jener von diesem Befriedigung seiner Ansprüche erlangen konnte. Die 2. Kommission lehnte jedoch die Ausgestaltung der Vormerkung zu einem dinglichen Recht ab und beließ ihr den Charakter einer Art relativen Veräußerungs- und Belastungsverbots mit allerdings dinglicher Wirkung im Konkurs[737]. Ihrer Ansicht nach bestand kein Bedürfnis, entgegen dem geltenden Recht die Vormerkung zum dinglichen Recht auszugestalten und dem Gläubiger zudem noch einen neuen Anspruch zu gewähren. Sie hielt den Vormerkungsberechtigten für hinreichend gesichert, wenn diesem im Fall der Weiterveräußerung oder Belastung des Grundstücks gegen den neuen Berechtigten ein Anspruch auf Zustimmung zu der Eintragung, die zur Verwirklichung des durch die

---

734 Vgl. Prot. II, Bd. 3, S. 114—115, vgl. auch S. 129—130.
735 Vgl. Prot. II, Bd. 3, S. 115.
736 Vgl. Prot. II, Bd. 3, S. 740—742, 744—745.
737 Vgl. Prot. II, Bd. 3, S. 746.

Vormerkung gesicherten Anspruches erforderlich war, zustand. Der Erfüllungsanspruch hingegen sollte nur gegen den ursprünglichen Schuldner geltend gemacht werden können[738].

IV. *Zusammenfassung*

Wie im einzelnen gezeigt werden konnte, hat die 2. Kommission zwar die Prinzipien, nach denen die 1. Kommission das Grundstücksrecht ausgestaltet hatte, beibehalten, im übrigen aber sich bei der Umarbeitung der einzelnen Vorschriften über Rechte an Grundstücken und die Auflassung nicht mehr von ausschließlich dogmatischen Gesichtspunkten leiten lassen. Sie hat vielmehr bei der Aufstellung der Rechtssätze unter Berücksichtigung der Kritik am 1. Entwurf versucht, den Interessen aller Personenkreise, die durch die Eigentumsübertragung sowie durch die Begründung und Übertragung sonstiger dinglicher Rechte betroffen werden können, gerecht zu werden. Allerdings war auch für die 2. Kommission das Interesse des Erwerbers vorrangig. Sie hat es aber, vor allem bei den Vorschriften über den gutgläubigen Erwerb, nur soweit berücksichtigt, wie es für die Sicherheit des Grundstücksverkehrs erforderlich war, und sonst auch die Interessen des Eigentümers und der Gläubiger des Veräußerers beachtet. Ferner war die 2. Kommission, ebenso wie bereits die 1., bemüht, einerseits die Leichtigkeit des Grundstücks- und Kreditverkehrs zu gewährleisten, andererseits aber auch den Grundbesitz nicht zu sehr zu mobilisieren und den Eigentümer vor übereilten Verfügungen zu schützen. Auf dieses Bestreben gingen etwa die auf den ersten Blick recht komplizierten Bestimmungen über die Bindung an den dinglichen Vertrag und die Formvorschriften für die Auflassung zurück. Da für die 2. Kommission für die Ausgestaltung der einzelnen Rechtssätze fast ausschließlich Zweckmäßigkeitserwägungen maßgebend waren, waren insoweit der 2. Entwurf und damit auch das BGB gerechter als der 1. Entwurf ausgefallen. Im übrigen aber blieb auch die 2. Kommission bei der Umarbeitung des 1. Entwurfs durchaus im Rahmen des geltenden Rechts, ja kehrte in mehrfacher Hinsicht in den Fällen, in denen es die 1. Kommission aus doktrinären Gründen aufgegeben hatte, wieder zu diesem zurück.

---

[738] Wegen der näheren Ausgestaltung der Vormerkung vgl. Prot. II, Bd. 3, S. 746—748 u. Bd. 5, S. 779—780.

Dritter Abschnitt

Übertragung des Eigentums an beweglichen Sachen

Fünfzehntes Kapitel

Der Teilentwurf und der 1. Entwurf

I. Die allgemeinen Voraussetzungen für den Eigentumserwerb

Nach § 874 I E I war zur Übertragung des Eigentums an einer beweglichen Sache durch Rechtsgeschäft ein unter Übergabe der Sache zu schließender Vertrag zwischen dem Eigentümer und dem Erwerber erforderlich. Dieser Eigentumsübertragungsvertrag sollte, wie sich aus der Verweisung in § 874 I S. 2 E I auf § 829 E I ergab, ein dingliches Rechtsgeschäft sein, das vom Bestehen einer Verpflichtung zur Eigentumsübertragung unabhängig war. Weniger doktrinär als § 874 I E I hingegen war § 132 TE gefaßt, nach dem „das Eigenthum an einer beweglichen Sache im Fall der Übertragung erworben wurde" durch „die in dieser Absicht erfolgte Übergabe von Sachen des Eigenthümers an den Erwerber". Wie sich aber aus den Motiven zum Teilentwurf ergab, verlangte auch Johow für die Eigentumsübertragung einen abstrakten dinglichen Vertrag[739], als dessen Form er die Übergabe ansah[740].

Bereits in den Vorberatungen hatte die 1. Kommission es mit 6 gegen 5 Stimmen abgelehnt[741], die Bestimmungen des französischen Rechts zu übernehmen, nach denen sich der Eigentumserwerb ohne Übergabe der Sache einzig durch den Abschluß des obligatorischen Veräußerungsvertrages vollzog[742]. Sie verkannte zwar die Vorteile dieser Regelung, insbesondere für den Gefahrübergang und den Konkurs, nicht. Die Mehrheit der 1. Kommission wollte indessen eine derartige Regelung schon aus dem Grunde nicht in den 1. Entwurf aufnehmen, weil sowohl nach dem gemeinen Recht als auch nach den damaligen deutschen Gesetzen die Eigentumsübertragung beweglicher Sachen nach dem Traditionsprinzip ausgestaltet war[743]. Im übrigen war sie der Meinung, daß die Tradition es sehr gut ermögliche, den dinglichen vom obligatorischen Vertrag abzugrenzen

---

[739] Vgl. Mot. TE., S. 760; §§ 253, 256 sächs. BGB; II Art. 93, 94 I bayE.

[740] Vgl. Mot. TE., S. 740, 750; *Windscheid,* Pandekten, Bd. 1, S. 509—510; *v. Ihering,* Geist, Bd. 4, S. 210 ff.

[741] Prot. vom 18. 10. 1875, S. 2.

[742] Vgl. Art. 711, 938, 1138, 1583 Cc.

[743] Vgl. *Windscheid,* Pandekten, Bd. 1, S. 508—511; Cod. Max. II 3 § 7, III Art. 93 bayE.; I 9 § 6, I 10 § 1 ALR; § 253 sächs. BGB; II 3 Art. 53 hess. E., §§ 425, 426 ABGB.

und auch den auf die Eigentumsübertragung gerichteten Willen der Parteien unzweideutig festzustellen[744].

In einer Neufassung seiner Vorschläge beantragte Johow in der Hauptberatung, allgemeine Bestimmungen über den Erwerb von Rechten an beweglichen Sachen in den 1. Entwurf aufzunehmen[745]. Diesen Antrag lehnte aber die 1. Kommission mit der Begründung ab, daß derartige Bestimmungen das Verständnis des Gesetzes zu sehr erschweren würden und außerdem überflüssig seien, da außer der Eigentumsübertragung nur noch die Nießbrauchs- und Pfandrechtsbestellung in Betracht kämen. Die 1. Kommission nahm vielmehr einen dem § 874 I E I entsprechenden Antrag an und brachte in der beschlossenen Bestimmung das Erfordernis des dinglichen Vertrages für den Eigentumsübergang deutlich zum Ausdruck[746]. Ob die Übergabe die Form des dinglichen Vertrages sein sollte, entschied sie nicht, sondern begnügte sich mit der Feststellung, daß die Übergabe ein notwendiges präsentes Moment des dinglichen Vertrages sei, dieser also vor Übergabe der Sache noch nicht wirksam vorliegen könne[747].

Nicht auf den Teilentwurf, sondern auf Anträge in den Hauptberatungen gingen der zweite und dritte Absatz des § 874 E I zurück. Nach § 874 II E I konnte der Eigentümer sein Eigentum auch dann wirksam übertragen, wenn er nicht Besitzer, sondern nur Inhaber der zu veräußernden Sache war. Durch diese Bestimmung wollte die 1. Kommission etwaige Zweifel ausschließen, ob wegen des strengen Unterschiedes zwischen Besitz und Inhabung eine für den Eigentumsübergang ausreichende Besitzübergabe vorliege, wenn der veräußernde Eigentümer nicht Besitzer sei. Von praktischer Bedeutung war diese Vorschrift nur für den gutgläubigen Erwerb einer unterschlagenen Sache. In diesem Fall hätte es wegen § 813 II E I, wonach der Inhaber einer Sache sich nur durch Lossagungserklärung gegenüber dem Besitzherrn zum Besitzer machen konnte, fraglich sein können, ob für den Eigentumsübergang das Verschaffen der Inhabung ausreicht. Nach Ansicht der 1. Kommission sollte aber diese Bestimmung den Besitz- und damit den Eigentumserwerb nicht verhindern, sondern nur dem Besitzer die sich aus dem Besitz ergebenden Rechte solange erhalten, wie der Inhaber die Sache innehatte[748]. — § 874 III E I ging von dem Fall aus, daß der nichtbesitzende Eigentümer seine Sache an deren Besitzer veräußert. Hierzu sollte es nicht erforderlich sein, daß der Erwerber sich zunächst durch ein Besitzkonstitut zum Inhaber macht, um nachträglich den Besitz

[744] Vgl. Prot. vom 18. 10. 1875, S. 2—3; Mot. TE, S. 752.
[745] Vgl. Prot. I, S. 3977—3979.
[746] Vgl. Prot. I, S. 3989—3992, vgl. auch S. 102—104.
[747] Vgl. Prot. I, S. 3992—3993.
[748] Vgl. Prot. I, S. 3994—3995.

an der Sache im Wege der brevi manu traditio vom Eigentümer zu erlangen[749]. Die Kritiker haben später den § 874 II/III E I als typisches Beispiel einer doktrinären Gesetzesfassung angesehen und dessen Streichung verlangt.

Dagegen regelte die 1. Kommission bewußt die wesentlich wichtigere Frage nicht, ob der Eigentümer seine Sache auch dann wirksam veräußern konnte, wenn er weder deren Besitzer noch Inhaber war. Der Teilentwurf indessen enthielt im Titel über den Eigentumsanspruch die Bestimmung, daß die Abtretung des Herausgabeanspruchs als Bevollmächtigung zu dessen Geltendmachung gilt (§ 204 TE.). Damit war zugleich bestimmt, daß eine Abtretung des Eigentumsherausgabeanspruchs nicht möglich war. Im Gegensatz hierzu ließ das damalige Recht neben der Rechtsabtretung auch eine Klageabtretung zu[750]; allerdings war sehr umstritten, welche Wirkungen die Zession des Herausgabeanspruchs zum Zwecke der Eigentumsübertragung hatte. Allgemeine Meinung war nur, daß der Zedent noch solange Eigentümer der Sache blieb, bis der Zessionar deren Besitz tatsächlich erwarb[751]. *Johow* sah für die Abtretung des Herausgabeanspruchs kein Bedürfnis, da in den meisten Fällen eine Bevollmächtigung zur Geltendmachung dieses Anspruchs ausreichen werde[752]. Zudem war er der Ansicht, daß sich die Möglichkeit einer Trennung des Eigentumsrechts an einer Sache von dem Herausgabeanspruch nur schwer einsehen lasse. Die 1. Kommission hingegen strich den § 204 TE ersatzlos mit der Begründung, daß ein allgemeines Verbot, den Herausgabeanspruch abzutreten, den Verkehr sehr behindern würde[753]. Sie ging aber mit dem gemeinen Recht davon aus, daß das Eigentum bis zum Besitzerwerb durch den Zessionar beim Veräußerer verblieb. Die weitere Frage, inwieweit der Zedent dinglich an die Zession gebunden war, sollte der Entscheidung der Wissenschaft und Praxis überlassen bleiben.

Für die Besitzübergabe reichte nach dem 1. Entwurf auch ein Besitzkonstitut aus, während nach einigen Ländergesetzen die Übereignung durch Besitzkonstitut verboten war[754]. Auch Geschäfte, die dieses Verbot zu umgehen bezweckten, waren nach diesen Gesetzen nichtig. Mit dieser Regelung

---

[749] Vgl. Prot. I, S. 3995.

[750] Vgl. *Windscheid*, Pandekten, Bd. 2, S. 253—255.

[751] Wegen der Streitfragen vgl. *Windscheid*, Pandekten, Bd. 2, S. 253—255; *Exner*, Rechtserwerb, S. 192—197; *v. Ihering*, Übertragung, S. 104 ff., 158 ff. Von den damaligen Kondifikationen enthielt nur das sächs. BGB in § 967 eine nicht sonderlich klare Vorschrift über die Klageabtretung.

[752] Vgl. Mot. TE., S. 977—978.

[753] Vgl. Prot. I, S. 4242—4244.

[754] Vgl. Art. 32—33 oldenb. Pfandg.; § 19 braunschweig. Pfandg.; §§ 1 II, 3, 7, 46 brem. Pfandrechtsverordnung, die bis 1866 in Kraft war.

sollten vor allem Pfandgeschäfte ohne körperliche Übergabe der veräußerten Sache sowie fingierte Veräußerungen verhindert werden. Die 1. Kommission war jedoch der Ansicht, daß ein solches Verbot, das zudem durch sofortige Rückgabe der Sache umgangen werden könne, den Verkehr zu stark behindern würde und außerdem eine simulierte Übereignung schon nach allgemeinen Grundsätzen nichtig sei[755].

Ferner nahm die 1. Kommission den Satz des römischen Rechts, daß das Eigentum an einer verkauften und dem Käufer übergebenen Sache erst dann auf diesen übergeht, wenn der Kaufpreis gezahlt, sichergestellt oder gestundet ist, nicht in den 1. Entwurf auf[756]. Im gemeinen Recht war die Geltung dieses Satzes nicht ganz unbestritten. Für die meisten Autoren gehörte er zumindest nicht dem strengen Recht an, sondern war nur Ausdruck der natürlichen Billigkeit[757]. Hingegen hatten die Landesgesetze diesen Satz meist aufgegeben. Nur der Cod. Max. bestimmte noch in IV 3 § 10, daß sich der Käufer bei nicht gezahltem Kaufgeld zum Beweis der Absicht des Verkäufers, schon jetzt das Eigentum zu übertragen, nicht auf die bloße Übergabe der Sache berufen könne. In Bremen mußte in diesem Fall der Verkäufer spätestens vierzehn Tage nach der Übergabe der Sache diese vom Käufer im Klagewege zurückverlangen, wenn er nicht das Eigentum verlieren wollte[758]. Die 1. Kommission übernahm keine dieser Bestimmungen, weil nach ihrer Ansicht wegen der allgemeinen Zulässigkeit bedingter Übereignungen kein Bedürfnis dafür vorhanden war[759].

In § 875 war die Frage geregelt, wann das Eigentum auf den Erwerber überging, wenn die Übereignungserklärung des Veräußerers durch ein Urteil ersetzt war. Übereinstimmend mit der Rechtsprechung des Reichsgerichts bestimmte der 1. Entwurf, daß die Übergabe als erfolgt gilt, wenn der Gerichtsvollzieher die Sache zum Zwecke der Ablieferung an den Erwerber an sich genommen hatte[760].

Ziemlich umstritten war in der 1. Kommission die Frage, inwieweit bedingte Übereignungen mit dinglicher Wirkung zulässig sein sollten[761]. Nach

---

755 Prot. I, S. 3416—3417.

756 Vgl. Inst. 2, 1, 41;

757 Vgl. *Windscheid,* Pandekten, Bd. 1, S. 518; *Exner,* Rechtserwerb, S. 338 ff., 370; vgl. hingegen *Leist,* Mancipation, S. 62, 75, 80, 210 ff., 272, der in diesem Rechtssatz ein strenges Postulat der naturalis ratio sah.

758 § 6 brem. PfandrechtsVO.

759 Vgl. Mot. TE., S. 758—759.

760 Vgl. RGZ, Bd. 9, S. 361 ff.; *v. Wilmowski-Levy,* CPO, Anm. 3 zu § 769; *Förster-Eccius,* Theorie und Praxis, Bd. 3, S. 23; unentschieden *Windscheid,* Pandekten, Bd. 1, S. 525. Vgl. ferner den jetzigen § 883 ZPO.

761 Entsprechendes gilt für Übereignungen unter einer Zeitbestimmung.

der Regelung des § 137 TE sollte das Eigentum gleichwohl auf den Erwerber übergehen, wenn der Eigentumsübertragung eine aufschiebende Bedingung beigefügt war. Nach § 137 II TE sollte bei Vereinbarung einer auflösenden Bedingung im Fall des Bedingungseintritts das Eigentum nicht auf den Veräußerer zurückfallen, sondern diesem nur ein obligatorisches Rückforderungsrecht zustehen. Diese Regelung stand in scharfem Gegensatz zum gemeinen Recht, nach dem bedingte Übereignungen mit dinglicher Wirkung uneingeschränkt möglich waren[762]. Nur einige Landesgesetze[763] versagten teilweise oder auch völlig bedingten Übereignungen, insbesondere Eigentumsvorbehalten, dingliche Wirksamkeit, um auf diese Weise die Umgehung der Pfandrechtsvorschriften auszuschließen. Andere Gesetze wie das ALR[764] und das sächs. BGB ließen zwar aufschiebend bedingte Übereignungen mit dinglicher Wirkung zu, während die Vereinbarung einer auflösenden Bedingung bei der Übereignung einer beweglichen Sache keine dingliche Wirkung hatte, sondern entsprechend der Regelung des Teilentwurfs bei Bedingungseintritt nur einen Rückforderungsanspruch des Veräußerers begründete. Zur Begründung für das Verbot bedingter Übereignungen dienten *Johow* vor allem wenig überzeugende dogmatische Erwägungen. Er war der Ansicht, daß das Eigentum als die tatsächliche Sachherrschaft keine Schwebezeit zulasse und die Übergabe einer Sache im Widerspruch zum Vorbehalt des Eigentums stünde[765]. Er setzte also Eigentum und Besitz weitgehend gleich und sah auch im Eigentum mehr ein tatsächliches als ein rechtliches Verhältnis. Er verkannte damit den Unterschied zwischen dem Besitz als der tatsächlichen Sachherrschaft, die allerdings bedingungsfeindlich ist, und dem Eigentum als dem umfassenden Herrschaftsrecht über eine Sache.

Das Verbot bedingter Übereignungen sollte vor allem Sicherungsgeschäfte dieser Art unmöglich machen[766]. Die Verkehrssicherheit sollte vor dem Sicherungsbedürfnis der Vertragsparteien den Vorrang haben. Da der Teilentwurf noch keinen allgemeinen gutgläubigen Erwerb an beweglichen Sachen vorsah, wäre die Verkehrssicherheit nach Ansicht Johows vor allem

---

[762] Vgl. u. a. *Windscheid,* Pandekten, Bd. 1, S. 250 ff.; III Art. 97—98 bayE.

[763] Vgl. die Übersicht in Mot. TE., S. 772 (Mot. Bd. 3, S. 337). Es kamen die Pfandgesetze von Anhalt, Bremen, Oldenburg, Weimar u. Württemberg in Betracht. Vgl. ferner II Art. 370—373 bayE; § 292 sächs. BGB.

[764] Vgl. I 11 §§ 261—264, 266 ALR; *Dernburg,* Privatrecht, Bd. 1, S. 186—187, 577. *Förster,* Theorie u. Praxis, Bd. 1, S. 171 ff.

[765] Mot. TE., S. 778, 785.

[766] Vgl. Mot. TE., S. 784—785. Fraglich ist, ob bei bedingten Übereignungen, wie Johow meinte, meist auch das obligatorische Rechtsgeschäft bedingt war. Eher dürfte das Gegenteil zutreffend sein.

dadurch beeinträchtigt worden, daß durch bedingte Übereignungen eine Art Scheineigentum entstanden wäre, das Unterschlagungen und damit die Irreführung Dritter leicht ermöglicht hätte. Für wenig sinnvoll hielt Johow es, bedingte Übereignungen nur dann zu verbieten, wenn sie zur Sicherung von Forderungen vorgenommen wurden, da eine genaue Abgrenzung dieser Fälle im Gesetz sehr schwierig sei. Auch eine Beschränkung des Verbots auf aufschiebend bedingte Übereignungen betrachtete er nicht für ratsam, da dieses Verbot durch Vereinbarung einer auflösenden Bedingung leicht umgangen werden könne[767].

In der Hauptberatung stellte ein Kommissionsmitglied den Antrag, an Stelle des § 137 TE eine Vorschrift, die bedingte Übereignungen schlechthin für nichtig erklärte, in den Entwurf aufzunehmen. Nach einem anderen Antrag sollten nur bedingten Übereignungen, die Sicherungszwecken dienten, dingliche Wirkung versagt sein[768]. Die Mehrheit der 1. Kommission lehnte sowohl diese Anträge als auch den § 137 TE ab und sprach sich für die Zulässigkeit bedingter Übereignungen aus[769]. Sie hielt die Begründungen Johows für nicht überzeugend und war der Ansicht, daß schon wegen dringender Verkehrsbedürfnisse dinglich wirkende, bedingte Übereignungen zu Sicherungszwecken erlaubt sein müßten, da eine obligatorische Gebundenheit der Parteien nicht ausreiche. Allerdings müsse im Einzelfall genau untersucht werden, ob dem Sicherungsempfänger auch wirkliches, wenn auch nur bedingtes Eigentum übertragen werden sollte. Mit dieser Entscheidung, die im Gegensatz zu mehreren Landesgesetzen stand, hatte die 1. Kommission zweifellos die den Verkehr am wenigsten behindernde Regelung gewählt und diesem die größtmögliche Gestaltungsfreiheit auch für Übereignungsgeschäfte gewährt.

II. Der gutgläubige Erwerb und der Lösungsanspruch

Nach dem Teilentwurf war entsprechend den Beschlüssen der 1. Kommission in den Vorberatungen[770] ein gutgläubiger Eigentumserwerb an beweglichen Sachen bis auf wenige Ausnahmen nicht möglich. Allerdings war der gutgläubige Erwerber insoweit geschützt, als er die erlangte Sache dem Eigentümer nur gegen Erstattung des Kaufpreises herauszugeben

---

[767] Vgl. Mot. TE., S. 782.

[768] Vgl. Prot. I, S. 4030.

[769] Vgl. zum folgenden Prot. I, S. 4031—4033. Diese Entscheidung wurde nach Einführung des gutgläubigen Erwerbs getroffen. Im übrigen steht das Mißtrauen der Motive, Bd. 3, S. 336, gegen bedingte Übereignungen mit der in den Protokollen zum Ausdruck gekommenen Meinung der 1. Kom. nicht im Einklang.

[770] Vgl. Prot. vom 18. 10. 1875, S. 1 ff.; Vorlagen Nr. 12—13 v. 1875.

brauchte[771]. Johow gab also dem Eigentumserhaltungsinteresse vor den Interessen des Verkehrs, der zudem durch die allgemeine Einlösungspflicht geschützt war, den Vorrang. Die Inhabung einer beweglichen Sache ließ seiner Ansicht nach nicht, wie im Grundstücksrecht die Grundbucheintragung, einen derart sicheren Schluß auf die Verfügungsberechtigung des Veräußerers zu, daß das Recht des Eigentümers zugunsten des Erwerbers sofort erlöschen dürfe. Für die Regelung des Teilentwurfs war ferner entscheidend, daß ein gutgläubiger Erwerb im römischen Recht und nach den meisten Landesgesetzen[772] nicht möglich war und daß auch die neuesten Gesetze und Gesetzentwürfe wie das sächs. BGB und der hess. und bay. Entwurf, mit Ausnahme des ADHGB, dem römischen Recht gefolgt waren[773]. Nur in einigen norddeutschen Stadtrechten hatte sich unter dem Einfluß des Handelsrechts die deutschrechtliche Regel „Hand wahre Hand" erhalten[774]. Johow verwarf auch die Vorschriften des Handelsrechts über den gutgläubigen Erwerb beweglicher Sachen, die ein Kaufmann in seinem Gewerbebetrieb veräußerte, mit der Begründung, daß sie selbst innerhalb des Handelsrechts kein allgemeines Prinzip bildeten[775], und ließ, im Anschluß an mehrere Landesgesetze, in § 135 II TE einen gutgläubigen Eigentumserwerb nur an Geld, Inhaberpapieren[776] und Sachen, die öffentlich versteigert werden[777], sowie an Erzeugnissen einer Sache zu, die der redliche Besitzer der Muttersache vor Erhebung der Herausgabeklage[778] veräußert hat. Nach § 135 II TE wurde in diesen Fällen die Gutgläubigkeit des Erwerbers als die normale, dem Gesetz entsprechende Gesinnung vermutet.

Obwohl sich die 1. Kommission in den Vorberatungen gegen den gutgläubigen Erwerb beweglicher Sachen ausgesprochen hatte, lehnte sie die Regelung des Teilentwurfs mit 5 gegen 5 Stimmen mit der Stimme des Vorsitzenden ab[779]. Für diesen Beschluß[780] war zunächst das Bestreben der 1. Kommis-

---

[771] Vgl. § 186 TE und zum folgenden Mot. TE., S. 742.

[772] Vgl. die Übersicht in Mot. TE., S. 745 (Mot., Bd. 3, S. 342).

[773] Vgl. §§ 252, 295 sächs. BGB; III Art. 93 bayE. (Mot. bayE., S. 44); III Art. 53, 54 hess. E.; vgl. hingegen Art. 306—308 ADHGB.

[774] So die Stadtrechte von Hamburg, Lübeck, Rostock, (vgl. Nachweise Mot., Bd. 3, S. 342 Anm. 6, *Stobbe,* Privatrecht, Bd. 2, S. 623—627). Wegen des franz. Rechts vgl. Art. 2279 I Cc.

[775] Vgl. Art. 306—308 ADHGB; Mot. TE., S. 748—749; Prot. ADHGB, S. 4610 bis 4611.

[776] Vgl. I 15 §§ 45—47 ALR; § 296 sächs. BGB; III Art. 96 bayE.

[777] Vgl. I 15 § 42 ALR, § 367 ABGB. Vgl. § 315 sächs. BGB, III Art. 171 bayE., II 3 Art. 8 hess. E. die in diesem Fall einen Lösungsanspruch gewährten.

[778] Vgl. Mot. TE., S. 763—766; *Windscheid,* Pandekten, Bd. 1, S. 559—565.

[779] Prot. I, S. 4004.

[780] Vgl. zum folgenden Prot. I, S. 4004—4006.

sion magebend, das gesamte Eigentumsübertragungsrecht nach einfachen Grundsätzen zu regeln. Die Mehrheit der 1. Kommission hielt den Teilentwurf insofern für inkonsequent, als dieser einen gutgläubigen Erwerb in bestimmten, nicht unwichtigen Fällen zuließ und damit den Grundsatz, daß Eigentum nur vom Eigentümer erworben werden könne, teilweise durchbrach[781]. Infolgedessen erschien es der Mehrheit zweckmäßiger, den gutgläubigen Erwerb an beweglichen Sachen allgemein zu ermöglichen, zumal damit eine weitgehende Angleichung des Mobiliar- an das Immobiliarsachenrecht verbunden war. Beim Erwerb beweglicher Sachen sollte an Stelle der Grundbucheintragung im Grundstücksrecht der Besitz die Grundlage des zu schützenden guten Glaubens bilden. Die Kommissionsmehrheit wies darauf hin, daß der Erwerb des Veräußerers nicht mit der erforderlichen Sicherheit erkennen könne, während sich der Eigentümer eher vor Nachteilen schützen könne, da er seine Sachen nicht aus der Hand zu geben brauche. Deshalb sei es gerechtfertigt, daß bei einem Irrtum des Erwerbers über die Berechtigung des Veräußerers nicht jener sondern der Eigentümer den Nachteil trage. Die 1. Kommission war der Ansicht, daß der Erwerber durch den Lösungsanspruch nicht hinreichend geschützt sei. Mit der Aufnahme der Vorschriften über den gutgläubigen Erwerb auch beweglicher Sachen glaubte sie zudem einer Tendenz zu folgen, die ihrer Ansicht nach in den neueren Gesetzgebungen, insbesondere dem Handelsrecht, zum Ausdruck gekommen sei[782]. Indessen hält dieses Argument einer genauen Nachprüfung nicht stand. Denn nur das ADHGB enthielt allgemeine Vorschriften über den gutgläubigen Erwerb, während die Landesgesetze und Entwürfe, wie vor allem das sächsische BGB und der hess. und bay. Entwurf, einen gutgläubigen Erwerb nur in dem eng begrenzten Umfang, wie ihn auch der Teilentwurf vorgesehen hatte, ermöglichten[783]. Weiterhin dürfte es fraglich sein, ob die Regelung des Teilentwurfs, wie die 1. Kommission meinte, Schwierigkeiten bei der Abgrenzung zwischen dem bürgerlichen und dem Handelsrecht bereitet hätte.

Im einzelnen gesehen war nach den Beschlüssen der 1. Kommission für den gutgläubigen Erwerb neben einem dinglichen Vertrag auch die tatsächliche Übergabe der Sache an den Erwerber erforderlich. Bei einer

---

781 Vgl. S. 150.

782 Allerdings hatte sich der 15. DJT (1880) für die allgemeine Möglichkeit eines gutgläubigen Erwerbs nach den Grundsätzen des Handelsrechts ausgesprochen (vgl. Vhdl., Bd. 2, S. 82—84, 329—331).

783 Das Züricher Privatgesetzbuch von 1853—1856 kannte nur den Lösungsanspruch (vgl. §§ 651 ff.), während das Schweizerische Obligationsrecht von 1881 bereits einen Gutglaubenserwerb kannte (vgl. *Huber*, System, Bd. 4, 751).

Veräußerung der Sache im Wege des Besitzkonstituts sollte hingegen mit Rücksicht auf die Interessen des Eigentümers ein gutgläubiger Erwerb nicht möglich sein (§ 879 S. 1 E I)[784], da sich sonst nach Ansicht der 1. Kommission der Rechtsverlust hinter einem wenig ersichtlichen Akt verstecken würde. Bei einer nachträglichen Übergabe der Sache an den Erwerber sollte der dingliche Vertrag geheilt werden und der Eigentumserwerb eintreten, ohne daß dies ausdrücklich im Gesetz geregelt wurde.

Entsprechend der Regelung des Handelsrechts[785] sollte nach § 877 E I ein gutgläubiger Erwerb nur dann möglich sein, wenn der Erwerber weder wußte noch infolge grober Fahrlässigkeit nicht wußte, daß die Sache dem Veräußerer nicht gehörte oder daß dieser die Sache auf anfechtbare Weise erworben hatte. Im letzteren Fall war allerdings ein Erwerb bei Bösgläubigkeit des Erwerbers nur dann ausgeschlossen, wenn die Anfechtung erfolgte. Die Versagung des Schutzes schon bei grobfahrlässiger Nichtkenntnis von der Nichtberechtigung des Veräußerers rechtfertigte die 1. Kommission damit, daß der Besitz und die Inhabung kein so zuverlässiges und vollständiges Erkenntnismittel wie das Grundbuch für die an einer Sache bestehenden Rechte seien. Deshalb müsse der Erwerber in begrenztem Umfang die Pflicht haben, die Berechtigung des Veräußerers nachzuprüfen[786]. Hinzu kam noch, daß, anders als beim Erwerb beweglicher Sachen nach den Vorschriften des Handelsrechts sowie beim Erwerb von Grundstücken, der Erwerber im Streitfall seinen guten Glauben beweisen mußte[787], da nach Ansicht der 1. Kommission die subjektiven Anschauungen des Erwerbers weder in dem dinglichen Vertrag nach außen in Erscheinung traten noch sich aus der Übergabe allein ergab, daß der Erwerber vom Eigentum des Veräußerers ausging oder ohne grobe Fahrlässigkeit ausgehen durfte[788]. Erst aus den Umständen des Erwerbs und dem gesamten Erwerbsgeschäft könne ersehen werden, ob der Erwerber gutgläubig gewesen sei oder nicht. Wenn die Voraussetzungen für den gutgläubigen Erwerb vorlagen, erlangte der Erwerber volles Eigentum aus der Sache und zwar unbelastet mit Rechten Dritter, sofern er an der Sache bestehende Rechte Dritter weder gekannt noch ohne grobe Fahrlässigkeit nicht gekannt hatte (§ 878 E I)[789].

---

[784] Ähnlich im Handelsrecht (vgl. *Makower,* HGB, S. 303). Vgl. ferner Prot. I, S. 4012—4013; § 813 II EI.

[785] Vgl. ROHGE, Bd. 10, S. 300 (304); RGZ, Bd. 6, S. 17 ff., 87 ff.

[786] Vgl. Prot. I, S. 4014—4015.

[787] Vgl. wegen dieser auch im Ersitzungsrecht umstrittenen Frage *Windscheid,* Pandekten, Bd. 1, S. 535—536.

[788] Vgl. Prot. I, S. 4015—4017.

[789] Vgl. Prot. I, S. 4017—4018.

Entsprechend der deutschrechtlichen Regelung des Art. 306 IV ADHGB[790], auf den die 1. Kommission ausdrücklich Bezug genommen hat[791], war ein gutgläubiger Erwerb an Sachen, die gestohlen, verloren oder sonst ohne den Willen des Eigentümers oder dessen Inhabers abhanden gekommen waren, ausgeschlossen (§ 879 S. 2 E I). Die 1. Kommission schränkte mit diesem Beschluß das Prinzip des gutgläubigen Erwerbs ein und gab den Interessen des Eigentümers vor denen des gutgläubigen Erwerbers den Vorrang. Sie setzte das Vertrauen des Erwerbers einer beweglichen Sache auf den Besitzstand nicht dem Vertrauen auf eine Grundbucheintragung gleich, da ihrer Ansicht nach eine Unrichtigkeit des Grundbuchs sehr selten, hingegen ein Besitzverlust viel häufiger eintreten konnte[792]. Allerdings sollte im Interesse des Geschäftsverkehrs ein gutgläubiger Erwerb[793] an abhandengekommenen Geldern und Inhaberpapieren zulässig sein. Dasselbe sollte auch für Sachen gelten, die ein Gerichtsvollzieher, ein sonstiger zur Versteigerung befugter Beamter oder ein öffentlich bestellter Auktionator in einer öffentlichen Versteigerung veräußerte. Für diese Ausnahmebestimmung war die Erwägung maßgebend[794], daß das Vertrauen auf die unter öffentlicher Autorität vollzogenen Veräußerungen nicht erschüttert werden dürfe. Damit aber auch der gutgläubige Besitzer einer abhanden gekommenen Sache keinen materiellen Schaden erleide und der Verkehr nicht behindert werde, behielt die 1. Kommission den Lösungsanspruch des § 186 TE bei, obwohl sie nicht verkannte, daß auf diese Weise die Vorteile des § 879 S. 2 E I im Ergebnis wiederaufgehoben würden[795]. Der Lösungsanspruch stand nach § 939 E I dem Besitzer einer beweglichen Sache dann zu, wenn er nur wegen § 879 S. 2 E I das Eigentum nicht erworben hatte und der Eigentümer die Sache von ihm herausverlangte. Dieser Lösungsanspruch ging auf die Vorschriften mehrerer Landesgesetze zurück, die aber einen gutgläubigen Erwerb grundsätzlich nicht kannten und den Lösungsanspruch nur auf ganz bestimmte Ausnahmefälle beschränkten[796].

Entsprechend wie im Immobiliarsachenrecht stand dem ursprünglichen Eigentümer einer beweglichen Sache, der durch die Verfügung eines Nicht-

---

790 Vgl. u. a. *Stobbe*, Privatrecht, Bd. 2, S. 611—612, 614, 624; Art. 306 ADHGB (vgl. RGZ, Bd. 1, S. 255); ähnlich § 367 ABGB; Art. 2279 Cc. Wegen der Ersitzung nach gemeinem Recht vgl. *Dernburg*, Pandekten, Bd. 1, S. 517.

791 Vgl. Prot. I, S. 4020.

792 Vgl. Prot. I, S. 4020—4021.

793 Vgl. zum folgenden S. 150—151.

794 Vgl. Prot. I, S. 4021—4022.

795 Vgl. Prot. I, S. 4191.

berechtigten einen Verlust in seinen Rechten erlitten hatte, gegen diesen ein Anspruch auf Herausgabe der durch die Verfügung erlangten Bereicherung zu (§ 880 E I)[797]. Hingegen gewährte der Teilentwurf einen Bereicherungsanspruch nur unter der Voraussetzung, daß der Nichtberechtigte die Sache ohne Erwerbsgrund erlangt und über diese in dem Glauben, die Sache gehöre ihm, verfügt hat (§ 196 Ziff. 2 E I)[798].

Diese Bestimmung hatte allerdings nur einen kleinen Geltungsbereich, da der Teilentwurf einen gutgläubigen Erwerb nur in bestimmten Ausnahmefällen zuließ. Sie beruhte auf der Erwägung, daß der Nichtberechtigte, sofern er die Sache gutgläubig mit Erwerbsgrund erlangt hatte, grundsätzlich einen Lösungsanspruch nach § 837 E I hatte und die Bereicherung deshalb meist entfallen wäre. Die 1. Kommission hielt jedoch diese Beschränkung vor allem wegen der grundsätzlichen Möglichkeit gutgläubigen Erwerbs nicht für zweckmäßig. Sie schützte aber, entsprechend wie schon im Grundstücksrecht, den gutgläubigen unentgeltlich Erwerbenden vor Bereicherungsansprüchen des früheren Berechtigten, da sie Schwierigkeiten in der Unterscheidung zwischen entgeltlichen und unentgeltlichen Erwerbsgeschäften befürchtete[799].

III. Zusammenfassung

Das Eigentumsübertragungsrecht des 1. Entwurfs für bewegliche Sachen hielt sich, abgesehen von den Bestimmungen über den gutgläubigen Erwerb, durchweg an das gemeine römische Recht. Wie dieses kannte es keinerlei Beschränkungen für die Übereignungen beweglicher Sachen und ließ vor allem bedingte Sicherungsübereignungen auch im Wege des Besitzkonstituts zu. Zwar sah die 1. Kommission die Mißbrauchsmöglichkeiten und Gefahren, die mit einer unbeschränkten Zulassung bedingter Übereignungen verbunden waren, durchaus. Sie hielt indessen restriktive Bestimmungen für unzweckmäßig, weil sie die einmal gewährten Freiheiten wieder weitgehend zunichte machen konnten. Zum anderen beruhte diese später von einem Teil der Kritiker als extrem liberal bekämpfte Regelung des 1. Entwurfs auch darauf, daß sich in einer Kommission, die einen Gesetzentwurf auszuarbeiten hat, nicht leicht eine Mehrheit für die Einschränkung eines allgemeinen Rechtssatzes findet.

Nur insofern ging die 1. Kommission über das geltende Recht hinaus,

---

[796] Vgl. I 15 §§ 24—26 ALR; § 315 sächs. BGB; III Art. 171 bayE;Art. 2280 Cc, §§ 652, 655 Pr. GB f. den Kanton Zürich.

[797] Vgl. S. 113—114.

[798] Vgl. Mot. TE, S. 756—757.

[799] Vgl. Prot. I, S. 4226—4228.

als sie den gutgläubigen, und zwar auch den unentgeltlichen Erwerb beweglicher Sachen zuließ, während der Teilentwurf, in Übereinstimmung mit dem damals in fast ganz Deutschland geltenden bürgerlichen Recht, noch keine allgemeinen Vorschriften über den gutgläubigen Erwerb beweglicher Sachen enthielt. Da die 1. Kommission zugleich auch dem gutgläubigen Erwerber gestohlener und sonst abhanden gekommener Sachen den Lösungsanspruch gegen den Eigentümer, der die Sachen von ihm herausverlangte, zugestand, erreichte sie im Ergebnis einen fast ebenso großen Schutz des gutgläubigen Erwerbers wie im Immobiliarrecht. Einzig die Voraussetzungen für den gutgläubigen Erwerb waren verschieden geregelt. Außer dem Bestreben, möglichst einfache Grundsätze für den Eigentumserwerb aufzustellen, war für diese sehr liberale Gestaltung wieder der Schutz des Erwerbers und damit des Verkehrs maßgebend, während die Erhaltungsinteressen des Eigentümers fast überhaupt nicht berücksichtigt wurden.

Sechzehntes Kapitel

Die Kritiken am 1. Entwurf

I. Die allgemeinen Voraussetzungen für den Eigentumserwerb

Die Kritik ließ das in § 874 I E I geregelte Traditionsprinzip im allgemeinen unbeanstandet. Einzig *Endemann* verwarf es und schlug statt dessen vor, das Eigentum schon mit dem Abschluß des obligatorischen Veräußerungsvertrages auf den Erwerber übergehen zu lassen[800]. Er versprach sich von dieser Regelung eine erhöhte Sicherheit des Verkehrs, einen größeren Schutz des Erwerbers vor den Gläubigern des Veräußerers sowie eine zufriedenstellendere Lösung der mit dem Gefahrübergang zusammenhängenden Probleme. Indessen hatte dieser Vorschlag wenig Aussicht, bei der Umarbeitung des 1. Entwurfs berücksichtigt zu werden, da im Deutschen Reich, abgesehen von den Gebieten des französischen Rechts, das Traditionsprinzip galt. Die erheblichen Bedenken der meisten Kritiker gegen den neben der Übergabe zur Eigentumsübertragung erforderlichen dinglichen Vertrag sind bereits im 2. Abschnitt des Besonderen Teils[801], zusammen mit den Bedenken gegen den dinglichen Vertrag im Grundstücksübereignungsrecht, eingehend behandelt worden.

Die meisten Kritiker hielten die nur auf den Unterschied von Besitz und Inhabung zurückzuführenden, sehr doktrinären Bestimmungen des § 874

[800] Vgl. *Endemann,* Rezension Kindel, S. 325—329.
[801] Vgl. S. 84 ff.

II/III E I für vollkommen überflüssig[802]. Ferner wurde von einzelnen Kritikern bemängelt, daß die 1. Kommission bestimmte Vorschriften des geltenden Rechts, von denen allerdings die meisten nur in einem kleinen Teil Deutschlands galten, nicht in den 1. Entwurf aufgenommen habe. So vermißte *Kindel* den Satz des röm. Rechts, daß der Käufer das Eigentum an den ihm vom Verkäufer übergebenen Sachen nur dann erwarb, wenn der Kaufpreis bezahlt, sichergestellt oder gestundet war[803]. Nach der Ansicht Kindels würde bei Nichtaufnahme dieses Satzes die Verkehrssicherheit erheblich gefährdet sein, da dann der Verkäufer gezwungen sei, sich alle möglichen Sicherheiten zu verschaffen. Kindel übersah aber, daß sich der Verkäufer wegen der unbeschränkten Zulässigkeit bedingter Übereignungen diese Sicherheiten verhältnismäßig leicht und ohne größere Störungen der Verkehrssicherheit beschaffen konnte. Ferner sprach sich *Cosack* für die Aufnahme einer Bestimmung aus, nach der das Eigentum im Falle der Versendung einer Sache schon mit deren Übergabe an die Transportperson auf den Erwerber übergehen sollte, während der Besitz allerdings noch weiterhin beim Veräußerer verbleiben sollte[804]. Cosack hielt es für erforderlich, den Erwerber bereits während des Transports dinglich zu sichern, ihm insbesondere ein Aussonderungsrecht zu gewähren, wenn der Verkäufer während des Transports in Konkurs fiel. Eine weitere, von der Kritik allerdings kaum behandelten Frage war, ob der Eigentümer seine Sache auch dann wirksam sollte veräußern können, wenn er sie weder im unmittel- noch mittelbaren Besitz hatte. Dies bejahte *Bähr* ausdrücklich in einer zu § 804 E I vorgeschlagenen Neufassung dieser Bestimmung[805]. Dagegen verneinte *Cosack* ein Bedürfnis für die Möglichkeit der Übereignung von Sachen, die der Veräußerer nicht besitze[806]. Notfalls könne der Veräußerer, beispielsweise bei Veräußerung von Vermögensinbegriffen wie eines kaufmännischen Geschäfts, die dingliche Herausgabeklage abtreten. Das Eigentum sollte aber nach Ansicht Cosacks erst übergehen, wenn der Erwerber den Besitz an der Sache erlangt.

Hauptsächlich dogmatische Bedenken hatten mehrere Autoren gegen die unbeschränkte Zulassung bedingter und befristeter Übereignungen mit

---

[802] Vgl. u. a. *Bähr,* Besprechung, S. 500—501; *Bingner,* Bemerkungen, S. 102; *Cosack,* Sachenrecht, S. 23; *v. Liebe,* Erörterungen, S. 44; *Meischeider,* Streitfragen, S. 89—90; *Riess,* Sachenrecht, S. 23.

[803] Vgl. *Kindel,* Recht an der Sache, S. 333 ff.

[804] Vgl. *Cosack,* Sachenrecht, S. 23—24.

[805] *Bähr,* Beitrag, S. 126; vgl. auch S. 81—82.

[806] Vgl. *Cosack,* Sachenrecht, S. 23; ähnlich *Leist,* Sicherung, S. 29 ff., 40—41. Vgl. ferner *Riess,* Sachenrecht, S. 682, der die unklaren Ausführungen der Mot., Bd. 3, S. 399—400 zu diesem Problem bemängelte.

dinglicher Wirkung. *Von Liebe*[807] wiederholte in seiner Kritik am 1. Entwurf im wesentlichen die wenig überzeugenden Argumente, die schon die von ihm beeinflußten Motive zum Teilentwurf gegen die dingliche Wirkung von Bedingungen vorgebracht hatten[808]. Nach seiner Ansicht sollte der dingliche Rechtszustand deutlich ergeben, wer von Augenblick zu Augenblick tatsächlich über eine Sache zu verfügen berechtigt sei. Bei diesem tatsächlichen Verhältnis könne es keine dingliche, sondern nur eine obligatorische Rückbeziehung geben. Ein weiteres Bedenken ergab sich für von Liebe daraus, daß bei einer bedingten Übereignung das dingliche vom obligatorischen Rechtsgeschäft beeinflußt, wenn nicht gar abhängig gemacht wurde. Dies aber hielt er für nur schlecht vereinbar mit der vom 1. Entwurf sehr streng durchgeführten Trennung von Schuld- und Sachenrecht. *Bingner*[809], der die dogmatischen Bedenken von Liebes im wesentlichen teilte, meinte zudem, der Eigentumsvorbehalt sei im aufrichtigen Geschäftsverkehr entbehrlich, da der Verkäufer die Sache vor Bezahlung des gesamten Kaufpreises dem Käufer zunächst nur leihen oder vermieten könne, statt sie, wenn auch bedingt, zu übereignen.

Dagegen wollte *Leist*[810], der in bedingten Übereignungen einen gewissen Widerspruch zur Tradition erblickte, dem Veräußerer als Ersatz für den Wegfall des Eigentumsvorbehalts eine anderweitige Sicherheit, etwa ein auf eine bestimmte Zeit beschränktes gesetzliches Pfandrecht, gewähren. Besonders die Kritik Leists, die eng mit der Kritik an den Vorschriften über das Besitzkonstitut[811] und das Faustpfand[812] zusammenhing, zeigt, daß es dem 1. Entwurf nicht gelungen war, eine zufriedenstellende, die Interessen des Gläubigers und des Schuldners gleichermaßen berücksichtigende Regelung der Sicherungsgeschäfte bei beweglichen Sachen zu finden.

II. Der gutgläubige Erwerb und der Lösungsanspruch

Die Vorschriften über den gutgläubigen Erwerb beweglicher Sachen (§§ 877—880 E I) sind von der Kritik meist gebilligt worden, wenn auch die Regelung des 1. Entwurfs in manchen Einzelheiten umstritten war. Unter den Kritikern, die die Vorschriften über den Gutglaubenserwerb ablehnten, wollte beispielsweise *Rocholl* die Möglichkeit gutgläubigen Er-

807 Erörterungen, S. 123.
808 Vgl. S. 147—149.
809 Bemerkungen, S. 103.
810 *Leist,* Sicherung, S. 16—19, 106—108.
811 Vgl. S. 82.
812 Vgl. hierzu Zst., Bd. 3, S. 373—374, 376—383.

werbs auf den Handelsverkehr, so wie es in Art. 306 ADHGB geschehen war, beschränken[813].

Eine andere, besonders von *Cosack* aufgeworfene Frage war, ob der gutgläubige Erwerb bei den Vorschriften über den Eigentumserwerb oder über den Vindikationsanspruch geregelt werden solle[814]. Cosack sprach sich für das letztere aus, da auf diese Weise die Regel des deutschen Rechts, daß der Vindikant die Fortdauer seines Eigentums zu beweisen habe, nicht übergangen werde. Entsprechend seinen Vorschlägen sollte der Kläger, wenn er eine Sache als sein Eigentum herausverlangte, außer dem Erwerb des Eigentums auch noch besondere Gründe für die Fortdauer seines Rechts gegenüber dem beklagten Besitzer vorbringen, und zwar, daß er die Sache verloren habe oder der Besitzer beim Besitzerwerb nicht in gutem Glauben gewesen sei oder ihm gegen den Besitzer ein obligatorischer Herausgabeanspruch zustehe[815]. Nach diesem Gegenvorschlag mußte der Kläger also sämtliche Tatsachen, die nicht zum Eigentumserwerb des Beklagten geführt hatten, beweisen[816]. Diese Tatsachen konnte nach Cosacks Ansicht der Kläger besser beweisen, als der Beklagte das Gegenteil. Für den Fall, daß ein Herausgabeanspruch nicht bestand, sollte das Eigentum des ursprünglich Berechtigten erlöschen. — Während der Vorschlag *Cosacks* dem deutschen Recht näher als die Regelung des 1. Entwurfs stand, hatte diese andererseits den Vorteil, daß sie die Vorschriften über den rechtsgeschäftlichen Eigentumserwerb in einem einzigen Abschnitt zusammenfaßte. Zudem ging Cosack insofern über das alte deutsche Recht hinaus, als auch nach seinem Vorschlag das Eigentum des früheren Berechtigten erlöschen sollte, wenn ein Vindikationsanspruch nicht mehr bestand. Im übrigen konnte eine dem deutschen Recht entsprechende Beweislastregelung auch durch eine Änderung des § 877 E I erreicht werden.

Ferner behandelte die Kritik das Problem, wie weit der Schutz des gutgläubigen Erwerbs ausgedehnt werden sollte. Cosack[817] sprach sich dafür

---

[813] Vgl. *Rocholl*, Vertrag, S. 473, 479, 494—498, 517. Vgl. auch *Kindel*, Recht an der Sache, S. 186 ff.; *Menger*, Recht, S. 124—125; wegen näherer Einzelheiten vgl. S. 127—128.

[814] Vgl. zum folgenden *Cosack*, Sachenrecht, S. 39—44. Ähnlich Gierke, Entwurf, S. 338 Anm. 1, 349.

[815] Durch seinen Vorschlag wollte *Cosack*, aaO., S. 26—27, folgenden Fall gedeckt wissen: A stellt bei B ein Pferd unter, das B an C widerrechtlich veräußert. C stellt es ebenfalls nach einiger Zeit bei B unter, der das Pferd dem zurückkehrenden A aushändigt. Anders als nach der Regelung des 1. Entwurfs und des BGB sollte nach Cosacks Vorschlag dem C gegen A kein Herausgabeanspruch zustehen.

[816] Vgl. *Cosack*, aaO., S. 43; ähnlich *Bingner*, Bemerkungen, S. 103.

[817] *Cosack*, Sachenrecht, S. 28—30.

aus, daß die Vorschriften über den gutgläubigen Erwerb auch dann angewandt werden sollten, wenn die Übergabe der Sache durch die Vereinbarung eines Besitzkonstituts ersetzt wurde[818]. Seiner Ansicht nach sollte dieses der körperlichen Übergabe als gleichwertig erachtet werden, nachdem der Gedanke überwunden sei, daß Besitz nur bei eigenem Gewahrsam des Besitzers möglich sei. Im übrigen könne die Regelung des 1. Entwurfs durch die Übergabe der Sache und deren sofortige Rückgabe an den Veräußerer leicht umgangen werden. Gegen diesen Vorschlag *Cosacks* läßt sich einwenden, daß durch den Ausschluß des gutgläubigen Erwerbs im Wege des Besitzkonstituts vor allem den Eigentümer besonders benachteiligende Sicherungsübereignungen ausgeschlossen wurden.

Demgegenüber bemängelten *Meischeider* und *Kindel*[819], daß nach dem 1. Entwurf ein gutgläubiger Eigentumserwerb auch beim Besitzübergang durch Anweisung und brevi manu traditio[820] möglich sein sollte. — Ferner waren mehrere Kritiker, entsprechend wie beim Grundstücksrecht, gegen den Schutz des gutgläubigen unentgeltlichen Erwerbs[821]. Sie wiesen insbesondere darauf hin, daß Art. 306 ADHGB nur deswegen keinen Unterschied zwischen entgeltlichen nud unentgeltlichen Übereignungen gemacht habe, weil im Handelsverkehr so gut wie keine unentgeltlichen Geschäfte vorkämen. Diese handelsrechtliche Regelung könne aber höchstens dann in das allgemeine bürgerliche Recht übernommen werden, wenn dem ehemaligen Eigentümer irgendwelche Ausgleichsansprüche gegen den Beschenkten gewährt würden. Zum Ausschluß des gutgläubigen Erwerbs nach § 879 S. 2 E I bei verlorenen und abhandengekommenen Sachen meinte *Cosack*, daß diese Regelung nicht nur gelten müsse, wenn eine Sache dem Eigentümer oder dessen Inhaber, sondern auch dann, wenn sie einem rechtlosen Besitzer abhanden gekommen sei[822]. Er bildete hierzu den Fall, daß A eine Sache an B vermietet und dieser sie an den bösgläubigen C veräußert, bei dem sie gestohlen wird. Auch in diesem Fall sollte nach Cosacks Vorschlag ein Dritter, der die Sache vom Dieb erwarb, kein Eigentum erwerben können.

---

818 Cosack brachte hierzu folgenden Fall: Bankier A veräußert durch Besitzkonstitut die bei ihm von B hinterlegten Wertpapiere nacheinander an C und D. Nach der Regelung des 1. Entwurfs und auch des heutigen Rechts ist B Eigentümer der Wertpapiere geblieben, während nach Cosack *D* Eigentümer geworden wäre, da ihm allein A die Treue gehalten hätte. (Vgl. *Cosack*, Sachenrecht, S. 30).

819 Vgl. *Kindel*, Das Sachenrecht, S. 90—91; *Meischeider*, Streitfragen, S. 94.

820 Der Ausschluß des gutgl. Erwerbs im Fall des § 874 III EI (vgl. § 879 S. 1 EI) betraf nicht die eigentlichen Fälle der brevi-manu-traditio.

821 Vgl. S. 127—128; vgl. ferner *Cosack*, Sachenrecht, S. 27; *Rieß*, Sachenrecht, S. 645—647; *Bolze*, Bestimmungen, S. 101.

822 Vgl. *Cosack*, Sachenrecht, S. 31.

Weiterhin wandten sich *Gierke* und *Cosack* gegen den Lösungsanspruch des redlichen Besitzers, der nur wegen § 879 S. 2 EI kein Eigentum erworben hat (§ 937 E I)[823]. Cosack stellte zu Recht fest, daß der 1. Entwurf über das geltende Recht hinausgegangen sei, da dieses grundsätzlich nur zwei Möglichkeiten kenne, entweder den gutgläubigen Erwerb oder, wie das preußische oder französische Recht, nur den Lösungsanspruch. Hinzu kam noch, daß der Lösungsanspruch im damaligen Recht überwiegend nur auf bestimmte Fälle, wie den Erwerb auf dem Markt, in der Zwangsversteigerung oder von einem Kaufmann, beschränkt war. Nach den Ansichten Gierkes und Cosacks erforderte die Sicherheit des Verkehrs, insbesondere die des außergewerblichen Verkehrs, den Lösungsanspruch nicht. Zudem sei, anders als im Mittelalter, auf das der Lösungsanspruch zurückgehe, die Bedeutung der gestohlenen und verlorenen Sachen gering. Wenig überzeugend war allerdings *Cosacks* Meinung, daß dem redlichen Erwerber eher als dem Eigentümer zugemutet werden könne, gegen den Veräußerer Rückgriff zu nehmen. Er wollte in diesem Zusammenhang den Satz „Wo du deinen Glauben gelassen hast, da muß du ihn auch wieder suchen“ mit der Begründung anwenden, daß der Erwerber seinem Veräußerer, nicht aber der Eigentümer dem Dieb geglaubt habe[824]. Gierke und Cosack schlugen vor, sofern der Lösungsanspruch beibehalten werden sollte, diesen auf die Sachen zu beschränken, die von einem Gewerbetreibenden in dessen Gewerbebetrieb veräußert werden.

III. Zusammenfassung

Die Kritiker billigten zwar ziemlich einhellig die Grundsätze, nach denen sich die Übereignung beweglicher Sachen vollziehen sollte. Doch fand, wie schon im Grundstücksübereignungsrecht, die ausnahmslose und strenge Durchführung dieser Grundsätze wenig Anklang. Vornehmlich lehnten die Kritiker die extreme Begünstigung des Erwerbers ab, die im Mobiliarrecht fast ebenso groß war wie im Immobiliarrecht. Hauptsächlich unter diesem Gesichtspunkt ist die Kritik an der unbeschränkten Zulässigkeit bedingter Übereignungen und Übereignungen im Wege des Besitzkonstituts[825] zu verstehen. Entsprechendes gilt für die einseitige Bevorzugung des gutgläubigen Erwerbers einer beweglichen Sache vor deren Eigentümer und vor allem für die völlige Schutzlosigkeit des Eigentümers im Falle des gutgläubigen unentgeltlichen Erwerbs. Die Änderungsvorschläge der Kritiker

---

[823] Vgl. zum folgenden *Gierke,* Entwurf, S. 340—341; *Cosack,* Sachenrecht, S. 47—51.

[824] *Cosack,* aaO., S. 49. Hiergegen *Neumann,* Literatur, S. 706.

[825] Vgl. S. 82 und S. 156—157.

bezweckten deshalb vornehmlich eine Einschränkung dieser ausschließlich den Verkehr begünstigenden Regelungen und berücksichtigten auch die Interessen des Eigentümers und seiner Gläubiger.

Siebzehntes Kapitel

Der zweite Entwurf

I. Die allgemeinen Voraussetzungen für den Eigentumserwerb

Es lagen sechs Anträge zur Abänderung des § 874 E I vor, von denen einer den Eigentumsübergang außer von der Übergabe auch von einem gültigen obligatorischen Rechtsgeschäft abhängig machen wollte[826]. Die 2. Kommission lehnte jedoch diesen Antrag, der die Aufgabe des Abstraktionsprinzips bedeutet hätte, als mit dem geltenden Recht nicht vereinbar ab. Hingegen war sich die Mehrheit, wie bei § 828 E I, darüber einig, es sei im Gesetz nicht besonders hervorzuheben, daß zum Eigentumsübergang außer der Übergabe noch ein besonderer dinglicher Vertrag notwendig sei[827]. Es sollte die Willenseinigung des Eigentümers und des Erwerbers ausreichen und der Entscheidung der Wissenschaft überlassen bleiben, ob diese Einigung als ein Vertrag anzusehen sei oder nicht. Die Übergabe der Sache sollte nicht die Form der Willenseinigung, sondern ein selbständiges Erfordernis für den Eigentumsübergang sein[828]. Den § 874 II E I strich die 2. Kommission, weil diese Vorschrift ausschließlich auf den von ihr aufgegebenen Unterschied von Besitz und Inhabung beruhte, während der als § 842 S. 2 E II beibehaltene § 874 III E I (§ 929 S. 2 BGB) wegen des Wegfalls dieses Unterschiedes einen veränderten Inhalt bekam. § 842 S. 2 E I regelte nunmehr ausdrücklich die brevi-manu-traditio, die im 1. Entwurf nur ein besonderer Anwendungsfall des § 803 II E I gewesen war.

Ebenso wie nach dem 1. konnte nach dem 2. Entwurf die tatsächliche Übergabe einer Sache durch die Vereinbarung eines Besitzmittlungsverhältnisses ersetzt werden. Dies entsprach nach Ansicht der 2. Kommission einem allgemeinen Bedürfnis, das der Gesetzgeber nicht übersehen dürfe[829]. Ein Verbot des Besitzkonstituts hielt sie für wenig zweckmäßig, da es durch sofortige Rückübertragung der Sache leicht umgangen werden konnte. Umstritten war nur, ob für das Besitzkonstitut ein besonderes Rechtsverhältnis erforderlich sein sollte oder nicht. Nach einem Antrag[830] sollten für das Zu-

---

826 Prot. II, Bd. 3, S. 195.
827 Prot. II, Bd. 3, S. 195—196; vgl. S. 132.
828 Prot. II, Bd. 3, S. 196.
829 Prot. II, Bd. 3 S. 197—198.
830 Vgl. Antrag Nr. 2, Abs. 2 i. Prot. II, Bd. 3, S. 194.

standekommen des Besitzkonstituts die Willenseinigung des Besitzers und des Erwerbers, daß jener den Besitz fortan für diesen ausüben oder als Nutzbesitzer behalten dürfe, ausreichen. Demgegenüber wurde in einem anderen Antrag[831], im Anschluß an Iherings Vorschlag, zur Wirksamkeit des Konstituts die Vereinbarung eines Nießbrauchs-, Miet-, Pacht- oder Verwahrungsverhältnisses verlangt. Ein dritter Antrag forderte allgemein eines der in § 790 E II (§ 868 BGB) genannten Besitzmittlungsverhältnisse. Die Gegner der Notwendigkeit eines besonderen Rechtsverhältnisses brachten vornehmlich vor[832], daß dieses den Geschäftsverkehr unnötig belaste, ferner daß ein solches Rechtsverhältnis von den Parteien jederzeit beliebig fingiert werden könne; auch sei es im Einzelfall schwer festzustellen, ob dieses angebliche Rechtsverhältnis ernstlich gemeint sei, und es sei auch nicht dazu geeignet, fraudulose Geschäfte zu verhindern. Demgegenüber ging die Mehrheit der 2. Kommission davon aus[833], daß es ein abstraktes Konstitut überhaupt nicht gebe. Es müsse vielmehr immer ein Rechtsverhältnis vorliegen, wenn der Eigentümer sein Eigentum zwar übertrage, einstweilen aber noch im Besitz der veräußerten Sache verbleiben solle. Dieses besondere Rechtsverhältnis ermögliche die Feststellung, ob die Parteien die Übergabe durch die Vereinbarung eines Besitzmittlungsverhältnisses wirklich ersetzen wollten. Allerdings lehnte die 2. Kommission den Antrag, der im wesentlichen Ihering folgte, als zu eng ab, da das Eigentum ihrer Ansicht nach auch dann übergehen sollte, wenn der Erwerber einer Sache diese dem Veräußerer zur Leihe beließ.

Hingegen enthielt der 2. Entwurf keine Bestimmung mehr darüber[834], wie sich der Besitz- und damit auch der Eigentumserwerb vollziehen sollte, wenn der Eigentümer einer Sache berechtigt war, einen anderen beim Besitzerwerb zu vertreten. Nach einem Antrag sollte der andere den Besitz durch jede Handlung des Eigenbesitzers erwerben, durch die dieser seinen Willen kund gab, den Besitz fortan für diesen anderen auszuüben. Die 2. Kommission hielt indessen eine solche Bestimmung nicht für erforderlich. Ihrer Ansicht nach sollte sich der Eigentumserwerb in diesen Fällen so vollziehen, daß der Eigentümer im Namen des Vertretenen mit sich selbst den dinglichen Vertrag und das Konstitut abschließt. Auf diese Weise könnten beispielsweise der Vormund für den Mündel und der Einkaufskommissionär für den Kommittenten Eigentum erwerben[835].

---

[831] Vgl. Prot. Mot. II, Bd. 3, S. 196; *v. Ihering*, Besitzwille, S. 220—226, 231.

[832] Vgl. Prot. II, Bd. 3, S. 198.

[833] Vgl. Prot. II, Bd. 3, S. 198—199.

[834] Vgl. § 805 II, EI; Prot. II, Bd. 3, S. 199—200 unter Hinweis auf ROHGE, Bd. 25, S. 250 ff., RGSeuff. Arch., Bd. 39, S. 397—398.

[835] Prot. II, Bd. 3, S. 199.

Nach einem weiteren Antrag sollte die Übereignung durch Besitzkonstitut dann unwirksam sein, wenn „die Umstände ergeben, daß durch die Veräußerung dem Erwerber Sicherheit wegen einer Forderung verschafft werden soll"[836]. Durch diese Bestimmung sollte die Umgehung der Pfandrechtsvorschriften unmöglich gemacht werden. Zur Begründung brachte der Antragsteller vor[837], daß Sicherungsübereignungen häufig nur den Zweck hätten, die anderen Gläubiger des Veräußerers zu benachteiligen oder über dessen Kreditfähigkeit zu täuschen. Zwar könne das Verbot durch sofortige Rückgabe der Sache leicht umgangen werden. Aber es sei nicht zu erwarten, daß dieses Verfahren häufig angewandt werden würde. Die Mehrheit der 2. Kommission lehnte jedoch die Aufnahme eines derartigen Verbots in den 2. Entwurf ab, das ihrer Ansicht nach eine teilweise Aufgabe des Abstraktionsgrundsatzes bedeutet hätte[838]. Sie ließ das Argument, daß für die Eigentumsübertragung zum Zwecke der Forderungssicherung die körperliche Übergabe der Sache notwendig sein müsse, wenn dasselbe auch zur Begründung eines Pfandrechts erforderlich sei, nicht gelten, da im Gegensatz zur Mobiliarhypothek bei der Übereignung durch Konstitut keine konkurrierenden Rechte an der Sache begründet werden konnten. Auch wurden ihrer Ansicht nach die Gläubiger nicht über die Kreditfähigkeit des Veräußerers getäuscht, da sich im allgemeinen niemand darauf verlassen könne, daß die im Besitz des Schuldners befindlichen Sachen auch diesem gehörten. Die 1. Kommission hielt die Sicherungsübereignung im Wege des Besitzkonstituts vielmehr für eine Rechtsform, die besonders den kleinen Leuten die Befriedigung ihrer Kreditbedürfnisse ermögliche. Damit schloß sie sich bewußt der Rechtsprechung des Reichsgerichts an, nach der Sicherungsübereignungen dieser Art zulässig waren[839]. Die 2. Kommission sah also bewußt von dem Zweck, dem eine Übereignung im Wege des Besitzkonstituts dienen sollte, ab und wollte dessen Anwendungsbereich in keiner Weise einengen oder beschränken. Deshalb dürfte es auch nicht ganz richtig sein, wenn die heutige Lehre in derartigen Sicherungsübereignungen nur eine allerdings zulässige Umgehung der Pfandrechtsvorschriften sieht[840]. Vielmehr sind diese Sicherungsübereignungen schon deswegen grundsätzlich zulässig, weil nach § 930 BGB (§ 843 E II) Übereig-

[836] Prot. II, Bd. 3, S. 197.

[837] Prot. II, Bd. 3, S. 200.

[838] Vgl. hierzu und zum folgenden Prot. II, Bd. 3, S. 200—201.

[839] Vgl. RGZ, Bd. 2, 168 ff.; Bd. 13, 200 ff.; 26, S. 180 ff.

[840] Vgl. u. a. *Serick*, Eigentumsvorbehalt, S. 1—2; *Baur*, Sachenrecht, S. 519 bis 522, 525—526; *Soergel-Siebert-Oechßler*, BGB, Bd. 3, Anm. 21 zu § 930; *Westermann*, Sachenrecht, S. 214 ff.; *v. Gierke*, Sachenrecht, S. 199—200; *Wolff-Raiser*, Sachenrecht, S. 733—734.

nungen im Wege des Besitzkonstituts ohne Rücksicht auf den ihr zugrundeliegenden Zweck allgemein zulässig sind[841].

Zur weiteren Frage, wie sich die Veräußerung gestalten sollte, wenn der Eigentümer nur mittelbarer Besitzer oder überhaupt kein Besitzer der zu veräußernden Sache war, lagen der 2. Kommission vier Änderungsanträge zu § 804 E I vor[842]. Wenig Anklang fand § 804 E I, der den Besitz- und damit auch den Eigentumsübergang von der Zustimmung des unmittelbaren Sachinhabers abhängig machte, für diese allerdings auch eine unwiderlegliche Vermutung aufstellte, sofern der Inhaber nicht der Anweisung des Besitzers sofort widersprochen hatte. Die 2. Kommission hielt, wie auch schon mehrere Kritiker, diese Regelung, für sehr unpraktisch[843], da sie weder den Bedürfnissen des Verkehrs noch den Interessen des Inhabers gerecht wurde. Ihrer Ansicht nach sollte die Übertragung des Besitzes zum Zwecke der Eigentumsübertragung eine Angelegenheit des Veräußerers und des Erwerbers sein und sich ohne Zustimmung des Inhabers vollziehen. Nach sämtlichen Anträgen sollte deshalb die Besitzübergabe durch die Abtretung des Herausgabeanspruchs ersetzt werden können. Doch sollten die Einwendungen, die dem unmittelbaren gegen den mittelbaren Besitzer zustanden, bestehen bleiben, und auch Rechte an der Sache, wie vor allem Pfandrechte, selbst gutgläubigen Erwerbern gegenüber nicht erlöschen. Umstritten war allerdings, ob die Regelung des neu beschlossenen § 844 E I (§ 931 BGB) auch dann gelten sollte, wenn der veräußernde Eigentümer nicht einmal mittelbarer Besitzer seiner Sache war, sondern sie vielmehr ein Dieb oder ein gutgläubiger Eigenbesitzer besaß. Gegen eine solche Ausweitung brachten einige Kommissionsmitglieder vor[844], daß wegen des zwischen dem Eigentümer und dem unmittelbaren Besitzer bestehenden Bandes nur der mittelbare Besitz einen ausreichenden Ersatz für die dem Eigentümer fehlende tatsächliche Gewalt sei, die der Veräußerer an sich dem Erwerber verschaffen müsse. Sei der Eigentümer nicht einmal mittelbarer Besitzer, so sei ihm die tatsächliche Verfügungsgewalt über die Sache völlig entzogen. In diesem Fall sollte aber der Eigentümer die Möglichkeit haben, den vindikatorischen Herausgabeanspruch abzutreten. Diese Zession sollte aber nicht mehr als eine bindende Traditionsofferte sein und der Zessionar das Eigentum erst dann erwerben, wenn er den Besitz an der veräußerten Sache tatsächlich erwarb. Die Mehrheit der 2. Kommission hielt eine derartige Regelung für unzweckmäßig[845]. Sie war

---

[841] Vgl. hierzu *Wolff-Raiser*, Sachenrecht, S. 738—739.
[842] Vgl. Prot. II, 3. Bd., S. 194, 201, 202, 220.
[843] Vgl. Prot. II, 3. Bd., S. 202—203; vgl. auch S. 146—147.
[844] Vgl. Prot. II, 3. Bd., S. 203.
[845] Vgl. Prot. II, Bd. 3, S. 203—204.

der Ansicht, daß es „kein praktisch wünschenswertes Ergebnis"[846] sei, wenn der Eigentümer das Eigentum ohne den Herausgabeanspruch behalte, der Erwerber aber diesen Anspruch, nicht aber das Eigentum erlange. Sie beschloß daher, daß das Eigentum auch dann, wenn der Eigentümer weder mittelbaren noch unmittelbaren Besitz an der zu veräußernden Sache hatte, sofort mit der Abtretung des Herausgabeanspruchs auf den Erwerber übergehen sollte[847].

II. Der gutgläubige Erwerb und der Lösungsanspruch

Die Vorschriften über den gutgläubigen Erwerb wurden von der 2. Kommission im allgemeinen gebilligt. Eine größere Meinungsverschiedenheit bestand nur darüber, ob, entsprechend der Regelung des 1. Entwurfs, der gute Glaube des Erwerbers eine von diesem zu beweisende Voraussetzung des Eigentumserwerbs sein sollte oder nicht. Ein Teil der 2. Kommission sprach sich für die Regelung des 1. Entwurfs aus, da die Vorschriften über den gutgläubigen Erwerb anomale Bestimmungen seien und deshalb die Lage des Eigentümers nicht noch dadurch verschlechtert werden dürfe, daß man diesem den nur schwer zu erbringenden Beweis des bösen Glaubens auferlege[848]. Demgegenüber hielt die Mehrheit der 2. Kommission das Verkehrsinteresse für wichtiger als das Eigentumserhaltungsinteresse und entschied sich entsprechend der handels- und wechselrechtlichen Regelung mit 9 gegen 8 Stimmen, daß der Erwerber seinen guten Glauben im Streitfall nicht zu beweisen brauchte[849]. Die Mehrheit meinte, der Geschäftsverkehr und auch der redliche Erwerber seien in erheblichem Maße gefährdet, wenn man von diesem unter Umständen lange Zeit nach dem Erwerb den Beweis des guten Glaubens verlange.

Ein gutgläubiger Erwerb sollte auch möglich sein, wenn der Erwerber bereits im Besitz der veräußerten Sache war und er diese etwa als Entleiher oder Mieter vom Veräußerer erlangt hatte (§ 846 I S. 2 E II, §§ 932 I S. 2 BGB)[850]. Im Falle des Besitzkonstituts sollte ein gutgläubiger Erwerb erst möglich sein, wenn der Erwerber nachträglich den Besitz der veräußerten Sachen vom Veräußerer erlangte (§§ 847 I E II, 933 BGB)[851]. Ent-

---

[846] Vgl. Prot. II, Bd. 3, S. 203.

[847] § 875 E I (vgl. S. 147) verwies die 2. Kommission in die ZPO (vgl. §§ 897 bis 898 ZPO; Prot. II, Bd. 3, S. 204—205; Bd. 4, S. 589—590; Bd. 6, S. 233, 387—388, 729).

[848] Vgl. Prot. II, Bd. 3, S. 207—208.

[849] Vgl. Prot. II, Bd. 3, S. 208. Vgl. Art. 74 WO; Art. 306 ADHGB; Anschütz-Völderndorff, ADHGB, Bd. 3, S. 159—160; *Rehbein*, ADWO, Anm. 2 zu Art. 74.

[850] Vgl. Prot. II, Bd. 3, S. 208.

[851] Vgl. Prot. II, Bd. 3, S. 209.

scheidend für die Aufnahme dieser Bestimmung war vor allem die in der Praxis herrschende Auslegung des § 306 ADHGB[852]. Wenn der mittelbare Besitzer einer ihm nicht gehörenden Sache den obligatorischen Herausgabeanspruch zum Zwecke der Eigentumsübertragung abtrat, sollte ein gutgläubiger Erwerber das Eigentum an der veräußerten Sache sofort erhalten (§ 847 II E II, § 934 BGB), da dieser durch die Erlangung des mittelbaren Besitzes sofort eine wirkliche Herrschaft über die Sache bekam. Für diesen Beschluß war hauptsächlich die Rücksicht auf das Verkehrsinteresse maßgebend[853]. Hingegen sollte ein gutgläubiger Eigentumserwerb erst mit Erlangung des Besitzes an den veräußerten Sachen möglich sein, wenn der Veräußerer nicht einmal deren mittelbarer Besitzer war (§§ 847 II E II, 934 BGB). Vor diesem Zeitpunkt fehlte nach Ansicht der 2. Kommission jede Grundlage für ein Vertrauen des Erwerbers, daß der Veräußerer wirklicher Eigentümer sei[854]. Der gute Glaube des Erwerbers sollte, entgegen einer Mindermeinung, nach einem Beschluß der 2. Kommission nicht nur zum Zeitpunkt der Abtretung des dinglichen Herausgabeanspruchs, sondern auch noch zum Zeitpunkt der späteren Besitzerlangung vorliegen.

Die 2. Kommission änderte die Vorschrift über den Bereicherungsanspruch, der dem ursprünglichen Eigentümer gegen den unberechtigt Verfügenden zustand, in derselben Weise wie im Grundstücksrecht um (§ 850 E II)[855]. Im übrigen behielt sie § 877 S. 2 E I bei, nach dem ein gutgläubiger Erwerb dann nicht möglich war, wenn der Eigentumserwerb des Veräußerers anfechtbar war und der Erwerber dies wußte oder grobfahrlässig nicht wußte und die Anfechtung später erfolgte. Jedoch versetzte sie diese Bestimmung mit Rücksicht auf das ihr zugrundeliegende allgemeine Prinzip in den Allgemeinen Teil und trug auf diese Weise zu einer kleinen Vereinfachung des Gesetzes bei[856].

Sachlich beibehalten wurde auch der dem § 935 BGB entsprechende § 879 S. 2 E I, nach dem ein gutgläubiger Eigentumserwerb an gestohlenen, verlorenen oder sonstwie abhandengekommenen Sachen, von einigen Ausnahmen abgesehen, unmöglich war. Die neue Vorschrift enthielt aber insofern eine gewisse Erweiterung, als eine Sache schon dann als abhandengekommen galt, wenn der Besitzdiener sie freiwillig weggab, während nach dem 1. Entwurf zumindest in einem Teil dieser Fälle ein Abhandenkommen nicht vorgelegen hätte. Nach einem Antrag sollte ein gutgläubiger

---

[852] Vgl. *Makower*, ADHGB, S. 303; RGZ, Bd. 19, S. 239 (242).
[853] Vgl. Prot. II, 3. Bd., S. 210; Bd. 6, S. 263, 264, 335.
[854] Vgl. Prot. II, 3. Bd., S. 209—210.
[855] Vgl. S. 139—140.
[856] Vgl. § 113 II E II (§ 142 BGB), Prot. II, 3. Bd., S 211, 214.

Erwerb außer an abhanden gekommenen Geldern, Inhaberpapieren und Sachen, die öffentlich versteigert werden, auch an Sachen möglich sein, die einem Erben dadurch abhanden gekommen sind, daß ein Erbprätendent die Erbschaft in Besitz genommen hat[857]. Der Antragsteller bezweckte mit dieser Ausweitung des Gutglaubensschutzes vornehmlich einen größeren Schutz des Geschäftsverkehrs. Die 2. Kommission hielt den Erwerber von Nachlaßgegenständen für hinreichend geschützt, da er sich an Hand eines Erbscheins Sicherheit über die Erbeneigenschaft des Veräußerers verschaffen könne. Sei ein Erbschein nicht zu erlangen oder werde er nicht benutzt, bestehe auch kein dringendes Bedürfnis, den Erwerber von Nachlaßgegenständen, die der Veräußerer nicht geerbt habe, durch eine besondere Vorschrift zu schützen.

Im übrigen schaffte die 2. Kommission den Lösungsanspruch des § 937 E I ab[858], der dem gutgläubigen Erwerber einer abhanden gekommenen Sache gegen den Eigentümer zustand, wenn dieser die Sache von ihm herausverlangte. Für die Aufhebung dieser Vorschrift waren, wie die Protokolle ergeben, ausschließlich praktische Erwägungen maßgebend[859]. Einerseits erkannte die 2. Kommission an, daß der redliche Erwerber durch den Lösungsanspruch erhebliche Vorteile hatte. Zum anderen aber wies sie auch darauf hin, daß dieser den Eigentümer einer abhanden gekommenen Sache erheblich benachteilige, die Hehlerei begünstigen könne sowie auch dem unredlichen Besitzer einen gewissen Vorteil verschaffe. Zudem sei der unbemittelte Eigentümer schlechter gestellt als der bemittelte, der das Geld für die Einlösung seiner Sachen verhältnismäßig leicht aufbringen könne. Die Mehrheit der 2. Kommission betrachtete den Lösungsanspruch überhaupt für eine Halbheit. Wenn man schon den redlichen Erwerber in so weitgehender Weise wie der 1. Entwurf schützen wolle, dann solle man ihn besser gleich das Eigentum erwerben lassen. In einem späteren Stadium der Beratungen, nachdem die 2. Kommission den Lösungsanspruch schon abgelehnt hatte, stellte ein Kommissionsmitglied noch den Antrag, als Ersatz für den weggefallenen Lösungsanspruch einen gutgläubigen Erwerb wenigstens dann zuzulassen, wenn jemand eine gestohlene, verlorene oder sonst abhanden gekommene Sache von einem Gewerbetreibenden in dessen Gewerbebetrieb erwerbe[860]. Die Mehrheit der 2. Kommission lehnte jedoch auch diesen Antrag ab, da sie den guten Glauben im Verkehr nicht noch weitergehend als das geltende Handelsrecht schützen wollte. Auch

[857] Vgl. hierzu und zum folgenden Prot. II, 5. Bd., S. 724—725.
[858] Prot. II, 3. Bd., S. 368—369.
[859] Vgl. Prot. II, 3. Bd., 367—369.
[860] Vgl. Prot. II, Bd. 6, S. 233—234; vgl. § 367 ABGB.

wollte sie nicht indirekt durch eine derartige Vorschrift die Hehlerei begünstigen. Diese Diskussion um den Lösungsanspruch zeigt noch einmal hinreichend deutlich, wie sehr sich die 2. Kommission bemüht hat, bei ihren Entscheidungen die Interessen des Eigentümers als auch die des gutgläubigen Erwerbers einer beweglichen Sache in gleicher Weise zu berücksichtigen, wogegen die 1. Kommission fast ausschließlich den Interessen des Erwerbers den Vorrang gegeben hat.

Das Ergebnis einer Interessenabwägung war auch der neubeschlossene § 939 E II (§ 926 BGB). Nach dieser Vorschrift erlangte der Erwerber eines Grundstücks zusammen mit dem Grundstückseigentum auch das Eigentum an den dem Veräußerer gehörenden Zubehörstücken, sofern sich die Veräußerung auch auf das Zubehör erstrecken sollte, was im Zweifel anzunehmen war. Die 2. Kommission hielt diese Bestimmung für notwendig, da der Verkehr das Grundstück und dessen Zubehör als eine wirtschaftliche Einheit betrachte[861]. Regelmäßig erstreckte sich nach dem Willen der Parteien die Veräußerung des Grundstücks auch auf dessen Zubehör. Ferner wollte die 2. Kommission den Grundstückserwerber vor Pfändungen der Zubehörstücke durch die Personalgläubiger des Veräußerers schützen, wenn der Erwerber den Besitz an den Zubehörstücken erst einige Zeit nach dem Erwerb des Grundstückseigentums erlangte. Auf diese Weise sollte die wirtschaftliche Einheit des Grundstücks und der Zubehörstücke gesichert werden. Uneinigkeit bestand in der 2. Kommission darüber, ob das Zubehör des Veräußerers auch dann auf den Erwerber übergehen sollte, wenn jener nicht unmittelbarer Besitzer des Zubehörs war[862]. Die 2. Kommission ließ auch dies ausreichen, weil sie der Ansicht war, daß in der Auflassung zugleich die Abtretung des Herausgabeanspruchs zu erblicken sei.

Heftig umstritten war des weiteren die Frage, wie sich der Erwerb des Zubehörs gestalten sollte, wenn der Veräußerer nicht dessen Eigentümer war[863]. Nach einem Antrag sollte der redliche Erwerber das Eigentum an dem dem Veräußerer nicht gehörenden Grundstückszubehör zusammen mit dem Erwerb des Grundstückseigentums erlangen. Der Antragsteller begründete seinen Antrag damit, daß allein diese Regelung der wirtschaftlichen Einheit des Grundstücks und dessen Zubehörs gerecht werde. Ein weiterer Antrag wollte den sofortigen gutgläubigen Erwerb an Zubehörstücken nur dann eintreten lassen, wenn der Veräußerer diese in unmittel- oder mittelbarem Besitz hatte. Maßgebend auch für diesen Antrag war der

---

[861] Vgl. Prot. II, Bd. 3, S. 178—180.
[862] Vgl. Prot. II, 3. Bd., S. 180.
[863] Vgl. zum folgenden Prot. II, 3. Bd., S. 216—218.

Gesichtspunkt, daß eine Trennung des Grundstückseigentums von dem Eigentum an den Zubehörstücken vermieden werden sollte. Der Antragsteller wies darauf hin, daß bei vielen Grundstücken mit landwirtschaftlichen oder industriellen Betrieben das Zubehör ebenso wichtig sei wie das Grundstück selbst. Doch sollte der redliche Erwerber das Eigentum am Zubehör erst mit der Erlangung des Besitzes erwerben, wenn der Veräußerer nicht selbst Besitzer des Zubehörs war. Die 2. Kommission lehnte indessen diese beiden Anträge, die den Schutz des guten Glaubens über die normalen Vorschriften hinaus zu erweitern bezweckten, ab. Nach ihren Beschluß sollte ein gutgläubiger Erwerb an Zubehörstücken nur möglich sein, wenn der Erwerber auf Grund der Auflassung und der Eintragung seines Grunderwerbs im Grundbuch demnächst den Besitz der Zubehörstücke erlangte, er ferner den Veräußerer ohne grobe Fahrlässigkeit für den Eigentümer des Zubehörs gehalten hat und dieses dem Eigentümer nicht abhanden gekommen war. Die 2. Kommission berücksichtigte also den wirtschaftlichen Charakter des Zubehörs nur insoweit, als dadurch die allgemeinen Grundsätze über den gutgläubigen Erwerb nicht durchbrochen wurden. Sie gab den Interessen des Eigentümers vor denen des Erwerbers den Vorzug und behandelte das Zubehör insoweit wie gewöhnliche bewegliche Sachen[864].

III. Zusammenfassung

Im ganzen gesehen zeigen die Änderungen des Mobiliarübereignungsrechts hinreichend, daß die 2. Kommission die einseitige Begünstigung des Verkehrs und des Erwerbers weitgehend aufgegeben und auch die Interessen des Eigentümers, soweit dies ohne größeren Schaden für den Verkehr möglich war, berücksichtigt hat. So sind die Änderungen der Vorschriften über den gutgläubigen Erwerb und den Bereicherungsanspruch sowie die neuen Bestimmungen über den Erwerb des Zubehörs das Ergebnis einer derartigen Interessenabwägung. Allerdings blieb der sehr liberale Grundzug des Eigentumsübertragungsrechts weitgehend erhalten und wurde in mancherlei Hinsicht in durchaus zweckmäßiger Weise sogar noch ausgebaut. In diesem Zusammenhang war die weit über das damals geltende Recht hinausgehende Regelung, daß der mittelbare Besitzer und der Nichtbesitzer seine Sachen durch Abtretung des Herausgabeanspruchs veräußern konnten, besonders bedeutsam. Mit dieser neuen Regelung gab die 1. Kommission das schwerfällige Rechtsinstitut der Anweisung (§ 804 EI) auf und vereinfachte damit die Eigentumsübertragung in einer den

[864] Vgl. Prot. II, 3. Bd., S. 218.

Verkehrsbedürfnissen durchaus entsprechenden Weise ganz erheblich. Im übrigen ließ auch die 2. Kommission Sicherungsübereignungen ohne körperliche Übergabe der Sache stillschweigend zu und verzichtete darauf, diese wichtige Form der Eigentumsübertragung gesetzlich zu regeln oder entsprechend den Vorschlägen einiger Kritiker zu beschränken.

SCHLUSSTEIL

Zusammenfassende Bemerkungen zur Entstehung des BGB

Bei der Aufstellung der besitzrechtlichen Vorschriften hatte die 1. Kommission allzu stark an der gemeinrechtlichen Besitzrechtsdogmatik und deren Begriffen festgehalten und selbst die wenigen von *Johow* vorgeschlagenen Änderungen sämtlich abgelehnt. Im Grundstücksübereignungsrecht hatte sie sich zwar sehr eng an das neue preußische Grundbuchrecht gehalten, aber dessen Grundsätze übertrieben streng durchgeführt und beispielsweise ein so bedeutsames Rechtsinstitut wie die Vormerkung zum Schutz obligatorischer Ansprüche völlig übergangen. Im Übereignungsrecht für bewegliche Sachen endlich hatte sie fast ausschließlich auf die Interessen des Erwerbers Rücksicht genommen und war so den Wünschen des liberalen Bürgertums nach einem möglichst ungehinderten Waren- und Geschäftsverkehr weithin entgegengekommen. Der Romanismus, Doktrinarismus und extreme Liberalismus, die die Vorschriften des 1. Entwurfs über den Besitz und die Eigentumsübertragung insgesamt kennzeichneten, würden sich auch an sämtlichen anderen Teilen des 1. Entwurfs, insbesondere an den anderen sachenrechtlichen Instituten und am Schuldrecht, im einzelnen genau nachweisen lassen. Auch die formalen und sprachlichen Mängel der näher untersuchten Vorschriften bestimmten in gleicher Weise die anderen Teile des 1. Entwurfs und in ganz besonderem Maße das Familienrecht.

Die 2. Kommission änderte den 1. Entwurf in mehrfacher Hinsicht gründlich um. Das neue Besitzrecht ließ vor allem die freiere Stellung der 2. Kommission gegenüber der gemeinrechtlichen Dogmatik erkennen. Im Eigentumsübertragungsrecht gab sie nicht selten die allzu strenge Durchführung der dogmatischen Grundsätze auf und wandte sich hin und wieder vom extremen Liberalismus des 1. Entwurfs ab, indem sie bei der Aufstellung der Rechtssätze nicht mehr ausschließlich die Interessen des Erwerbers berücksichtigte. Zwar war auch der 1. Kommission eine gewisse Interessenabwägung nicht fremd gewesen. Aber diese hatte neben den überwiegend dogmatischen Rücksichten nur wenig Einfluß auf die Gestaltung der Rechtssätze entfaltet. Insgesamt gesehen waren also für die Umarbeitung des 1. Entwurfs vornehmlich die Durchbrechung der dogmatischen Grundsätze, die freiere Stellung gegenüber dem römischen Recht eine leichte Abkehr vom extremen Liberalismus des 1. Entwurfs und überhaupt eine bessere Berücksichtigung der Interessen aller Personenkreise maßgebend, die durch eine bestimmte Regelung betroffen werden konnten. Die größere Freiheit gegenüber dem geltenden Recht und dessen Dogmatik ermöglichte der 2. Kommission auch eine allerdings noch sehr unvollkommene Hinwendung zu den gesellschaftlichen Gegebenheiten der damaligen Zeit, was besonders in dem gegenüber dem 1. Entwurf wesentlich sozialer ausgestalteten Miet-, Dienstvertrags- und Schadensersatzrecht deutlich wurde. Im übrigen aber blieben auch für die 2. Kommission die Vertrags-, Verfügungs- und Vergabefreiheit, die das liberale Bürgertum im 19. Jahrhundert errungen hatte[865], die bestimmenden Leitlinien für das gesamte Zivilrecht. Wie schon die 1. Kommission sah es auch die 2. als die Hauptbestimmung des Sachenrechts und auch des Schuldrechts an, einen möglichst unbeschränkten Waren-, Grundstücks- und Kreditverkehr zu gewährleisten.

Hand in Hand mit der materiell-rechtlichen Umarbeitung des 1. Entwurfs ging dessen sprachliche und formelle Revision. Die 2. Kommission vereinfachte die Fassung der Bestimmungen ganz erheblich, befreite sie von dogmatischen Konstruktionen und strich Vorschriften mit rein doktrinärem Inhalt. Kaum eine Vorschrift ist ohne eine durchgreifende sprachliche Veränderung in den 2. Entwurf übernommen worden. Daß trotzdem die juristische Genauigkeit, die den 1. Entwurf auszeichnete, im wesentlichen erhalten blieb, ist vor allem das Verdienst des Redaktionsausschusses. Ferner bemühte sich die 2. Kommission mit allerdings sehr unterschiedlichem Erfolg um eine gegenüber dem 1. Entwurf noch straffere Systematik und Gliederung des Rechtsstoffes[866]. Beispielsweise versetzte sie die allgemeinen Vorschriften über Sachen vom Sachenrecht in den Allgemeinen Teil, dessen Mittelabschnitt sie im übrigen im Aufbau nicht unerheblich veränderte. Wichtiger war die Einfügung einiger allgemeiner Bestimmungen über Verfügungen in den Allgemeinen Teil[867] und das Bereicherungsrecht[868]. Dies führte zu einer übersichtlichen Gestaltung des Zessions- und wichtiger Teile des Sachenrechts und machte vor allem zahl-

---

[865] Vgl. *Hedemann,* Fortschritte I, S. 3—9, 20—26; Fortschritte II, Bd. 1, S. 2—11, 35—38, 42—44; *Wesenberg,* Rechtsgeschichte, S. 171—189.

[866] Z. B. stellten die wichtigen Neugliederungen des Hypotheken- und Erbrechts eher eine Verschlechterung gegenüber dem 1. Entwurf dar, während das Bereicherungsrecht an Übersichtlichkeit, wenn auch nicht unbedingt an Klarheit, gewonnen hat.

[867] §§ 137, 142 II, 181, 185 BGB.

[868] §§ 816, 822 BGB.

reiche Verweisungen überflüssig. Weiterhin setzte die 2. Kommission das Bestreben der 1. fort, Vorschriften, die dem Verfahrensrecht und dem Zwangsvollstreckungsrecht angehörten, aus der Zivilrechtskodifikation auszuscheiden[869]. Allerdings fehlte den Entwürfen wie auch dem BGB die sprachliche und formale Originalität, die nur Gesetzen eigen ist, die im wesentlichen von einer einzigen Persönlichkeit geschaffen worden sind[870]. Auch die vielbewunderte, obwohl zugleich auch vielangegriffene juristisch-technische Perfektion des BGB ist weniger das Werk der Gesamtkommission als der sehr kleinen Redaktionsausschüsse und vor allem *Papes, Plancks* und *Windscheids*[871], dem nicht zuletzt die genaue Begriffsbildung des 1. Entwurfs und damit auch des BGB zu verdanken ist.

Die gründliche Umarbeitung des 1. Entwurfs darf indessen nicht darüber hinweg täuschen, daß die 2. Kommission die dogmatischen Grundlagen und Grundsätze des 1. Entwurfs kaum verändert hat[872]. Dies entsprach den Vorschlägen der meisten Kritiker, die die dogmatischen Grundlagen des 1. Entwurfs kaum angetastet, sondern nur die allzu strenge und unterschiedslose Anwendung der Rechtsprinzipien gerügt hatten[873]. Im übrigen hielt sich die 2. Kommission auch bei den materiell-rechtlichen Änderungen des 1. Entwurfs ziemlich genau an die Vorschläge der Kritikermehrheit, die vor allem durch *Bähr, Hölder, Strohal* und *Zitelmann* repräsentiert wurde, während sie die Vorschläge der radikaleren Kritiker wie *Gierke, Menger,* und *Kindel* nur selten berücksichtigte. Das erstaunlich geringe Echo, das die Veröffentlichung des 2. Entwurfs auslöste, zeigte auch hinreichend, wie sehr die Revision des 1. Entwurfs den Vorstellungen der meisten Kritiker entsprach. Freilich unterblieb manche Kritik auch deshalb, weil man das baldige Zustandekommen der deutschen Zivilrechtskodifikation nicht noch länger hinauszögern wollte. Die wenigen Beurteilungen, welche einzelne Teile des 2. Entwurfs fanden, waren, bis auf die Kritik *Gierkes,* trotz manchen Einschränkungen im wesentlichen zustimmend.

---

[869] Aus den in dieser Arbeit behandelten Teilen des 1. Entwurfs wurden die §§ 833, 836, 846, 875 E I ausgeschieden.

[870] Vgl. *Wieacker,* Privatrechtsgeschichte, S. 283.

[871] Über diese drei Juristen vgl. S. 19 ff., 32 ff.

[872] Eine wichtige dogmatische Neuerung war die Einführung der deutschrechtlichen Gesamthandsgemeinschaft im Gesellschafts- und Erbrecht (vgl. Prot. II, Bd. 2, S. 428 ff., Bd. 5, S. 835—839). Wieweit diese Änderungen auf Gierkes Vorschlägen (vgl. „Entwurf", S. 252—256) beruhen, ist nicht mehr feststellbar, da die Protokolle der 2. Kommission keine entsprechenden Hinweise enthalten. Ferner wurde § 829 BGB neu geschaffen, während die Generalklauseln (§§ 133, 157, 242 BGB) auf den 1. Entwurf zurückgehen.

[873] Vgl. z. B. S. 118 ff.

Beispielsweise hielten *Strohal* und *Bekker* die Umarbeitung des Sachenrechts und vor allem des Besitzrechts für besonders gut gelungen[874].

Wie für den ersten blieb auch für den zweiten Entwurf die Dogmatik des gemeinen römischen Rechts bestimmend. Immerhin sprengte die 2. Kommission deren enge Fesseln wenigstens in den Fällen, in denen die gemeinrechtliche Dogmatik zur Wiedergabe des tatsächlichen Rechtszustandes, wie etwa im Besitzrecht, ungeeignet war. Beide Kommissionen unterwarfen auch die zahlreichen dem deutschen Recht entstammenden Rechtsinstitute der gemeinrechtlichen Dogmatik und schufen auf diese Weise eine Zivilrechtskodifikation, die in den dogmatischen Grundlagen nach einheitlichen Grundsätzen ausgestaltet war. Besonders gut war die Anpassung deutscher Rechtsinstitute an die gemeinrechtliche Dogmatik im Immobiliarrecht gelungen, während sie im Erb- und Familienrecht nicht ganz erreicht wurde[875]. Im übrigen existierte eine deutschrechtliche Dogmatik, die sich von der gemeinrechtlichen deutlich abhob, nicht, da auch die Germanisten das deutsche Recht weithin mit den von der Pandektenwissenschaft gehandhabten Mitteln zu erfassen versuchten[876].

Beide Kommissionen legten indessen den Entwürfen keineswegs ausschließlich das gemeine römische Recht zugrunde, sondern hielten sich ziemlich eng an das damalige Recht. Sie wollten eine Art gesamtdeutsches Gemeinschaftsrecht schaffen, nicht aber abgestorbene, von der Wissenschaft wiederentdeckte, mittelalterliche deutsche Rechtsinstitute neu beleben. Deshalb hatte fast jeder Rechtssatz sein Vorbild entweder im gemeinen Recht, in einem Landesgesetz oder einem Entwurf. Besonders deutlich war dies etwa in dem Teilentwurf des Sachenrechts, dessen Immobilienrecht sich materiell-rechtlich wie auch sprachlich weitgehend dem preußischen Immobilienrecht anschloß. Im 1. Entwurf war zwar der Zusammenhang mit dem geltenden Recht wegen der ihn kennzeichnenden starren Dogmatisierung des gesamten Rechtsstoffes und seiner unanschaulichen Sprache, die sich deutlich von der Sprache der Kodifikationen und Kodifikationsentwürfe der damaligen Zeit abhob, weniger augenfällig und zum Teil verstümmelt, aber nichtdestoweniger vorhanden. Der 2. Entwurf folgte dem geltenden Recht wieder stärker und griff manche Regelungen der Teilentwürfe, die die 1. Kommission abgelehnt hatte, wieder auf. Die wenigen wirklichen Neue-

---

874 Vgl. S. 52.

875 Vgl. *Wieacker*, Privatrechtsgeschichte, S. 284.

876 Vgl. *Heusler*, Rezension Gierke, S. 180—182; *Schwerin-Thieme*, Rechtsgeschichte, S. 269; *Wesenberg*, Rechtsgeschichte, S. 199. Diese Autoren gingen aber nicht auf die entscheidende Frage ein, ob es zweckmäßig gewesen wäre, ein Gesetzbuch nach unterschiedlichen dogmatischen Grundlagen auszugestalten.

rungen hielten sich durchaus im Rahmen des damaligen Rechts und waren zudem von der Mehrheit der Kritiker schon vorher gutgeheißen worden. Dieser überwiegende Einfluß des geltenden Rechts auf die Entwürfe ist nicht zuletzt auch darauf zurückzuführen, daß diese nicht von einem einzelnen abgefaßt, sondern das Ergebnis von Kommissionsberatungen waren. Die zahlreichen über das geltende Recht hinausgehenden Vorschläge einiger Kommissionsmitglieder konnten in den Kommissionen nur selten die erforderliche Mehrheit erhalten. Statt dessen einigte man sich, um überhaupt zu einer Regelung zu kommen, auf das geltende Recht, und zwar meist in der Form des gemeinen Rechts, da auch partikuläre Sonderentwicklungen kaum Aussicht hatten, von der Mehrheit gebilligt zu werden. Ähnlich verfuhr auch die 2. Kommission mit den Änderungsvorschlägen der Kritiker, von denen sie nur die von der Öffentlichkeit und den Bundesregierungen gutgeheißenen bei der Umarbeitung berücksichtigte.

Zudem hatten die Kommissionen von Anfang an keine andere Absicht, als aus der Vielzahl der deutschen Rechte ein einheitliches deutsches Recht zu schaffen. Sie nahmen deshalb sehr starke Rücksicht auf den in den einzelnen deutschen Staaten bestehenden Rechtszustand. Wenn eine Regelung im größten Teil Deutschlands galt, wich besonders die 2. Kommission nur in seltenen Fällen von ihr ab. Das BGB sollte also keine Reform-, sondern eine Vereinheitlichungskodifikation sein, wie überhaupt fast sämtliche Kodifikationen und Gesetzentwürfe der deutschen Staaten im 19. Jahrhundert die in deren Gebieten bestehende Rechtszersplitterung beseitigen sollten. Bezeichnend für den Charakter des BGB als einer Vereinheitlichungskodifikation ist auch dessen sehr umfangreiches Einführungsgesetz. Zahlreiche Nebengebiete wie das Berg-, Wasser-, Enteignungs-, Jagd-, Fischerei-, Gesinde-, Staatshaftungs-, Altenteils-, Adels- und Fideikommißrecht sowie das Recht der Sondererbfolge in Landgüter fanden im BGB keine Regelung. Viele Kritiker bezeichneten deshalb nicht ganz zu Unrecht das Einführungsgesetz als eine Verlustliste der deutschen Rechtseinheit[877], übersahen aber, daß die Verschiedenheiten auf den der Gesetzgebung der Länder überlassenen Rechtsgebieten sehr groß und nicht leicht zu überwinden waren. Deshalb beschränkten sich die Kommissionen von Anfang an auf die Kodifizierung der Rechtsgebiete, in denen die Rechtseinheit, wie im Schuld- und im größten Teil des Sachenrechts, verhältnismäßig leicht zu erreichen oder, wie im Familien- und allgemeinen Erbrecht, im Interesse einer einheitlichen Zivilrechtsordnung unbedingt notwendig war.

[877] Vgl. u. a. *Gierke*, Entwurf, S. 98—100, 111 ff.; *Kaufmann*, in St. B. RT 1895—1897, S. 731 D, und ferner *Wesenberg*, Rechtsgeschichte, S. 201 und *Wieacker*, Privatrechtsgeschichte, S. 282.

Allerdings vermieden es die Kommissionen etwas allzu ängstlich, Rechtsgebiete in den Entwurf aufzunehmen, deren Vereinheitlichung und Regelung auf größere Schwierigkeiten gestoßen wären. Hätten aber die Kommissionen den Kreis der zu vereinheitlichen Rechtsgebiete wesentlich erweitert und, entsprechend den Vorschlägen und Forderungen einiger Kritiker, vor allem noch das Arbeitsvertrags- und Bodenrecht reformiert, wäre die Herbeiführung der Rechtseinheit erheblich schwieriger und noch langwieriger gewesen. Wie schwer eine wirkliche Rechtsfortbildung zu erreichen war, wurde besonders bei der Reform des Vereinsrechts deutlich. Nur unter sehr erheblichen Widerständen der Bundesregierungen konnte statt des bisher geltenden Konzessionssystems das Normativsystem in das BGB übernommen werden[878]. Im übrigen hat sich die von den Kommissionen getroffene Auswahl der im BGB kodifizierten Rechtsmaterien als nicht unzweckmäßig erwiesen, da viele der im BGB nicht geregelten Rechtsgebiete inzwischen eine damals noch nicht vorausssehbare Entwicklung erlebt haben oder nach dem Ersten Weltkrieg gegenstandslos wurden. Zudem hätte eine umfassende Revision des BGB, die wegen der geänderten Verhältnisse notwendig geworden wäre, leicht dessen ursprüngliche Einheitlichkeit zerstören können.

Das BGB konnte ferner auch aus dem Grunde schwerlich größere Rechtsreformen bringen, da das damalige Recht weitgehend den Bedürfnissen der politisch und wirtschaftlichen führenden Schichten, des meist adligen Großgrundbesitzertums sowie des Besitz- und Bildungsbürgertums, entsprach. Dieses hatte im 19. Jahrhundert durch zahlreiche Einzelgesetze den Abbau der ständischen Unterschiede, die Einführung der Gewerbefreiheit, die Befreiung des Bodens aus seiner rechtlichen Gebundenheit sowie andere neue Freiheitsrechte erworben[879] und erwartete von einer Kodifikation des Zivilrechts nur eine systematische und übersichtliche Zusammenfassung und Regelung dieser errungenen Freiheiten. Eine solche am Ende der Zeit des liberalen Bürgertums erlassene Kodifikation, die das geltende Recht nur zusammenfaßte, konnte, anders als etwa der Code civil, nicht zukunftsweisend sein. Zwar war auch der Code civil keine eigentliche Reformkodifikation gewesen, da er nur die rechtlichen Errungenschaften

---

[878] Die 1. Kommission hatte die Frage nach der Rechtsfähigkeit des Personenvereins noch den Landesgesetzen überlassen (vgl. § 42 EI). Über die Neugestaltung des Vereinsrechts durch die 2. Kommission vgl. Prot. II, Bd. 1, S. 476 ff.; Bd. 6, S. 114 ff. Über die Änderungen im Bundesrat vgl. *Levy*, Bundesrath, S. 81—82.

[879] Zu den Änderungen des Miet-, Arbeits- und Bodenrechts vgl. *Wieacker*, Privatrechtsgeschichte, S. 306—316.

der französischen Revolution wiedergab. Da er aber zu Beginn der Zeit des liberalen Bürgertums, dessen Bedürfnisse er vornehmlich berücksichtigte, erschienen war, war er ein in die Zukunft gerichtetes Gesetz gewesen. Demgegenüber verlor kurze Zeit nach dem Inkrafttreten des BGB das liberale Bürgertum seine politisch und wirtschaftlich führende Stellung, was zu mannigfachen Veränderungen in den Grundlagen des deutschen Zivilrechts führte[880].

Das BGB schloß aber nicht nur die Epoche des liberalen Bürgertums ab, sondern bedeutete zugleich den Höhepunkt und den Abschluß der gemeinrechtlichen Pandektenwissenschaft. Vor allem *Windscheid* hatte, wie kein anderer Wissenschaftler der damaligen Zeit, das gemeine römische Recht zu einem einheitlichen und leicht überschaubaren System zusammengefaßt und es damit der Kodifikationsreife entgegengeführt[881]. Neben der zwar kurzen, aber dennoch wirkungsvollen Mitarbeit Windscheids in der 1. Kommission hat auch sein Pandektenlehrbuch[882] den stark romanistischen Grundzug des 1. Entwurfs beeinflußt, den auch die 2. Kommission im wesentlichen beibehalten hat. Beiden Kommissionen diente die von *Savigny* und *Puchta* begründete und von *Windscheid* zu höchster Präzision ausgebildete Dogmatik des gemeinen Rechts als das einzige Mittel zur Erfassung des in das BGB aufzunehmenden Rechtsstoffes[883], worauf auch die Romanisierung der deutschen Rechtsinstitute, insbesondere des Grundstücksrecht, zurückzuführen ist. Zudem entsprach das gemeine Recht den Wünschen des liberalen Bürgertums[884]. Vor allem sein Schuld- und Sachenrecht, dessen Grundlagen die Vertrags- und Verfügungsfreiheit bildeten, gewährleisteten ein Höchstmaß an Handlungsfreiheit für den einzelnen und damit zugleich einen unbeschränkten Waren-, Grundstücks- und Kreditverkehr. Dieses abstrakte, von einer konkreten sozialen Umwelt möglichst losgelöste Verkehrsrecht war das Ergebnis der Pandektenwissenschaft, die sich vornehmlich um eine begriffliche und systematische Erfassung und Fortbildung des römischen Rechts, nicht aber um dessen Anpassung an die neuen Zeitbedürfnisse bemüht hatte. Für den abstrakten Charakter des BGB dürfte aber weniger die im einzelnen nur schwer nachweisbare Absicht der Kommissionen, ein von den damaligen gesellschaftlichen Grund-

---

[880] Vgl. *Hedemann*, Fortschritte I, S. 3—6, *Koschaker*, Europa, S. 291—292.

[881] Vgl. *Oertmann*, Jurist, S. XXXI.

[882] Über Windscheids „Lehrbuch des Pandektenrechts" (1. Auflage 1862—1870), das gleichsam eine gesamtdeutsche Zivilrechtskodifikation ersetzte, vgl. u. a. *Wieacker*, Privatrechtsgeschichte, S. 262; *Gründer*, S. 185—189; *Landsberg*, Geschichte, S. 857 ff.

[883] Vgl. *Koschaker*, Europa, S. 289—291.

[884] Vgl. *Wieacker*, Sozialmodell, S. 6.

lagen möglichst losgelöstes Zivilrecht zu schaffen[885], als die Übereinstimmung des gemeinrechtlichen Verkehrsrechts mit den Grundforderungen des Liberalismus verantwortlich sein. Eine Zivilrechtskodifikation, die nicht zugleich auch den Bedürfnissen der politisch maßgeblichen Bevölkerungsschichten entsprochen hätte, hätte schwerlich im Reichstag eine parlamentarische Mehrheit gefunden.

Nicht zuletzt ist der sehr liberale Grundzug des BGB darauf zurückzuführen, daß dieses eine Vereinheitlichungskodifikation sein sollte. Die Kommissionen wählten die am wenigsten einschränkenden Regelungen auch deswegen, um einen allzu großen Bruch mit dem bisherigen Recht der deutschen Länder zu vermeiden. Insbesondere wollten sie nicht durch Vorschriften, die auf eine Einengung des Verkehrs hinausliefen und nur in einigen deutschen Ländern galten, den Rechtszustand in irgendeinem deutschen Land verschlechtern.

Da das BGB weitgehend auf die Bedürfnisse des Besitz- und Bildungsbürgertums zugeschnitten war, fanden die Interessen des unteren Bürgertums und vor allem der Industriearbeiterschaft, die sich aus der Landbevölkerung rekrutierte, nur wenig Berücksichtigung. Als die 1. Kommission 1874 die Beratungen begann, stand der Arbeiter noch kaum im Blickwinkel der Verfassungen und des Gesetzgebers. Noch um 1880 war das allgemeine und gleiche Wahlrecht in ganz Europa eine seltene Einrichtung und galt in Deutschland nur für die Wahlen zum Reichstag. Zudem hatte sich in Deutschland die Industrie, im Gegensatz zu England und Frankreich, erst verhältnismäßig spät entwickelt[886]. Erst ab 1850 nahm die Industrialisierung einen größeren Aufschwung, und erst von 1871 bis 1914 entwickelte sich das Deutsche Reich zu einer industriellen Großmacht mit zahlreichen Großstädten[887]. Diese schnelle Industrialisierung vermehrte und verschärfte das soziale Elend der Arbeiterschaft und führte zugleich zum Aufschwung der Sozialdemokratischen Partei, deren Programm den Umsturz der bestehenden Gesellschaftsordnung mit allen gesetzlichen Mitteln vorsah[888]. *Bismarck* erblickte in diesen Bestrebungen eine Gefährdung des monarchischen Staates und setzte durch Gesetz vom 18. 10. 1878[889] ein Verbot

---

[885] So *Wieacker*, Privatrechtsgeschichte, S. 284. Im Gegenteil ließe sich nachweisen, daß vor allem die 2. Kommission bei der Umarbeitung des 1. Entwurfs sehr wohl die Interessen bestimmter Bevölkerungsteile, wenn auch meist einseitig die des liberalen Bürgertums, berücksichtigt hat.

[886] Vgl. *Gurland*, Wirtschaft, S. 310—317.

[887] Vgl. *Gurland*, aaO., S. 311—312; *Treue*, Sozialgeschichte, S. 315.

[888] Vgl. *Born*, Reichsgründung, S. 220.

[889] Vgl. RGBl. 1878, S. 351.

der Sozialdemokratischen Partei durch, das erst nach seiner Entlassung aus dem Reichskanzleramt im Jahre 1890 aufgehoben wurde.

Während der Staat dem Sozialismus und der Lösung der Arbeiterfrage zunächst ablehnend gegenüber stand, setzten sich, vor allem ab 1870, verschiedene Kreise, die den Sozialismus selbst ablehnten, für eine Eingliederung der Arbeiterschaft in die Gesellschaft und den Staat ein, wodurch die Klassengegensätze ausgeglichen und der soziale Frieden gefördert werden sollten. Besonders Katholiken wie der Mainzer Bischof *Emmanuel von Ketteler* (1811—1877) und dessen sozialpolitischer Nachfolger *Franz Hitze* (1851—1921)[890], einige Außenseiter der Konservativen[891] sowie die Nationalökonomen der jüngeren historischen Schule, die sogenannten Kathedersozialisten[892], wie *Adolph Wagner* (1835—1917), *Gustav von Schmoller* (1838—1917) und *Lujo Brentano* (1844—1931) sahen den Schutz der Arbeiterschaft und deren Unterstützung als eine ethische Pflicht des Staates an. Sie verlangten dessen ausgleichendes Eingreifen in den Kampf zwischen Arbeiterschaft und Unternehmertum. Nach dem Verbot der Sozialisten war auch *Bismarck* an sozialen Reformen gelegen, ohne sich allerdings an ein bestimmtes Reformprogramm anzuschließen. Er wollte dadurch die Arbeiterschaft enger an den bestehenden Staat binden und sie der Sozialdemokratie entfremden[893]. Diesem Zweck sollten die hauptsächlich auf seine Initiative zurückgehenden Gesetze über die Kranken- (1883), Unfall- (1884) und Alters- und Invalidenversorgung (1889) dienen. Einzig die liberalen Parteien, deren politischer Einfluß seit 1878 beständig gesunken war, lehnten Eingriffe des Staates zugunsten bestimmter Gesellschaftsschichten aus der Befürchtung heraus ab, daß sich sonst der Staat leicht zu einem allmächtigen Wohlfahrtsstaat entwickeln würde[894].

An den sozialpolitischen Bestrebungen der siebziger und achtziger Jahre hatte die 1. Kommission keinen Anteil genommen. Deren Mitglieder entstammten weitgehend der Schule der Pandektenwissenschaft, der soziale Probleme fern lagen[895]. Zudem gehörten die meisten Mitglieder entweder

---

[890] Einen umfassenden Überblick über die katholischen sozialpolitischen Bestrebungen bringt *Ritter,* Die Katholisch-Soziale Bewegung im neunzehnten Jahrhundert und der Volksverein (1954). Über v. Ketteler vgl. *Ritter,* aaO., S. 93—107.

[891] G. von Rodbertus-Jagetzow (1805—1875); R. Meyer (1838—1899); A. Stoecker (1835—1909). Nähere Einzelheiten bei *Born,* Reichsgründung, S. 237—238.

[892] Vgl. *Born,* Reichsgründung, S. 238. Die Bezeichnung Kathedersozialisten ist irreführend, da diese den Sozialismus selbst meist bekämpften.

[893] Vgl. *Born,* Reichsgründung, S. 238.

[894] Vgl. *Born,* Reichsgründung, S. 237.

[895] Vgl. *Wieacker,* Privatrechtsgeschichte, S. 253.

den im Gegensatz zur Arbeiterschaft stehenden liberalen Parteien[896] an oder standen ihnen zumindest nahe und hielten am Leitbild eines extremen Liberalismus auch dann noch fest, als dieses durch die Sozialpolitik *Bismarcks* in seinen Grundlagen überholt war. Aber auch die 2. Kommission paßte den 1. Entwurf nur sehr unvollkommen und allzu zaghaft an die neuen gesellschaftlichen Gegebenheiten an. Der Hauptgrund dafür ist zunächst wieder in der Zusammensetzung der neuen Kommission zu suchen, da die einflußreichste Mitgliedergruppe aus drei ehemaligen Mitgliedern der 1. Kommission und aus Beamten der nicht sonderlich fortschrittlich eingestellten Ministerialbürokratie des Reichs und der Bundesstaaten bestand. Auch diese Beamten hatten, wie die Mitglieder der 1. Kommission, ihre juristische Ausbildung noch in der Blütezeit der Pandektenwissenschaft und des wissenschaftlichen Positivismus erhalten und waren deshalb schon ihrer Ausbildung nach zu größeren Rechtsreformen wenig geeignet. Zudem waren auch die meisten Kritiker dem Vorwurf, daß der 1. Entwurf unsozial sei und den gesellschaftlichen Gegebenheiten nicht entspreche, nicht gefolgt[897]. Die Schriften einer allerdings nicht unbeachtlichen Minderheit von Kritikern, die eine mehr oder weniger umfangreiche Rechtsreform verlangten, enthielten im übrigen statt konkreter Vorschläge nicht selten nur allgemein gehaltene Anklagen und Programmsätze, mit denen die 2. Kommission nur wenig anfangen konnte. Diese war, da sie den 1. Entwurf paragraphenweise beriet und revidierte, auf sehr detaillierte Änderungsvorschläge angewiesen. Nur soweit einzelne Forderungen nach einer sozialeren Gestaltung des künftigen Gesetzbuches allgemein Anklang gefunden hatten, nahm die 2. Kommission sie an[898]. Ferner ist zu berücksichtigen, daß eine Kodifikation mit einer umfassenden, wesentlich über das geltende Recht hinausgehenden Reform wichtiger Rechtsgebiete wie etwa des Arbeits-, Miet- oder Bodenrechts im Reichstag und vor allem im Bundesrat kaum die erforderliche Mehrheit erhalten hätte. Auch 1896 bildeten die Parteien, die, wie vornehmlich die Sozialdemokraten[899], sich für die Belange der unteren Bevölkerungsschichten einsetzten, im Reichstag nur eine kleine Minderheit.

---

896 Der große politische Einfluß der liberalen Parteien, auf deren Initiative die Ausdehnung der reichsrechtlichen Gesetzgebungskompetenz für das gesamte Zivilrecht und damit auch die Schaffung des BGB zurückgingen, ergab sich deutlich daraus, daß sie im 1. Reichstag (1871—1873) 195 von 382 Abgeordneten stellten.

897 Vgl. S. 42—44.

898 Vgl. vor allem die Aufnahme des Rechtssatzes „Kauf bricht nicht Miete" in dem 2. Entwurf (vgl. § 512 EII, § 571 BGB; Prot. II, Bd. 2, S. 134, 136—144).

899 Die Sozialdemokraten waren 1896 im Reichstag, dem insgesamt 393 Abgeordnete angehörten, durch 48 Abgeordnete vertreten. Die Deutsch-Soziale Reformpartei stellte 13 Abgeordnete.

Im übrigen wollten die Kommissionen ein Gesetzbuch schaffen, das für sämtliche Bevölkerungsteile gleichermaßen galt und keine Sonderregelungen für bestimmte Berufs- und Volksgruppen wie beispielsweise das ALR enthielt. Ein solches einheitliches Recht, das den Interessen aller gerecht wird, setzt aber eine egalitäre Gesellschaft voraus, die am Ende des 19. Jahrhunderts noch nicht vorhanden, sondern erst im Entstehen war. Da die Kommissionen aber zu einer einheitlichen Regelung kommen wollten, blieb ihnen nichts anderes übrig, als sich bei der Ausarbeitung des BGB vornehmlich an einer bestimmten Gesellschaftsschicht zu orientieren. Als Leitbild dienten ihr verständlicherweise nicht die Arbeiter, sondern die im damaligen politischen Leben maßgebenden Besitz- und Bildungsbürger und meist adeligen Großgrundbesitzer[900], die in gewissem Umfang auch geschäfts- und rechtskundig waren. Darauf, daß dieser Personenkreis sich entweder leicht der Hilfe eines Rechtsanwalts bedienen konnte oder selbst in der Lage war, Gesetze zu verstehen, ist nicht zuletzt die für den völlig Rechtsunkundigen schwer verständliche Fassung des BGB zurückzuführen[901]. Darüber hinaus ist allerdings nicht zu verkennen, daß das BGB mit seiner strengen Systematik und sehr abstrakten Kasuistik vornehmlich auf die Bedürfnisse des wissenschaftlich ausgebildeten Juristen und Richters zugeschnitten ist[902].

Obwohl das BGB weithin den Bedürfnissen der Ende des 19. Jahrhunderts herrschenden Klassen entsprach, ohne daß dies die Kommissionen etwa direkt beabsichtigt hätten, kann es dennoch kaum als ein reaktionäres Gesetzbuch angesehen werden. Es wollte die Klassengegensätze weder erweitern noch verewigen, allerdings auch nicht beseitigen. Mit zaghafter Fortschrittlichkeit gab es zumindest den unumgänglichsten sozialpolitischen Forderungen nach. Wegen seines liberalen Verkehrsrechts und der Generalklauseln, die noch im Reichstag teilweise auf erhebliche Bedenken gestoßen waren[903], war eine Weiterentwicklung des Zivilrechts, die wegen der grundlegenden Änderung der gesellschaftlichen Verhältnisse im 20. Jahrhundert notwendig wurde, ohne große Schwierigkeiten und vor allem ohne allzu große Mitwirkung des Gesetzgebers möglich.

Planck hat in einer Rede[904], die er als Kommissar des Bundesrates 1896 vor dem Reichstag hielt, sehr klar die Grundsätze herausgestellt, die für beide Kommissionen bei der Ausarbeitung des BGB maßgebend waren. Nach seinen Ausführungen haben die Kommissionen es als ihre eigentliche

900 Vgl. *Mann,* Entwicklung, S. 354; *Wieacker,* Sozialmodell, S. 10.
901 Vgl. *Isele,* Jahrhundert, S. 2—3.
902 Vgl. *Wieacker,* Privatrechtsgeschichte, S. 287—288.
903 Vgl. S. 54.

Aufgabe angesehen, das im Volk gewachsene Recht in feste Formen zu bringen, nicht aber neues Recht zu schaffen. Sie hätten deshalb versucht, aus den in Deutschland bestehenden Rechten die gemeinsamen Rechtsgedanken herauszufinden. Wenn ein Lebenssachverhalt in den einzelnen deutschen Staaten rechtlich unterschiedlich geregelt gewesen sei, hätten sie die Rechtssätze ausgewählt, die dem Gesamtbewußtsein des Volkes am meisten entsprochen hätten[905]. Dies darf aber nicht darüber hinwegtäuschen, daß die 1. und in noch größerem Maße die 2. Kommission an einem überkommenen Rechtssatz nicht ausschließlich aus historischen Rücksichten festhielten. Für die Aufnahme einer Regelung in die Entwürfe war allein maßgebend, ob sie noch zeitgemäß und zweckmäßig war. Insofern stellte das BGB gegenüber dem sächs. BGB und den anderen Kodifikationsentwürfen des 19. Jahrhunderts, die sich sämtlich wesentlich enger an das geltende Recht angeschlossen und manche durch die Zeitverhältnisse überholten Rechtssätze aufgenommen hatten, einen nicht unerheblichen Fortschritt dar.

Das werdende Recht berücksichtigten die Kommissionen nach den Worten *Plancks* nur insoweit, als es reif war, zum Abschluß gebracht zu werden. Neues Recht hätten sie nur schaffen wollen, soweit es die Bedürfnisse des Lebens erfordert hätten[906]. Diese Ausführungen Plancks dürfen aber nicht darüber hinwegtäuschen, daß die Kommissionen keineswegs ein den neuen gesellschaftlichen Verhältnissen voll entsprechendes Recht schaffen wollten. Sie beschränkten sich vielmehr auf die allernotwendigsten Neuerungen. Diese allzu enge Anlehnung an das geltende Recht ist ohne den starken Einfluß der klassischen Pandektenwissenschaft und des wissenschaftlichen Positivismus, deren geistige Grundlagen weitgehend auf die historische Rechtsschule zurückgingen[907], undenkbar. Wie *Saviony* sahen auch die Pandektenwissenschaftler aus der Mitte des 19. Jahrhunderts und die meist aus deren Schule stammenden Kommissionsmitglieder das Recht als etwas Gegebenes an, das jeder willkürlichen Änderung weithin entzogen war. Sie gingen noch von der Voraussetzung aus, daß das Recht sich gleichsam automatisch, durch „still wirkende Kräfte"[908], der Zeit anpaßt und deshalb dieser auch immer entspricht. Daß das Recht sich aber auch zeitlich überleben kann und daß es andererseits zur Beseitigung oder Milderung gesellschaftlicher Mißstände und Fehlentwicklungen eingesetzt

---

904 In St. B. R. T. 1895—1897, S. 736 A — 741 B.

905 Vgl. *Planck*, aaO., S. 736 A—B.

906 Vgl. *Planck*, aaO., S. 736 B.

907 Vgl. *Wieacker*, Privatrechtsgeschichte, S. 253—261; *Landsberg*, Geschichte, S. 865.

908 *v. Savigny*, Beruf, S. 14.

werden kann, lag außerhalb des Vorstellungskreises der meisten Kommissionsmitglieder. Somit wirkte auch bei der Abfassung des BGB noch das Mißtrauen der historischen Rechtsschule gegenüber dem willkürlich gesetzten Recht fort.

Überaus kennzeichnend für die Anschauungen innerhalb der 2. Kommission ist eine Äußerung *Sohms*, eines Mitglieds dieser Kommission: „Wie immer unser Volk ist, so ist auch sein Recht, und aus diesem Grunde k a n n unser geltendes Recht kein Unrecht sein[909].“ In Verkennung der Tatsache, daß auch die gesellschaftlichen und wirtschaftlichen Veränderungen die Rechtsentwicklung beeinflussen, führte er das Recht allein auf „die großen säkularen, mit elementarer Naturkraft sich durchsetzenden Strömungen des geistigen Lebens“[910] zurück, über die kein Gesetzgeber Gewalt besitze. Allerdings darf demgegenüber nicht verschwiegen werden, daß auch einige Kritiker[911] des 1. Entwurfs und Reichtagsabgeordnete[912] darauf hingewiesen haben, daß das geltende Zivilrecht den gewandelten gesellschaftlichen Verhältnissen nicht mehr voll gerecht werde, ohne allerdings ein diesen neuen Verhältnissen entsprechendes Recht als deutliche Alternative zu den Entwürfen aufzuzeigen. Dies war Ende des 19. Jahrhunderts auch kaum möglich, da sich die Rechtswissenschaft bis zur Veröffentlichung des 1. Entwurfs fast nicht mit den großen sozialen Umwälzungen beschäftigt und sich auch nicht darum bemüht hatte, das überkommene Zivilrecht an die neuen gesellschaftlichen Gegebenheiten anzupassen[913]. Noch 1884 sah *Windscheid* gesetzespolitische Erwägungen „ethischen, politischen oder volkswirtschaftlichen Charakters nicht für eine „Sache des Juristen als solchen“ an[914]. Dessen Hauptaufgabe bei der Gesetzgebung erblickte er vielmehr darin, dem Gesetzgeber ein klar durchschaubares und begrifflich durchgearbeitetes, perfektes System des geltenden Rechts zur Verfügung zu stellen[915]. Demgegenüber wies *Menger* im Jahre 1895 der Rechtswissenschaft auch

---

909 Vgl. *Sohm*, in St. B. R. T. 1895—1897, S. 756 C.

910 *Sohm*, aaO., S. 756 B.

911 Vgl. S. 40—41, 43.

912 Vgl. besonders die Rede des Abgeordneten Förster, St. B. R. T. 1895—1897, S. 765 C—D. Im übrigen siehe S. 54.

913 Vgl. allerdings *v. Ihering*, Geist, Bd. 1, S. 14, der sich bereits 1852 für eine Weiterentwicklung des römischen Rechts einsetzte, während *Kohler* 1880, besonders im Hinblick auf die zukünftige deutsche Zivilrechtskodifikation, die Überwindung des römischen Rechts als einer formell bindenden Norm und eine verstärkte Hinwendung zur Rechtsempirie forderte (vgl. *Kohler*, Autorenrecht, S. 19—21).

914 *Windscheid*, Aufgaben, S. 112.

915 Vgl. Windscheid, aaO., S. 112—114.

eine legislativ-politische Aufgabe zu[916] zu. Die Wissenschaft sollte außer der dogmatischen und geschichtlichen Erfassung des überlieferten Rechts dieses auch mit den jeweiligen Zuständen der Gesellschaft vergleichen und überprüfen und die in der Zukunft notwendig werdenden Änderungen des geltenden Rechts vorbereiten helfen. Insbesondere hielt Menger es für erforderlich, „die geänderten Machtverhältnisse der einzelnen Classen der bürgerlichen Gesellschaft"[917] genau zu beobachten und das geltende Recht den tatsächlichen Verhältnissen anzupassen, um soziale Katastrophen zu vermeiden.

Indessen waren Ende des 19. Jahrhunderts die schon im Gang befindlichen gesellschaftlichen Veränderungen noch keineswegs abgeschlossen und in ihrem Umfang voll überschaubar, als daß sie bei der Abfassung des BGB voll hätten berücksichtigt werden können. Zu durchgreifenden Änderungen im Zivilrecht bedurfte es vielmehr erst des Anstoßes durch die großen sozialen und politischen Umwälzungen des 20. Jahrhunderts.

---

[916] Vgl. *Menger,* Aufgaben, S. 5—6, 18 ff., vgl. auch *Kohler,* Rechtswissenschaft, S. 219—221, 224.

[917] Vgl. *Menger,* aaO., S. 19.

SACHVERZEICHNIS

Kolibri 360 GmbH
Ferdinand-Jühlke-Straße 7
99095 Erfurt, Deutschland
produktsicherheit@kolibri360.de